全国环境影响评价工程师职业资格考试系列参考

环境影响评价相关法律法规试题解析

（2024 年版）

刘雪锦　主编

中国环境出版集团 • 北京

图书在版编目（CIP）数据

环境影响评价相关法律法规试题解析 ：2024 年版 / 刘雪锦主编. -- 10 版. -- 北京 ：中国环境出版集团，2024.2

全国环境影响评价工程师职业资格考试系列参考资料

ISBN 978-7-5111-5803-1

Ⅰ. ①环… Ⅱ. ①刘… Ⅲ. ①环境影响评价法－中国－资格考试－题解 Ⅳ. ①D922.68-44

中国国家版本馆 CIP 数据核字(2024)第 040618 号

出 版 人 武德凯
策划编辑 黄晓燕
责任编辑 侯华华
封面设计 宋　瑞

出版发行 中国环境出版集团
（100062　北京市东城区广渠门内大街 16 号）
网　　址：http://www.cesp.com.cn
电子邮箱：bjgl@cesp.com.cn
联系电话：010-67112765（编辑管理部）
010-67112735（第一分社）
发行热线：010-67125803，010-67113405（传真）
印　　刷 玖龙（天津）印刷有限公司
经　　销 各地新华书店
版　　次 2015 年 3 月第 1 版　2024 年 2 月第 10 版
印　　次 2024 年 2 月第 1 次印刷
开　　本 787×960　1/16
印　　张 14
字　　数 230 千字
定　　价 45.00 元

本 书 编 委 会

主　　编　刘雪锦

副 主 编　郭　岩　郝　璟

参编人员　张智锋　徐　菲　张　涛

李书琳　韩　艳　王晓云

马　源　贾　佳　王　杰

前　言

环境影响评价是我国的环境管理制度之一，是从源头上预防环境污染的主要手段。环境影响评价工程师职业资格考试制度是提高环境影响评价水平的一种有效举措，自2005年实施以来，对提高我国环境影响评价从业人员的专业素质起到了很大的推进作用。考试科目设“环境影响评价相关法律法规”“环境影响评价技术导则与标准”“环境影响评价技术方法”“环境影响评价案例分析”共四科，其中前三个科目的考试全部采用客观题，包括单项选择题和不定项选择题。

环境影响评价工程师职业资格考试的历年试题及解答一直是考生所需要的，因为通过对历年试题的学习，考生既可以了解考试命题的风格、各知识点的分值分布、考查的重点及难易程度，还可以锻炼应试思维。

目前，市面上大部分的历年考试试题都是按年份呈现给考生的。但是近年来，我国环境影响评价相关法律法规更新频繁，每年的考试大纲也都有不小的变化，很多知识点都有更新或删除。如果考生仍然按整套考试试题原封不动地复习，不仅浪费了宝贵的时间，而且还会被误导。因此，我们按照本年度考试大纲的要求，对历年考试试题进行了加工处理，分类筛选，按模块重新组织了试题，将一些重复的试题适当合并，剔除与现行相关法律法规不一致的试题，并有针对性地进行了解析。但需要说明的是，由于本书是历年考试试题的解析，因此无法包含本年度考试大纲中新增或有变化的内容，这点请考生在学习时注意，因为新增或有变化的内容一般都会作为下一次考试的重点内容之一。关于这些新增内容，可配套“基础过关 800 题”系列参考资料一并使用。

考生通过试题的练习可以巩固已学的知识，同时可以找到自己在系统复习中的不足之处，查漏补缺。本书既可以在每学习完一章后使用，也可以在复习冲刺阶段检测复习效果时当作模拟题来使用。

本书可作为环境影响评价工程师考试的辅导材料，并可供高等院校环境科学、环境工程等相关专业教学时参考。

本书在编写的过程中得到了中圣环境科技发展有限公司领导和同事给予的协助和大力支持，在此表示衷心的感谢。同时感谢中国环境出版集团黄晓燕编辑及其同事们为本书付出的劳动。本书编写过程中还参阅了部分国内相关文献和书籍，在此一并感谢。

尽管我们为本书的编写付出了大量的努力，但由于编者水平有限，本书的内容仍然可能存在疏漏，不足之处在所难免，敬请同行和读者批评指正。编者联系方式：zhifzhang@qq.com。

编　者

2024 年 2 月

目　录

一、《中华人民共和国环境保护法》

一、单项选择题

1.《中华人民共和国环境保护法》所称环境是指（　　）。（2018 年考题）

A. 各种天然的和经过人工改造的自然因素的总体

B. 影响人类生存和发展的各种天然的自然因素的总体

C. 影响人类生存和发展的各种天然的和经过人工改造的自然因素的总体

D. 影响人类生存和发展的各种天然的和经过人工改造的自然和社会因素的总体

2. 根据《中华人民共和国环境保护法》，下列区域中，不属于国家应当划定生态保护红线的区域是（　　）。（2018 年考题）

A. 重点生态功能区　　B. 生态环境脆弱区

C. 生态环境敏感区　　D. 野生动植物自然分布区域

3. 根据《中华人民共和国环境保护法》，下列关于建设项目防治污染设施与主体工程“三同时”的说法，正确的是（　　）。（2018 年考题）

A. 防治污染的设施，应当优先设计，优先施工，优先投入使用

B. 防治污染的设施，应当与主体工程同时设计、同时施工、同时投产使用

C. 防治污染的设施，应当与产生污染的设施同时设计、同时施工、同时投入使用

D. 防治污染的设施，应当纳入公用配套工程进行设计、施工，与主体工程同时投入使用

4. 根据《中华人民共和国环境保护法》，下列关于排放污染物的企业事业单位和其他生产经营者防治环境污染和危害的说法，错误的是（　　）。（2018 年考题）

A. 应当建立环境保护目标责任制度，明确责任人

B. 严禁通过篡改、伪造监测数据等逃避监管的方式违法排放污染物

C. 严禁通过暗管、渗井、渗坑、灌注等逃避监管的方式违法排放污染物

D. 重点排污单位应当按照国家有关规定和监测规范安装使用监测设备，保证监测设备正常运行，保存原始监测记录

5. 根据《中华人民共和国环境保护法》，下列关于建设项目环境影响报告书信息公开和公众参与的说法，正确的是（　　）。（2018 年考题）

A．环评单位应当在编制时向可能受影响的公众说明情况，充分征求意见

B．建设单位应当在编制时向可能受影响的公众说明情况，充分征求意见

C．环评单位应当在编制时向可能受影响的公众及行业专家说明情况，充分征求意见

D．环评单位或建设单位应当在编制时向可能受影响的公众及行业专家说明情况，充分征求意见

6．某建设单位未依法进行环境影响评价即擅自开工建设。根据《中华人民共和国环境保护法》，下列关于违反环境影响评价相关规定应承担法律责任的说法，正确的是（　　）。（2018年考题）

A．由县级以上人民政府环境保护主管部门责令停止建设，限期补办手续，并处以罚款

B．由负有环境保护监督管理职责的部门责令停止建设，处以罚款，并可以责令恢复原状

C．由负有该项目环境影响评价文件审批权的环境保护主管部门责令停止建设，限期补办手续，并处以罚款

D．由负有该项目环境影响评价文件审批权的环境保护主管部门责令停止建设，处以罚款，并责令恢复原状

7．根据《中华人民共和国环境保护法》依法进行环境影响评价的有关规定，下列说法中正确的是（　　）。（2019年考题）

A．未依法进行环境影响评价的建设项目，不得开工建设

B．编制有关开发利用规划，可根据具体情况决定是否进行环境影响评价

C．只有建设对环境有重大影响的项目，才依法进行环境影响评价

D．未依法进行环境影响评价的战略发展规划，不得组织实施

8．根据《中华人民共和国环境保护法》开发利用资源的环境保护有关规定，下列说法中错误的是（　　）。（2019年考题）

A．开发利用自然资源，应当合理开发，保护生物多样性，保障生态安全

B．开发利用自然资源，必要时要制定并实施有关生态保护和恢复治理方案

C．引进外来物种，应当采取措施，防止对生物多样性的破坏

D．研究、开发和利用生物技术，应当采取措施，防止对生物多样性的破坏

9．某环境影响评价机构在环境影响评价文件编制中弄虚作假，致使建设项目投产后造成环境污染，根据《中华人民共和国环境保护法》，对该环境影响评价机构除依照有关法律法规规定予以处罚外，下列关于该机构环境污染责任的说法中，正确的是（　　）。（2019年考题）

A．不承担环境污染的责任

B．承担环境污染的责任

C．与造成环境污染的其他责任者分别承担责任

D．与造成环境污染的其他责任者承担连带责任

10．根据《中华人民共和国环境保护法》，下列说法中，错误的是（　　）。（2019 年考题）

A．县级以上人民政府应当建立环境污染公共监测预警机制，组织制定预警方案

B．环境受到污染，可能影响公众健康和环境安全时，县级以上人民政府应当依法及时公布预警信息

C．企业事业单位制定的突发环境事件应急预案必须报环境保护主管部门和有关部门审核

D．各级人民政府及其有关部门应当做好突发环境事件的风险控制工作

11．根据《中华人民共和国环境保护法》，关于排放污染物的企业事业单位和其他生产经营者防治环境污染和危害的说法，正确的是（　　）。（2019 年考题）

A．排放污染物的企业事业单位，应当建立环境保护责任制度

B．严格限制通过篡改、伪造监测数据等逃避监管的方式违法排放污染物

C．严格控制通过暗管、渗井、渗坑、灌注等逃避监管的方式违法排放污染物

D．排放污染物的企业事业单位应当按照国家有关规定和监测规范安装使用监测设备

12．根据《中华人民共和国环境保护法》，环境保护坚持的原则包括保护优先、预防为主、（　　）。（2020 年、2021 年考题）

A．综合治理、公众参与　　B．综合治理、公众参与、损害担责

C．节约优先、自然恢复、公众参与　　D．科学治理、公众参与

13．根据《中华人民共和国环境保护法》，下列关于开发利用自然资源的环境保护规定的有关说法，错误的是（　　）。（2020 年考题）

A．应当合理开发，保护生物多样性，保障生态安全

B．引进外来物种，应当采取措施，防止对生物多样性的破坏

C．优先引进国际先进生物技术，促进生物多样性的开发利用

D．开发利用自然资源，应当依法制定有关生态保护和恢复治理方案并予以实施

14．下列部门中，属于《中华人民共和国环境保护法》中规定对农业环境保护承担责任的是（　　）。（2020 年考题）

A．各级人民政府　　B．各级生态环境主管部门

C．各级涉农行业主管部门　　D．县级、乡级人民政府

15．根据《中华人民共和国环境保护法》，下列关于建设项目防治污染的设施与主体工程“三同时”的说法，正确的是（　　）。（2020 年考题）

A．防治污染的设施应不断提升和改进，不得擅自拆除或者闲置

B. 防治污染的设施应纳入公用配套工程的设计、施工，与主体工程同时投产使用

C. 防治污染的设施，应当与主体工程同时评价、同时建设、同时验收

D. 防治污染的设施应当符合经批准的环境影响评价文件的要求，不得擅自拆除或者闲置

16. 根据《中华人民共和国环境保护法》，下列关于排污许可管理制度的说法，错误的是（　　）。（2020 年考题）

A. 国家依照法律规定实行排污许可管理制度

B. 排放污染物的企业事业单位，应当申请排污许可证

C. 实行排污许可管理的企业事业单位和其他生产经营者应当按照排污许可证的要求排放污染物

D. 未取得排污许可证的，不得排放污染物

17. 某建设单位由于环境影响评价文件质量问题未通过环境主管部门审批，建设单位擅自开工建设，根据《中华人民共和国环境保护法》，下列关于该行为应承担法律责任的说法，正确的是（　　）。（2020 年考题）

A. 由负有环境保护监督管理职责的部门责令停止建设，处以罚款，并可以责令恢复原状

B. 由市级生态环境主管部门责令停止建设，处以罚款，并可以责令恢复原状

C. 由县级以上生态环境主管部门责令停止建设，处以罚款，并可以责令恢复原状

D. 由县级以上人民政府环境保护主管部门或者其他有关部门将案件移送公安机关，对其直接负责的主管人员和其他直接责任人员，处十日以上十五日以下拘留

18. 根据《中华人民共和国环境保护法》，下列关于严重污染环境的工艺、设备和产品的说法，错误的是（　　）。（2021 年考题）

A. 国家对严重污染环境的工艺、设备和产品实行淘汰制度

B. 任何单位和个人不得生产、销售严重污染环境的工艺、设备和产品

C. 任何个人不得使用严重污染环境的工艺、设备和产品

D. 禁止引进不符合出口国环境保护规定的技术、设备、材料和产品

19. 根据《中华人民共和国环境保护法》，某企业发生了突发环境事件，该企业应采取的措施不包括（　　）。（2021 年考题）

A. 立即采取措施处理

B. 向环境保护主管部门和有关部门报告

C. 及时通报可能受到危害的单位和居民

D. 组织评估事件造成的环境影响和损失

20. 某建设单位由于环境影响评价文件质量问题未通过环境主管部门审批，建设单位擅自开工建设，根据《中华人民共和国环境保护法》，下列关于该行为应承

担法律责任的说法，错误的是（　　）。（2021 年考题）

A．由负有环境保护监督管理职责的部门责令停止建设，处以罚款

B．由市级以上生态环境行政主管部门对其环境影响评价文件编制单位处以罚款

C．被责令停止建设，拒不执行的，由县级以上人民政府环境保护主管部门或者其他有关部门将案件移送公安机关

D．负有环境保护监督管理职责的部门可以责令其恢复原状

21．《中华人民共和国环境保护法》所称环境，是指影响人类生存和发展的各种（　　）的总体。（2022 年考题）

A．自然因素和社会因素　　B．经济因素和自然因素

C．社会因素和文化因素　　D．天然的和经过人工改造的自然因素

22．根据《中华人民共和国环境保护法》，未依法进行环境影响评价的开发利用规划，不得（　　）。（2022 年考题）

A．组织编制　　B．组织评估

C．组织审查　　D．组织实施

23．根据《中华人民共和国环境保护法》，建设项目中防治污染的设施，应当与主体工程（　　）。（2022 年考题）

A．同时设计、同时施工、同时投产使用

B．同时备案、同时施工、同时竣工验收

C．同时备案、同时施工、同时投产使用

D．同时设计、同时施工、同时竣工验收

24．根据《中华人民共和国环境保护法》，下列关于严重污染环境的工艺、设备和产品淘汰制度的规定不包括（　　）。（2022 年考题）

A．任何单位不得使用严重污染环境的工艺

B．任何单位不得销售严重污染环境的设备

C．任何个人不得转移严重污染环境的工艺

D．任何个人不得保存严重污染环境的产品

25．根据《中华人民共和国环境保护法》，下列关于农业和农村环境污染防治的说法，错误的是（　　）。（2022 年考题）

A．禁止将固体废物、废水施入永久基本农田，防止农业面源污染

B．定点屠宰企业等的选址、建设和管理应当符合有关法律法规规定

C．从事屠宰的个人应当对畜禽粪便、污水等废弃物进行科学处置

D．施用农业投入品应当防止重金属和其他有毒有害物质污染环境

26．根据《中华人民共和国环境保护法》，重点排污单位防治环境污染和危害责任的有关规定错误的是（　　）。（2023 年考题）

A．应按照国家有关规定和监测规范安装使用监测设备

B．应保存原始监测记录

C．应委托第三方机构运维

D．应明确单位负责人和相关人员的责任

27．根据《中华人民共和国环境保护法》，“在发生或者可能发生突发环境事件时，企业事业单位应当采取的措施”错误的是（　　）。（2023 年考题）

A．向生态环境主管部门和有关部门报告

B．及时通报可能受到危害的单位和居民

C．及时评估事件造成的环境影响和损失

D．采取措施处理

28．根据《中华人民共和国环境保护法》，应当依法进行环境影响评价的是（　　）。（2023 年考题）

A．编制有关开发利用规划应当依法进行环境影响评价

B．只有建设对环境有重大影响的项目，才依法进行环境影响评价

C．未依法进行环境影响评价的战略发展规划，不得组织实施

D．编制有关开发利用规划，可根据具体情况决定是否进行环境影响评价

29．根据《中华人民共和国环境保护法》，未依法进行环境影响评价的建设项目，不得（　　）。（2023 年考题）

A．开工建设　　B．开展施工准备

C．予以备案或核准　　D．开展初步设计审查

30．根据《中华人民共和国环境保护法》，下列关于排污许可管理制度的规定，说法正确的是（　　）。（2023 年考题）

A．实行排污许可管理的企业事业单位和其他生产经营者应当按照排污许可证的要求排放污染物

B．企业事业单位和其他生产经营者应当申请排污许可证

C．未取得排污许可证的企业事业单位和其他生产经营者不得开展生产经营活动

D．违反法律规定，未取得排污许可证排放污染物，由县级以上人民政府环境保护主管部门或者其他有关部门将案件移送公安机关，对其直接负责的主管人员和其他直接责任人员，处十日以上十五日以下拘留

二、不定项选择题

1．根据《中华人民共和国环境保护法》，下列区域中，属于由国家划定生态保护红线，实行严格保护的有（　　）。（2018 年考题）

A．风景名胜区　　B．重点生态功能区

C．重要生态功能屏障区　　　　　　　　D．生态环境敏感区和脆弱区

2．根据《中华人民共和国环境保护法》，下列关于重点污染物排放总量控制的说法，正确的有（　　）。（2018 年考题）

A．国家实行重点污染物排放总量控制制度

B．总量控制指标由国务院环境保护主管部门下达，省、自治区、直辖市人民政府分解落实

C．企业事业单位在执行国家和地方污染物排放标准的同时，还应当遵守分解落实到本单位的重点污染物排放总量控制指标

D．对未完成国家确定的环境质量目标的地区，省级以上人民政府环境保护主管部门应当暂停审批其新增重点污染物排放总量的建设项目环境影响评价文件

3．根据《中华人民共和国环境保护法》，下列关于突发环境事件有关规定的说法，正确的有（　　）。（2018 年考题）

A．企业事业单位应当依照《中华人民共和国突发事件应对法》的规定，做好突发环境事件的风险控制、应急准备、应急处置和事后恢复等工作

B．企业事业单位应当按照国家有关规定制定突发环境事件应急预案，报环境保护主管部门和有关部门备案

C．在发生或者可能发生突发环境事件时，企业事业单位应当立即采取措施处理，及时通报可能受到危害的单位和居民，并向环境保护主管部门和有关部门报告

D．突发环境事件应急处置工作结束后，有关人民政府环境保护主管部门应当立即组织评估事件造成的环境影响和损失，并及时将评估结果向社会公布

4．根据《中华人民共和国环境保护法》，下列关于农业生产经营环境保护有关规定的说法，正确的有（　　）。（2018 年考题）

A．县级人民政府负责规划、建设畜禽尸体集中处置设施

B．各级人民政府应当在财政预算中安排资金，支持畜禽养殖和屠宰污染防治等环境保护工作

C．畜禽养殖场、养殖小区、定点屠宰企业等的选址、建设和管理应当符合有关法律法规规定

D．从事畜禽养殖和屠宰的单位和个人应当采取措施，对畜禽粪便、尸体和污水等废弃物进行科学处置，防止污染环境

5．某建设项目未依法进行环境影响评价，根据《中华人民共和国环境保护法》，该项目不得（　　）。（2018 年考题）

A．开工建设　　　　　　　　　　　　B．开展施工准备

C．予以备案或核准　　　　　　　　　D．开展初步设计审查

6．根据《中华人民共和国环境保护法》，下列关于农业、农村环境的保护说法

错误的是（　　）。（2019年考题）

A. 各级人民政府应当提高农村环境保护公共服务水平，推动农村环境综合整治

B. 各级人民政府应当加强对农业环境的保护，促进农业环境保护新技术的使用

C. 各级人民政府应当负责组织农村生活废弃物的处置工作

D. 各级人民政府应当统筹城乡建设污水处理设施及配套管网

7. 根据《中华人民共和国环境保护法》，下列关于依法进行环境影响评价有关规定的说法，正确的有（　　）。（2020年考题）

A. 未依法进行环境影响评价的建设项目，不得开工建设

B. 未依法进行环境影响评价的战略规划，不得组织实施

C. 未依法进行环境影响评价的开发利用规划，不得组织实施

D. 建设项目应当进行环境影响评价

8. 根据《中华人民共和国环境保护法》，下列现象中，属于生态失调现象的有（　　）。（2020年考题）

A. 植被破坏　　B. 水土流失　　C. 水源枯竭　　D. 水体富营养化

9. 根据《中华人民共和国环境保护法》，下列区域中，属于各级人民政府应当采取措施予以保护，严禁破坏的有（　　）。（2021年考题）

A. 重要的水源涵养区域　　B. 溶洞发育区

C. 濒危的野生动植物自然分布区域　　D. 具有科学文化价值的地质构造

10. 根据《中华人民共和国环境保护法》，以下属于通过逃避监管的方式违法排放污染物的行为有（　　）。（2021年考题）

A. 通过高压灌注向地下排放污染物

B. 删除在线监测设备异常、超标数据

C. 初期雨水通过暗管直接排入地表水体

D. 超出排放标准排放污染物

11. 根据《中华人民共和国环境保护法》，以下关于农田环境保护的说法，错误的有（　　）。（2021年考题）

A. 禁止使用含重金属的农药

B. 禁止将畜禽养殖场粪污直接施入农田

C. 禁止将城镇生活污水处理厂污泥施入农田

D. 禁止将城镇生活污水处理厂出水排入农田灌溉渠道

12. 根据《中华人民共和国环境保护法》，国家划定的生态保护红线包括（　　）。（2022年考题）

A. 农产品主产区　　B. 生态环境敏感区

C. 脆弱区　　D. 国家层面重点开发区

13. 根据《中华人民共和国环境保护法》，下列关于重点污染物排放总量控制制度的说法，正确的有（ ）。（2022 年考题）

A. 重点污染物排放总量控制指标由国务院下达，省级人民政府分解落实

B. 企业事业单位应遵守分解落实到本单位的重点污染物排放总量控制指标

C. 未完成环境质量目标的地区，应暂停审批该地区新建建设项目环境影响评价文件

D. 超过污染物排放总量指标的地区，应暂停审批该地区建设项目环境影响评价文件

14. 《中华人民共和国环境保护法》所称环境包括（ ）。（2023 年考题）

A. 湿地　　B. 矿藏　　C. 野生生物　　D. 人文遗迹

15. 根据《中华人民共和国环境保护法》，下列关于加强农业环境保护有关的说法，正确的有（ ）。（2023 年考题）

A. 加强对农业污染源的监测预警

B. 促进农业环境保护新技术的使用

C. 防治土壤污染和土地盐渍化

D. 推广高效农业防治植物病虫害

参考答案

一、单项选择题

1. C 【解析】第二条："本法所称环境，是指影响人类生存和发展的各种天然的和经过人工改造的自然因素的总体"。

2. D 【解析】第二十九条："国家在重点生态功能区、生态环境敏感区和脆弱区等区域划定生态保护红线，实行严格保护。"

3. B 【解析】第四十一条："建设项目中防治污染的设施，应当与主体工程同时设计、同时施工、同时投产使用。"

4. A 【解析】第四十二条："排放污染物的企业事业单位，应当建立环境保护责任制度，明确单位负责人和相关人员的责任。重点排污单位应当按照国家有关规定和监测规范安装使用监测设备，保证监测设备正常运行，保存原始监测记录。严禁通过暗管、渗井、渗坑、灌注或者篡改、伪造监测数据，或者不正常运行防治污染设施等逃避监管的方式违法排放污染物。"

5. B 【解析】第五十六条："对依法应当编制环境影响报告书的建设项目，建设单位应当在编制时向可能受影响的公众说明情况，充分征求意见。"

6. B 【解析】第六十一条：“建设单位未依法提交建设项目环境影响评价文件或者环境影响评价文件未经批准，擅自开工建设的，由负有环境保护监督管理职责的部门责令停止建设，处以罚款，并可以责令恢复原状。”

7. A 【解析】第十九条：“编制有关开发利用规划，建设对环境有影响的项目，应当依法进行环境影响评价。未依法进行环境影响评价的开发利用规划，不得组织实施；未依法进行环境影响评价的建设项目，不得开工建设。”

8. B 【解析】第三十条：“开发利用自然资源，应当合理开发，保护生物多样性，保障生态安全，依法制定有关生态保护和恢复治理方案并予以实施。引进外来物种以及研究、开发和利用生物技术，应当采取措施，防止对生物多样性的破坏。”

9. D 【解析】第六十五条：“环境影响评价机构、环境监测机构以及从事环境监测设备和防治污染设施维护、运营的机构，在有关环境服务活动中弄虚作假，对造成的环境污染和生态破坏负有责任的，除依照有关法律法规规定予以处罚外，还应当与造成环境污染和生态破坏的其他责任者承担连带责任。”

10. C 【解析】第四十七条：“各级人民政府及其有关部门和企业事业单位，应当依照《中华人民共和国突发事件应对法》的规定，做好突发环境事件的风险控制、应急准备、应急处置和事后恢复等工作。县级以上人民政府应当建立环境污染公共监测预警机制，组织制定预警方案；环境受到污染，可能影响公众健康和环境安全时，依法及时公布预警信息，启动应急措施。企业事业单位应当按照国家有关规定制定突发环境事件应急预案，报环境保护主管部门和有关部门备案。”

11. A 【解析】第四十二条：“排放污染物的企业事业单位，应当建立环境保护责任制度，明确单位负责人和相关人员的责任。重点排污单位应当按照国家有关规定和监测规范安装使用监测设备，保证监测设备正常运行，保存原始监测记录。严禁通过暗管、渗井、渗坑、灌注或者篡改、伪造监测数据，或者不正常运行防治污染设施等逃避监管的方式违法排放污染物。”

12. B 【解析】第五条：“环境保护坚持保护优先、预防为主、综合治理、公众参与、损害担责的原则。”

13. C 【解析】第三十条：“开发利用自然资源，应当合理开发，保护生物多样性，保障生态安全，依法制定有关生态保护和恢复治理方案并予以实施。引进外来物种以及研究、开发和利用生物技术，应当采取措施，防止对生物多样性的破坏。”

14. A 【解析】第三十三条：“各级人民政府应当加强对农业环境的保护，促进农业环境保护新技术的使用，加强对农业污染源的监测预警，统筹有关部门采取措施，防治土壤污染和土地沙化、盐渍化、贫瘠化、石漠化、地面沉降以及防治植被破坏、水土流失、水体富营养化、水源枯竭、种源灭绝等生态失调现象，推广植物病虫害的综合防治。县级、乡级人民政府应当提高农村环境保护公共服务水平，推动农村环境综合整治。”

15. D 【解析】第四十一条：“建设项目中防治污染的设施，应当与主体工程同时设计、同时施工、同时投产使用。防治污染的设施应当符合经批准的环境影响评价文件的要求，不得擅自拆除或者闲置。”

16. B 【解析】第四十五条：“国家依照法律规定实行排污许可管理制度。实行排污许可管理的企业事业单位和其他生产经营者应当按照排污许可证的要求排放污染物；未取得排污许可证的，不得排放污染物。”

17. A 【解析】第六十一条：“建设单位未依法提交建设项目环境影响评价文件或者环境影响评价文件未经批准，擅自开工建设的，由负有环境保护监督管理职责的部门责令停止建设，处以罚款，并可以责令恢复原状。”

18. D 【解析】第四十六条：“国家对严重污染环境的工艺、设备和产品实行淘汰制度。任何单位和个人不得生产、销售或者转移、使用严重污染环境的工艺、设备和产品。禁止引进不符合我国环境保护规定的技术、设备、材料和产品。”

19. D 【解析】第四十七条：“突发环境事件应急处置工作结束后，有关人民政府应当立即组织评估事件造成的环境影响和损失，并及时将评估结果向社会公布。”该项工作应由政府组织完成。

20. B 【解析】第六十一条：“建设单位未依法提交建设项目环境影响评价文件或者环境影响评价文件未经批准，擅自开工建设的，由负有环境保护监督管理职责的部门责令停止建设，处以罚款，并可以责令恢复原状。”

第六十三条：“企业事业单位和其他生产经营者有下列行为之一，尚不构成犯罪的，除依照有关法律法规规定予以处罚外，由县级以上人民政府环境保护主管部门或者其他有关部门将案件移送公安机关，对其直接负责的主管人员和其他直接责任人员，处十日以上十五日以下拘留；情节较轻的，处五日以上十日以下拘留：（一）建设项目未依法进行环境影响评价，被责令停止建设，拒不执行的”。

21. D 【解析】第二条：“本法所称环境，是指影响人类生存和发展的各种天然的和经过人工改造的自然因素的总体”。

22. D 【解析】第十九条：“未依法进行环境影响评价的开发利用规划，不得组织实施；未依法进行环境影响评价的建设项目，不得开工建设”。

23. A 【解析】第四十一条：“建设项目中防治污染的设施，应当与主体工程同时设计、同时施工、同时投产使用”。

24. D 【解析】第四十六条：“国家对严重污染环境的工艺、设备和产品实行淘汰制度。任何单位和个人不得生产、销售或者转移、使用严重污染环境的工艺、设备和产品”。

25. A 【解析】第四十九条：“各级人民政府及其农业等有关部门和机构应

当指导农业生产经营者科学种植和养殖，科学合理施用农药、化肥等农业投入品，科学处置农用薄膜、农作物秸秆等农业废弃物，防止农业面源污染。禁止将不符合农用标准和环境保护标准的固体废物、废水施入农田。施用农药、化肥等农业投入品及进行灌溉，应当采取措施，防止重金属和其他有毒有害物质污染环境。畜禽养殖场、养殖小区、定点屠宰企业等的选址、建设和管理应当符合有关法律法规规定。从事畜禽养殖和屠宰的单位和个人应当采取措施，对畜禽粪便、尸体和污水等废弃物进行科学处置，防止污染环境”。

26．C 【解析】第四十二条：“排放污染物的企业事业单位，应当建立环境保护责任制度，明确单位负责人和相关人员的责任。重点排污单位应当按照国家有关规定和监测规范安装使用监测设备，保证监测设备正常运行，保存原始监测记录。”

27．C 【解析】第四十七条：“在发生或者可能发生突发环境事件时，企业事业单位应当立即采取措施处理，及时通报可能受到危害的单位和居民，并向生态环境主管部门和有关部门报告。”

28．A 【解析】第十九条：“编制有关开发利用规划，建设对环境有影响的项目，应当依法进行环境影响评价。未依法进行环境影响评价的开发利用规划，不得组织实施；未依法进行环境影响评价的建设项目，不得开工建设。”

29．A 【解析】第十九条：“未依法进行环境影响评价的建设项目，不得开工建设。”

30．A 【解析】第四十五条：“国家依照法律规定实行排污许可管理制度。实行排污许可管理的企业事业单位和其他生产经营者应当按照排污许可证的要求排放污染物；未取得排污许可证的，不得排放污染物。”BC 选项的前提条件是实行排污许可管理的企业事业单位和其他生产经营者，D 选项的前提是被责令停止排污，拒不执行的。

二、不定项选择题

1．BD 【解析】第二十九条：“国家在重点生态功能区、生态环境敏感区和脆弱区等区域划定生态保护红线，实行严格保护。”

2．ACD 【解析】第四十四条：“国家实行重点污染物排放总量控制制度。重点污染物排放总量控制指标由国务院下达，省、自治区、直辖市人民政府分解落实。企业事业单位在执行国家和地方污染物排放标准的同时，应当遵守分解落实到本单位的重点污染物排放总量控制指标。对超过国家重点污染物排放总量控制指标或者未完成国家确定的环境质量目标的地区，省级以上人民政府环境保护主管部门应当暂停审批其新增重点污染物排放总量的建设项目环境影响评价文件。”

3．ABC 【解析】第四十七条：“各级人民政府及其有关部门和企业事业单位，应当依照《中华人民共和国突发事件应对法》的规定，做好突发环境事件的风险控制、应急准备、应急处置和事后恢复等工作。企业事业单位应当按照国家有关规定制定突发环境事件应急预案，报环境保护主管部门和有关部门备案。在发生或者可能发生突发环境事件时，企业事业单位应当立即采取措施处理，及时通报可能受到危害的单位和居民，并向环境保护主管部门和有关部门报告。突发环境事件应急处置工作结束后，有关人民政府应当立即组织评估事件造成的环境影响和损失，并及时将评估结果向社会公布。”

4．BCD 【解析】第四十九条：“畜禽养殖场、养殖小区、定点屠宰企业等的选址、建设和管理应当符合有关法律法规规定。从事畜禽养殖和屠宰的单位和个人应当采取措施，对畜禽粪便、尸体和污水等废弃物进行科学处置，防止污染环境。”

第五十条：“各级人民政府应当在财政预算中安排资金，支持农村饮用水水源地保护、生活污水和其他废弃物处理、畜禽养殖和屠宰污染防治、土壤污染防治和农村工矿污染治理等环境保护工作。”

5．A 【解析】第十九条：“未依法进行环境影响评价的开发利用规划，不得组织实施；未依法进行环境影响评价的建设项目，不得开工建设。”

6．AC 【解析】第三十三条：“各级人民政府应当加强对农业环境的保护，促进农业环境保护新技术的使用，加强对农业污染源的监测预警，统筹有关部门采取措施，防治土壤污染和土地沙化、盐渍化、贫瘠化、石漠化、地面沉降以及防治植被破坏、水土流失、水体富营养化、水源枯竭、种源灭绝等生态失调现象，推广植物病虫害的综合防治。县级、乡级人民政府应当提高农村环境保护公共服务水平，推动农村环境综合整治。”

第四十九条：“县级人民政府负责组织农村生活废弃物的处置工作。”

第五十一条：“各级人民政府应当统筹城乡建设污水处理设施及配套管网，固体废物的收集、运输和处置等环境卫生设施，危险废物集中处置设施、场所以及其他环境保护公共设施，并保障其正常运行。”

7．AC 【解析】第十九条：“编制有关开发利用规划，建设对环境有影响的项目，应当依法进行环境影响评价。未依法进行环境影响评价的开发利用规划，不得组织实施；未依法进行环境影响评价的建设项目，不得开工建设。”

8．ABCD 【解析】第三十三条：“各级人民政府应当加强对农业环境的保护，促进农业环境保护新技术的使用，加强对农业污染源的监测预警，统筹有关部门采取措施，防治土壤污染和土地沙化、盐渍化、贫瘠化、石漠化、地面沉降以及防治植被破坏、水土流失、水体富营养化、水源枯竭、种源灭绝等生态失调现象，推广植物病虫害的综合防治。”

9．AC 【解析】第二十九条：“各级人民政府对具有代表性的各种类型的自然生态系统区域，珍稀、濒危的野生动植物自然分布区域，重要的水源涵养区域，具有重大科学文化价值的地质构造、著名溶洞和化石分布区、冰川、火山、温泉等自然遗迹，以及人文遗迹、古树名木，应当采取措施予以保护，严禁破坏。”

10. ABC 【解析】第四十二条：“严禁通过暗管、渗井、渗坑、灌注或者篡改、伪造监测数据，或者不正常运行防治污染设施等逃避监管的方式违法排放污染物。”

11. ABCD 【解析】第四十九条：“各级人民政府及其农业等有关部门和机构应当指导农业生产经营者科学种植和养殖，科学合理施用农药、化肥等农业投入品，科学处置农用薄膜、农作物秸秆等农业废弃物，防止农业面源污染。禁止将不符合农用标准和环境保护标准的固体废物、废水施入农田。施用农药、化肥等农业投入品及进行灌溉，应当采取措施，防止重金属和其他有毒有害物质污染环境。畜禽养殖场、养殖小区、定点屠宰企业等的选址、建设和管理应当符合有关法律法规规定。从事畜禽养殖和屠宰的单位和个人应当采取措施，对畜禽粪便、尸体和污水等废弃物进行科学处置，防止污染环境。”因此，所有选项都不属于禁止行为。

12. BC 【解析】第二十九条：“国家在重点生态功能区、生态环境敏感区和脆弱区等区域划定生态保护红线”。

13. AB 【解析】第四十四条：“国家实行重点污染物排放总量控制制度。重点污染物排放总量控制指标由国务院下达，省、自治区、直辖市人民政府分解落实。企业事业单位在执行国家和地方污染物排放标准的同时，应当遵守分解落实到本单位的重点污染物排放总量控制指标。对超过国家重点污染物排放总量控制指标或者未完成国家确定的环境质量目标的地区，省级以上人民政府环境保护主管部门应当暂停审批其新增重点污染物排放总量的建设项目环境影响评价文件。”

14. ABCD 【解析】第二条：“本法所称环境，是指影响人类生存和发展的各种天然的和经过人工改造的自然因素的总体，包括大气、水、海洋、土地、矿藏、森林、草原、湿地、野生生物、自然遗迹、人文遗迹、自然保护区、风景名胜区、城市和乡村等。”

15. ABC 【解析】第三十三条：“各级人民政府应当加强对农业环境的保护，促进农业环境保护新技术的使用，加强对农业污染源的监测预警，统筹有关部门采取措施，防治土壤污染和土地沙化、盐渍化、贫瘠化、石漠化、地面沉降以及防治植被破坏、水土流失、水体富营养化、水源枯竭、种源灭绝等生态失调现象，推广植物病虫害的综合防治。”

二、《中华人民共和国环境影响评价法》

一、单项选择题

1．根据《中华人民共和国环境影响评价法》，该法所称环境影响评价是指（　　）。（2018 年考题）

A．对规划和建设项目实施后可能造成的环境影响进行分析、预测和评估，提出预防或者减轻不良环境影响的对策和措施的方法与制度

B．对规划和建设项目实施后可能造成的环境、社会影响进行分析、预测和评估，提出预防或者减轻不良影响的对策和措施的方法与制度

C．对规划和建设项目实施后可能造成的环境影响进行分析、预测和评估，提出预防或者减轻不良环境影响的对策和措施，进行跟踪监测的方法与制度

D．对规划和建设项目实施后可能造成的环境、社会影响进行分析、预测和评估，提出预防或者减轻不良影响的对策和措施，进行跟踪监测或评估的方法与制度

2．根据《中华人民共和国环境影响评价法》，下列由国务院有关部门、设区的市级以上地方人民政府及其有关部门组织编制的规划中，属于应当组织进行环境影响评价，并向规划审批机关提出环境影响报告书的是（　　）。（2018 年考题）

A．土地利用的有关规划

B．工业、农业、畜牧业专项规划

C．文化、旅游、城市建设有关的专项规划

D．区域、流域、海域的建设、开发利用规划

3．根据《中华人民共和国环境影响评价法》，关于建设项目环境影响评价分类管理的说法，正确的是（　　）。（2018 年考题）

A．建设项目的环境影响评价分类管理名录，由国务院制定并公布

B．对环境影响很小、需要进行环境影响评价的项目，应当填报环境影响登记表

C．可能造成轻度环境影响的建设项目，应当编制环境影响报告表，对产生的环境影响进行专项评价

D．可能造成重大环境影响的建设项目，应当编制环境影响报告书，对产生的环境影响进行全面评价

4. 根据《中华人民共和国环境影响评价法》，下列规划中，属于应当在规划编制过程中组织进行环境影响评价，编写环境影响篇章或者说明的是（　　）。（2019 年考题）

A. 地方铁路建设规划

B. 某地区城际铁路网建设规划

C. 设区的市级以上矿产资源开发利用规划

D. 设区的市级以上矿产资源勘查规划

5. 根据《中华人民共和国环境影响评价法》，建设项目环境影响报告表存在环境影响评价结论不合理等严重质量问题的，（　　）。（2019 年考题）

A. 编制主持人三年内禁止从事环境影响报告书编制工作

B. 主要编制人员终身禁止从事环境影响报告表编制工作

C. 上述行为若构成犯罪，要依法追究编制主持人刑事责任，并五年内禁止从事环境影响报告书、环境影响报告表编制工作

D. 上述行为若构成犯罪，要依法追究编制主持人和主要编制人员刑事责任，并终身禁止从事环境影响报告书、环境影响报告表编制工作

6. 某建设项目环境影响评价文件在 2018 年 9 月获得甲省生态环境主管部门批复，2019 年 1 月，建设单位决心改变原生产工艺，采用新的生产工艺，按相关规定属于生产工艺发生重大变动，此时该类型项目的环境影响评价文件审批权限已调整下放到乙市生态环境主管部门。根据《中华人民共和国环境影响评价法》，下列说法中，正确的是（　　）。（2019 年考题）

A. 该环境影响评价文件原批复有效，无须再次报批

B. 该环境影响评价文件应报甲省生态环境主管部门重新审批

C. 该环境影响评价文件应报乙市生态环境主管部门重新审批

D. 该环境影响评价文件应报甲省生态环境主管部门重新审核

7. 根据《中华人民共和国环境影响评价法》，建设项目的环境影响报告书应当包括的内容有（　　）。（2019 年考题）

A. 工程分析　　B. 环境风险评价

C. 清洁生产和循环经济分析　　D. 对建设项目实施环境监测的建议

8. 根据《中华人民共和国环境影响评价法》，下列关于跟踪评价的说法，错误的是（　　）。（2019 年考题）

A. 跟踪评价的对象是对环境有重大影响的规划

B. 组织进行跟踪评价的主体是环境影响评价机构

C. 跟踪评价的时间是对环境有重大影响的规划实施后

D. 跟踪评价结果报告该规划的原审批机关

9．根据《中华人民共和国环境影响评价法》，下列设区的市级以上地方人民政府及其有关部门组织编制的规划中，属于应当编制环境影响报告书的是（　　）。（2020年考题）

A．城镇体系规划　　B．土地利用规划

C．种植业发展规划　　D．水利指导性规划

10．根据《中华人民共和国环境影响评价法》，下列评价内容中，不属于建设项目环境影响报告书中应当包括的内容是（　　）。（2020年考题）

A．建设项目周围环境现状

B．建设项目对环境影响的经济损益分析

C．对建设项目实施环境监测的建议

D．建设项目跟踪评价及环境保护措施的论证

11．根据《中华人民共和国环境影响评价法》，下列情形中，属于应当重新报批建设项目环境影响评价文件的是（　　）。（2020年考题）

A．建设项目的规模发生变动

B．建设项目的环境影响评价文件自批准之日起超过五年

C．建设项目的地点发生重大变动

D．建设单位发生变动

12．根据《中华人民共和国环境影响评价法》，国家根据建设项目对环境的影响程度，对建设项目的环境影响评价实行（　　）。（2022年考题）

A．分级管理　　B．分类管理

C．重点管理　　D．简化管理

13．根据《中华人民共和国环境影响评价法》，建设项目环境影响报告书应包括的内容是（　　）。（2022年考题）

A．建设项目立项核准备案情况　　B．建设项目区域社会经济状况

C．对项目实施环境监理的建议　　D．对环境影响的经济损益分析

14．根据《中华人民共和国环境影响评价法》，应当进行环境影响评价的规划是（　　）。（2023年考题）

A．某县旅游规划　　B．某省环境保护规划

C．某县能源规划　　D．某省流域开发利用规划

15．根据《中华人民共和国环境影响评价法》，下列建设项目的环境影响报告书应当包括的内容说法错误的是（　　）。（2023年考题）

A．建设项目概况

B．建设项目周围环境现状

C．对建设项目实施环境监测的建议

D. 建设项目投资收益的经济损益分析

16. 《建设项目环境影响后评价管理办法（试行）》所称环境影响后评价，是指编制环境影响报告书的建设项目在（　　）。（2023 年考题）

A. 建设过程中

B. 运行过程中

C. 正式投入生产后

D. 通过环境保护设施竣工验收且稳定运行一定时期后

17. 建设项目的环境影响评价文件经批准后，建设项目的（　　）发生重大变动，不需要重新报批建设项目的环境影响评价文件。（2023 年考题）

A. 项目性质　　B. 投资金额

C. 生产工艺　　D. 防止生态破坏的措施

18. 根据《中华人民共和国环境影响评价法》，某建设项目分两期建设，一期16 年建设投资，6 年后拟启动二期项目建设，关于该建设单位履行相关环保手续的说法正确的是（　　）。（2023 年考题）

A. 无需任何操作

B. 重新报批

C. 原环境影响报告书报现审批部门重新审批

D. 原环境影响报告书报原审批部门重新审核

19. 根据《中华人民共和国环境影响评价法》，建设项目环境影响评价分类管理的依据是（　　）。（2023 年考题）

A. 建设项目对环境的影响程度

B. 建设项目的性质

C. 建设项目的规模

D. 建设项目所在区域的环境敏感程度

二、不定项选择题

1. 根据《中华人民共和国环境影响评价法》，应当编制规划环境影响报告书的规划有（　　）。（2017 年考题）

A. 全国港口布局规划　　B. 某省跨流域调水规划

C. 某省海域开发利用规划　　D. 油（气）田总体开发方案

2. 根据《中华人民共和国环境影响评价法》环境影响评价分类管理的有关规定，下列说法中，正确的是（　　）。（2017 年考题）

A. 建设项目对环境可能造成轻度影响的，应当编制环境影响报告表

B. 建设项目对环境可能造成中度影响的，应当编制环境影响报告表

C. 建设项目对环境可能造成重大影响的，应当编制环境影响报告书

D. 建设项目对环境影响很小，不需要进行环境影响评价的，应当填报环境影响评价登记表

3. 根据《中华人民共和国环境影响评价法》，在项目建设运行过程中产生不符合经审批的环境影响评价文件的情形的，下列说法中，正确的有（　　）。（2017年考题）

A. 建设单位应当组织环境影响的后评价，采取改进措施

B. 原环评单位应当组织环境影响的后评价，采取改进措施

C. 建设单位的上级主管部门可以责成建设单位进行环境影响的后评价，采取改进措施

D. 原环境影响评价文件审批部门可以责成建设单位进行环境影响的后评价，采取改进措施

4. 根据《中华人民共和国环境影响评价法》，下列内容中，属于建设项目环境影响报告书应当包括的内容有（　　）。（2018 年考题）

A. 公众参与　　B. 环境风险评价

C. 建设项目周围环境现状　　D. 建设项目环境保护措施及其技术、经济论证

5. 根据《中华人民共和国环境影响评价法》，下列关于建设项目环境影响报告书（表）存在严重质量问题的法律责任的说法，错误的有（　　）。（2020 年考题）

A. 对建设单位处一百万元以上二百万元以下的罚款

B. 对接受委托编制环境影响评价文件的技术单位处所收费用三倍以上五倍以下的罚款

C. 将接受委托编制环境影响评价文件的技术单位纳入征信黑名单

D. 编制主持人和主要编制人员五年内禁止从事环境影响报告书、环境影响报告表编制工作

6. 根据《中华人民共和国环境影响评价法》，技术单位违反国家有关环境影响评价标准和技术规范等规定，致使其编制的建设项目环境影响报告书内容存在重大缺陷，环境影响评价结论不正确或者不合理等严重质量问题，不构成犯罪的，处罚正确的是（　　）（2023 年考题）

A. 对建设单位主要负责人处五万元以上二十万元以下的罚款

B. 对技术单位处所收费用三倍以上五倍以下的罚款

C. 将接受委托编制环境影响评价文件的技术单位纳入征信黑名单

D. 编制主持人终身禁止从事环境影响报告书、环境影响报告表编制工作

参考答案

一、单项选择题

1．C 【解析】第二条：“本法所称环境影响评价，是指对规划和建设项目实施后可能造成的环境影响进行分析、预测和评估，提出预防或者减轻不良环境影响的对策和措施，进行跟踪监测的方法与制度。”

2．B 【解析】第八条：“国务院有关部门、设区的市级以上地方人民政府及其有关部门，对其组织编制的工业、农业、畜牧业、林业、能源、水利、交通、城市建设、旅游、自然资源开发的有关专项规划（以下简称专项规划），应当在该专项规划草案上报审批前，组织进行环境影响评价，并向审批该专项规划的机关提出环境影响报告书。”

3．D 【解析】第十六条：“国家根据建设项目对环境的影响程度，对建设项目的环境影响评价实行分类管理。建设单位应当按照下列规定组织编制环境影响报告书、环境影响报告表或者填报环境影响登记表（以下统称环境影响评价文件）：（一）可能造成重大环境影响的，应当编制环境影响报告书，对产生的环境影响进行全面评价；（二）可能造成轻度环境影响的，应当编制环境影响报告表，对产生的环境影响进行分析或者专项评价；（三）对环境影响很小、不需要进行环境影响评价的，应当填报环境影响登记表。建设项目的环境影响评价分类管理名录，由国务院生态环境主管部门制定并公布。”

4．D 【解析】第八条：“国务院有关部门、设区的市级以上地方人民政府及其有关部门，对其组织编制的工业、农业、畜牧业、林业、能源、水利、交通、城市建设、旅游、自然资源开发的有关专项规划（以下简称专项规划），应当在该专项规划草案上报审批前，组织进行环境影响评价，并向审批该专项规划的机关提出环境影响报告书。前款所列专项规划中的指导性规划，按照本法第七条的规定进行环境影响评价。第七条 国务院有关部门、设区的市级以上地方人民政府及其有关部门，对其组织编制的土地利用的有关规划，区域、流域、海域的建设、开发利用规划，应当在规划编制过程中组织进行环境影响评价，编写该规划有关环境影响的篇章或者说明。”环发〔2004〕98 号文件附件二：《编制环境影响篇章或说明的规划的具体范围（试行）》中的第十三类为自然资源开发指导性专项规划，包括设区的市级以上矿产资源勘查规划。

5．D 【解析】第三十二条：“编制单位有本条第一款、第二款规定的违法行为的，编制主持人和主要编制人员五年内禁止从事环境影响报告书、环境影响报告表编制工作；构成犯罪的，依法追究刑事责任，并终身禁止从事环境影响报告书、环境影响报告表编制工作。”

6. C 【解析】第二十四条：“建设项目的环境影响评价文件经批准后，建设项目的性质、规模、地点、采用的生产工艺或者防治污染、防止生态破坏的措施发生重大变动的，建设单位应当重新报批建设项目的环境影响评价文件。”

《环境保护部办公厅关于建设项目重大变动环境影响评价文件审批权限的复函》（环办函〔2015〕1242号）规定：建设项目的环境影响评价文件经批准后，建设项目的性质、规模、地点、采用的生产工艺或者防治污染、防止生态破坏的措施发生重大变动的，建设单位应当按现行分级审批规定，向有审批权的环境保护部门报批项目重大变动环境影响评价文件。

7. D 【解析】第十七条：“建设项目的环境影响报告书应当包括下列内容：（一）建设项目概况；（二）建设项目周围环境现状；（三）建设项目对环境可能造成影响的分析、预测和评估；（四）建设项目环境保护措施及其技术、经济论证；（五）建设项目对环境影响的经济损益分析；（六）对建设项目实施环境监测的建议；（七）环境影响评价的结论。”

8. B 【解析】第十五条：“对环境有重大影响的规划实施后，编制机关应当及时组织环境影响的跟踪评价，并将评价结果报告审批机关；发现有明显不良环境影响的，应当及时提出改进措施。”

9. C 【解析】第八条：“国务院有关部门、设区的市级以上地方人民政府及其有关部门，对其组织编制的工业、农业、畜牧业、林业、能源、水利、交通、城市建设、旅游、自然资源开发的有关专项规划（以下简称专项规划），应当在该专项规划草案上报审批前，组织进行环境影响评价，并向审批该专项规划的机关提出环境影响报告书。前款所列专项规划中的指导性规划，按照本法第七条的规定进行环境影响评价。”

10. D 【解析】第十七条：“建设项目的环境影响报告书应当包括下列内容：（一）建设项目概况；（二）建设项目周围环境现状；（三）建设项目对环境可能造成影响的分析、预测和评估；（四）建设项目环境保护措施及其技术、经济论证；（五）建设项目对环境影响的经济损益分析；（六）对建设项目实施环境监测的建议；（七）环境影响评价的结论。”

11. C 【解析】第二十四条：“建设项目的环境影响评价文件经批准后，建设项目的性质、规模、地点、采用的生产工艺或者防治污染、防止生态破坏的措施发生重大变动的，建设单位应当重新报批建设项目的环境影响评价文件。建设项目的环境影响评价文件自批准之日起超过五年，方决定该项目开工建设的，其环境影响评价文件应当报原审批部门重新审核；原审批部门应当自收到建设项目环境影响评价文件之日起十日内，将审核意见书面通知建设单位。”

12．B 【解析】第十六条：“国家根据建设项目对环境的影响程度，对建设项目的环境影响评价实行分类管理”。

13．D 【解析】第十七条：“建设项目的环境影响报告书应当包括下列内容：（一）建设项目概况；（二）建设项目周围环境现状；（三）建设项目对环境可能造成影响的分析、预测和评估；（四）建设项目环境保护措施及其技术、经济论证；（五）建设项目对环境影响的经济损益分析；（六）对建设项目实施环境监测的建议；（七）环境影响评价的结论”。

14．D 【解析】第八条：“国务院有关部门、设区的市级以上地方人民政府及其有关部门，对其组织编制的工业、农业、畜牧业、林业、能源、水利、交通、城市建设、旅游、自然资源开发的有关专项规划（以下简称专项规划），应当在该专项规划草案上报审批前，组织进行环境影响评价，并向审批该专项规划的机关提出环境影响报告书。”规定范围不包扩环境保护规划。第三十五条：“省、自治区、直辖市人民政府可以根据本地的实际情况，要求本辖区的县级人民政府编制的规划进行环境影响评价。”所以县级规划不是应当进行环境影响评价。

15．D 【解析】第十七条：“建设项目的环境影响报告书应当包括下列内容：（一）建设项目概况；（二）建设项目周围环境现状；（三）建设项目对环境可能造成影响的分析、预测和评估；（四）建设项目环境保护措施及其技术、经济论证；（五）建设项目对环境影响的经济损益分析；（六）对建设项目实施环境监测的建议；（七）环境影响评价的结论。”

16．D 【解析】《建设项目环境影响后评价管理办法（试行）》所称环境影响后评价，是指编制环境影响报告书的建设项目在通过环境保护设施竣工验收且稳定运行一定时期后，对其实际产生的环境影响以及污染防治、生态保护和风险防范措施的有效性进行跟踪监测和验证评价，并提出补救方案或者改进措施，提高环境影响评价有效性的方法与制度。

17．B 【解析】第二十四条：“建设项目的环境影响评价文件经批准后，建设项目的性质、规模、地点、采用的生产工艺或者防治污染、防止生态破坏的措施发生重大变动的，建设单位应当重新报批建设项目的环境影响评价文件。”

18．D 【解析】第二十四条：“建设项目的环境影响评价文件自批准之日起超过五年，方决定该项目开工建设的，其环境影响评价文件应当报原审批部门重新审核”。

19．A 【解析】第十六条：“国家根据建设项目对环境的影响程度，对建设项目环境影响评价实行分类管理。”

二、不定项选择题

1．BD 【解析】“第八条　国务院有关部门、设区的市级以上地方人民政府及其有关部门，对其组织编制的工业、农业、畜牧业、林业、能源、水利、交通、城市建设、旅游、自然资源开发的有关专项规划（以下简称专项规划），应当在该专项规划草案上报审批前，组织进行环境影响评价，并向审批该专项规划的机关提出环境影响报告书。第七条　国务院有关部门、设区的市级以上地方人民政府及其有关部门，对其组织编制的土地利用的有关规划，区域、流域、海域的建设、开发利用规划，应当在规划编制过程中组织进行环境影响评价，编写该规划有关环境影响的篇章或者说明。”环发〔2004〕98 号文件附件一：《编制环境影响报告书的规划的具体范围（试行）》中的第五类为水利的有关专项规划，其第 2 条为设区的市级以上跨流域调水规划；第四类为能源的有关专项规划，其第 1 条为油（气）田总体开发方案。

2．ACD 【解析】第十六条：“（一）可能造成重大环境影响的，应当编制环境影响报告书，对产生的环境影响进行全面评价；（二）可能造成轻度环境影响的，应当编制环境影响报告表，对产生的环境影响进行分析或者专项评价；（三）对环境影响很小、不需要进行环境影响评价的，应当填报环境影响登记表。”

3．AD 【解析】第二十七条：“在项目建设、运行过程中产生不符合经审批的环境影响评价文件的情形的，建设单位应当组织环境影响的后评价，采取改进措施，并报原环境影响评价文件审批部门和建设项目审批部门备案；原环境影响评价文件审批部门也可以责成建设单位进行环境影响的后评价，采取改进措施。”

4．CD 【解析】第十七条：“建设项目的环境影响报告书应当包括下列内容：（一）建设项目概况；（二）建设项目周围环境现状；（三）建设项目对环境可能造成影响的分析、预测和评估；（四）建设项目环境保护措施及其技术、经济论证；（五）建设项目对环境影响的经济损益分析；（六）对建设项目实施环境监测的建议；（七）环境影响评价的结论。”

5．AC 【解析】第三十二条：“建设项目环境影响报告书、环境影响报告表存在基础资料明显不实，内容存在重大缺陷、遗漏或者虚假，环境影响评价结论不正确或者不合理等严重质量问题的，由设区的市级以上人民政府生态环境主管部门对建设单位处五十万元以上二百万元以下的罚款，并对建设单位的法定代表人、主要负责人、直接负责的主管人员和其他直接责任人员，处五万元以上二十万元以下的罚款。接受委托编制建设项目环境影响报告书、环境影响报告表的技术单位违反国家有关环境影响评价标准和技术规范等规定，致使其编制的建设项目环境影响报告书、环境影响报告表存在基础资料明显不实，内容存在重大缺陷、遗漏或者虚假，环境影响评价结论不正确或者不合理等严重质量问题的，由设区的市级以上人民政府生态环境主管部门对技术单位处所收费用三倍以上五倍以下的罚款；情节严重的，禁止从事环境影响报告书、环境影响报告表编制工作；有违法所得的，没收违法所得。编制单位有本条第一款、第二款规定的违法行为的，编制主持人和主要编制人员五年内禁止从事环境影响报告书、环境影响报告表编制工作；构成犯罪的，依法追究刑事责任，并终身禁止从事环境影响报告书、环境影响报告表编制工作。”

6. AB 【解析】第三十二条：“建设项目环境影响报告书、环境影响报告表存在基础资料明显不实，内容存在重大缺陷、遗漏或者虚假，环境影响评价结论不正确或者不合理等严重质量问题的，由设区的市级以上人民政府生态环境主管部门对建设单位处五十万元以上二百万元以下的罚款，并对建设单位的法定代表人、主要负责人、直接负责的主管人员和其他直接责任人员，处五万元以上二十万元以下的罚款。接受委托编制建设项目环境影响报告书、环境影响报告表的技术单位违反国家有关环境影响评价标准和技术规范等规定，致使其编制的建设项目环境影响报告书、环境影响报告表存在基础资料明显不实，内容存在重大缺陷、遗漏或者虚假，环境影响评价结论不正确或者不合理等严重质量问题的，由设区的市级以上人民政府生态环境主管部门对技术单位处所收费用三倍以上五倍以下的罚款；情节严重的，禁止从事环境影响报告书、环境影响报告表编制工作；有违法所得的，没收违法所得。编制单位有本条第一款、第二款规定的违法行为的，编制主持人和主要编制人员五年内禁止从事环境影响报告书、环境影响报告表编制工作；构成犯罪的，依法追究刑事责任，并终身禁止从事环境影响报告书、环境影响报告表编制工作。”

三、规划环境影响评价

一、单项选择题

1. 根据《规划环境影响评价条例》，下列内容中，不属于环境影响篇章或说明应包括的内容是（　　）。（2018 年考题）

A. 环境影响评价结论

B. 预防或者减轻不良环境影响的对策和措施

C. 规划实施对环境可能造成影响的分析、预测和评估

D. 资源环境承载能力分析、不良环境影响的分析和预测以及相关规划的环境协调性分析

2. 根据《规划环境影响评价条例》，下列关于专项规划环境影响报告书审查程序的说法，错误的是（　　）。（2018 年考题）

A. 审查小组应当递交书面审查意见

B. 审查小组中有关部门代表人数不得少于审查小组总人数的二分之一

C. 参与环境影响报告书编制的专家，不得作为该环境影响报告书审查小组的组员

D. 设区的市级以上人民政府审批的专项规划，在审批前由其环境保护主管部门召集有关部门代表和专家组成审查小组，对环境影响报告书进行审查

3. 根据《规划环境影响评价条例》，下列内容中，规划环境影响报告书审查意见应当包括的是（　　）。（2018 年考题）

A. 评价方法的适当性　　　　　　B. 评价内容的全面性

C. 基础资料、数据的完整性　　　D. 环境影响分析、预测和评估的客观性

4. 某规划实施过程中产生重大不良环境影响，根据《规划环境影响评价条例》关于规划环境影响跟踪评价有关规定，下列说法正确的是（　　）。（2018 年考题）

A. 规划编制机关应当及时提出改进措施、暂停规划实施，向规划审批机关报告

B. 规划编制机关应当及时提出改进措施、暂停规划实施，向环境保护主管部门报告

C. 规划编制机关应当及时提出改进措施，向规划审批机关报告，并通报环境保护等有关部门

D. 规划编制机关应当委托跟踪评价单位提出改进措施，向环境保护主管部门报告，

并通报规划审批机关等有关部门

5．根据《关于加强规划环境影响评价与建设项目环境影响评价联动工作的意见》，下列规划中，属于可以实施规划环评与规划包含的项目环评联动工作的是（　　）。（2018 年考题）

A．未完成规划环评主要工作任务的某渔业发展规划

B．已完成规划环评主要工作任务的某渔业发展规划

C．未完成规划环评主要工作任务的某产业园区规划

D．已完成规划环评主要工作任务的某矿产资源开发规划

6．根据《关于加强规划环境影响评价与建设项目环境影响评价联动工作的意见》，下列工作任务中，不属于产业园区规划环评应当包括的是（　　）。（2018 年考题）

A．提出园区污染物排放总量上限要求和环境准入条件

B．结合城市或区域环境目标提出园区产业发展的负面清单

C．提出优化产业定位、布局、结构、规模以及重大环境基础设施建设方案的建议

D．提出避让环境敏感目标和重要生态环境功能区等要求，明确生态环境保护的对策措施

7．根据《关于规划环境影响评价加强空间管制、总量管控和环境准入的指导意见（试行）》，下列关于空间管制、总量管控和环境准入的说法，错误的是（　　）。（2018 年考题）

A．空间管制、总量管控和环境准入应作为规划环境影响评价成果的重要内容

B．加强环境准入，是指在符合空间管制和总量管控要求的基础上，提出区域（流域）产业发展的环境准入条件，推动产业转型升级和绿色发展

C．加强空间管制，是指在明确并保护生态空间的前提下，提出优化生产空间和生活空间的意见和要求，推进构建有利于产业发展的国土空间开发格局

D．加强总量管控，是指以推进环境质量改善为目标，明确区域流域及重点行业污染物排放总量上限，作为调控区域内产业规模和开发强度的依据

8．某规划环境影响评价技术机构因弄虚作假，导致其编制的环境影响评价文件严重失实。根据《规划环境影响评价条例》，该技术机构应受到的处罚是（　　）。（2019 年考题）

A．构成犯罪的，依法追究刑事责任

B．处所造成损失的 1 倍以上 3 倍以下罚款

C．对该环境影响评价项目负责人依法给予处分

D．由负责审查该环境影响评价文件的环境保护主管部门予以通报

9．根据《规划环境影响评价条例》以及《关于做好矿产资源规划环境影响评价工作的通知》，下列规划中，需编制环境影响报告书的是（　　）。（2019 年考题）

A．省级地质勘查规划　　B．全国矿产资源规划

C．省级矿产资源总体规划　　D．设区的市级矿产资源总体规划

10．根据《规划环境影响评价条例》，对规划进行环境影响评价，应当分析、预测和评估的内容有（　　）。（2019 年考题）

A．规划实施可能对环境和人群健康产生的一定时间内的累积影响

B．规划实施可能对相关区域、流域、海域生态系统产生的整体影响

C．规划实施可能对社会环境、生态环境、人群健康产生的累积影响

D．规划实施的经济效益、社会效益、环境效益与生态效益之间以及当前利益与长远利益之间的关系

11．根据《关于开展规划环境影响评价会商的指导意见（试行）》（环发〔2015〕179 号），（　　）是依法组织开展规划环境影响评价会商的主体。（2019 年考题）

A．规划编制机关

B．规划审批机关

C．规划环境影响涉及的省（区、市）人民政府或者相关部门

D．规划编制技术机构

12．根据《规划环境影响评价条例》，设区的市级以上人民政府审批的专项规划，在审批前由其环境保护主管部门召集有关部门代表和专家组成审查小组，对环境影响报告书进行审查。下列关于审查小组的说法，错误的有（　　）。（2019 年考题）

A．参与环境影响报告书编制的专家，不得作为该环境影响报告书审查小组的成员

B．审查小组中专家人数少于审查小组总人数的四分之三的，审查小组的审查意见无效

C．审查小组的专家应当从依法设立的专家库内相关专业的专家名单中随机抽取

D．审查意见应当经审查小组四分之三以上成员签字同意

13．根据《规划环境影响评价条例》，环境影响篇章或说明应当包括（　　）。（2020 年考题）

A．规划草案的环境合理性和可行性　　B．规划草案的调整建议

C．环境影响评价结论　　D．与相关规划的环境协调性分析

14．根据《规划环境影响评价条例》，下列关于专项规划环境影响报告书的审查程序的说法，正确的是（　　）。（2020 年考题）

A．规划编制机关在报送审批专项规划草案时，可以不附送环境影响报告书

B．审查小组中专家人数不得少于审查小组总人数的三分之二

C．设区的市级以上人民政府审批的专项规划，其环境影响报告书审查小组的专家应当由审批部门确定

D．省级以上人民政府有关部门审批的专项规划，其环境影响报告书的审查办法，

由国务院生态环境主管部门会同国务院有关部门制定

15．根据《规划环境影响评价条例》，下列情形中，属于审查小组应当提出不予通过环境影响报告书意见的是（　　）。（2020 年、2021 年考题）

A．基础资料、数据严重失实的

B．依据现有知识水平和技术条件，对规划实施可能产生的不良环境影响的程度或者范围不能做出准确判断的

C．未提出跟踪评价要求的

D．规划实施可能造成重大不良环境影响，并且无法提出切实可行的预防或者减轻对策和措施的

16．根据《规划环境影响评价条例》，下列内容中，不属于规划环境影响的跟踪评价应当包括的是（　　）。（2021 年考题）

A．规划实施后环境政策和标准更新变化的比较分析和评估

B．规划实施中所采取的预防或者减轻不良环境影响的对策和措施有效性的分析和评估

C．公众对规划实施所产生的环境影响的意见

D．跟踪评价的结论

17．根据《关于规划环境影响评价加强空间管制、总量管控和环境准入的指导意见（试行）》，下列说法中错误的是（　　）。（2021 年考题）

A．规划环评应将空间管制、总量管控和环境准入作为评价成果的重要内容

B．规划环评工作应在规划编制完成后介入，并将空间管制、总量管控和环境准入成果反馈给规划编制单位

C．加强空间管制，是指在明确并保护生态空间的前提下，提出优化生产空间和生活空间的意见和要求，推进构建有利于环境保护的国土空间开发格局

D．加强环境准入，是指在符合空间管制和总量管控要求的基础上，提出区域（流域）产业发展的环境准入条件，推动产业转型升级和绿色发展

18．根据《规划环境影响评价条例》，规划环境影响篇章的内容不包括（　　）。（2022 年考题）

A．规划实施的回顾性环境影响评价

B．规划与相关规划的环境协调性分析

C．预防或者减轻不良环境影响对策

D．规划实施的资源环境承载能力分析

19．根据《规划环境影响评价条例》，下列关于规划环境影响评价公众参与的说法，正确的是（　　）。（2022 年考题）

A．对依法需要保密的专项规划进行环境影响评价，公众意见征求限于有关单位

B．公开征求意见与环境影响评价结论有重大分歧时，应采取论证会等形式进一步论证

C．应在报送审查的规划中附具对公众意见采纳与不采纳情况及其理由说明

D．对可能造成环境影响的综合规划，应公开征求对环境影响报告书的意见

20．根据《规划环境影响评价条例》，关于规划环境影响跟踪评价的说法，错误的是（　　）。（2022 年考题）

A．对环境有重大影响的规划实施后，应当组织规划环境影响的跟踪评价

B．对规划环境影响进行跟踪评价，应征求有关单位、专家和公众意见

C．环境保护主管部门发现规划实施工程中产生重大不良环境影响的，应及时进行核查

D．发现规划实施过程中产生累积环境影响的，应要求及时开展跟踪评价

21. 根据《规划环境影响评价条例》，省级国土空间规划包括的内容有（　　）。（2023 年考题）

A．规划草案的调整建议

B．资源环境承载能力分析

C．规划草案的环境合理性和可行性

D．预防或者减轻不良环境影响的对策和措施的合理性

22．根据《规划环境影响评价条例》，下列关于跟踪评价的说法，错误的是（　　）。（2023 年考题）

A．跟踪评价的结论

B．公众对规划实施所产生的环境影响的意见

C．规划实施中所采取的预防或者减轻不良环境影响的对策和措施的经济效益

D．规划实施后实际产生的环境影响与环境影响评价文件预测可能产生的环境影响之间的比较分析和评估

23．根据《规划环境影响评价条例》，规划环境影响评价技术机构弄虚作假造成环境影响评价文件严重失实，受到的处罚是（　　）。（2023 年考题）

A．对技术机构处以罚款

B．对技术机构信用扣分

C．省级环境保护主管部门予以通报

D．对编制人员处分

24. 根据《规划环境影响评价条例》，应当进行环境影响评价的规划是（　　）。（2023 年考题）

A．经济技术开发区有关专项规划

B．环境保护规划

C．文化教育发展规划

D．某省流域开发利用规划

二、不定项选择题

1．根据《规划环境影响评价条例》，规划环境影响的跟踪评价应包括的内容有（　　）。（2017 年考题）

A．跟踪评价的结论

B．有关单位、专家对规划实施所产生的环境影响的意见采纳情况

C．规划实施中采取的预防或者减轻不良环境影响对策和措施有效性的分析和评估

D．规划实施后实际产生的环境影响与环境影响评价文件预测可能产生的环境影响之间的比较分析和评估

2．根据《规划环境影响评价条例》，下列内容中，规划环境影响跟踪评价应当包括的有（　　）。（2018 年考题）

A．跟踪评价的结论

B．规划修订建议及改进措施

C．公众对规划实施所产生的环境影响的意见

D．规划实施后实际产生的环境影响与环境影响评价文件预测可能产生的环境影响之间的比较分析和评估

3．根据《关于规划环境影响评价加强空间管制、总量管控和环境准入的指导意见（试行）》，下列关于环境准入的说法，正确的有（　　）。（2018 年考题）

A．对规划区域资源环境影响突出、经济社会贡献偏小的行业原则上应列入限制准入

B．根据环境保护政策规划、总量管控要求、清洁生产标准等，明确应限制或禁止的生产工艺或产品清单

C．如果规划拟发展的行业不满足单位面积（单位产值）的水耗、能耗、污染物排放量、环境风险等一项或多项指标的要求，应将其直接列入环境准入负面清单禁止规划建设

D．当区域（流域）环境质量现状超标时，应在推动落实污染物减排方案的同时根据环境质量改善目标，针对超标因子涉及的行业、工艺、产品等，提出更加严格的环境准入要求

4．根据《规划环境影响评价条例》，审查小组应当提出对环境影响报告书进行修改并重新审查的情形有（　　）。（2019 年考题）

A．评价方法选择不当的

B．基础资料、数据失实的

C．环境影响评价结论不明确、不合理或者错误的

D．依据现有知识水平和技术条件，对规划实施可能产生的不良环境影响的程度或者范围不能做出科学判断的

5．根据《中华人民共和国环境影响评价法》《规划环境影响评价条例》，规划环境影响报告书应当包括的内容有（　　）。（2019 年考题）

A．规划草案的环境合理性和可行性

B．预防或者减轻不良环境影响的对策和措施的合理性和有效性

C．与相关规划的环境协调性分析

D．规划草案的调整建议

6．根据《关于规划环境影响评价加强空间管制、总量管控和环境准入的指导意见（试行）》（环办环评〔2016〕14 号），下列关于“严格总量管控，推进环境质量改善”的说法，正确的有（　　）。（2019 年考题）

A．当规划区域环境目标、产业结构和生产力布局以及水文、气象条件等发生重大变化时，应动态调整区域行业污染物总量管控要求

B．估算污染物排放总量管控限值，应选择较小的时间尺度开展估算，有条件的可采用以天为单位提出污染物排放总量管控限值

C．当区域环境质量现状超标或重点行业污染物排放已超出总量管控要求时，必要时，可提出暂缓区域内新增相关污染物排放项目建设等建议，控制行业发展规模，推动环境质量改善

D．纳入排放总量管控的主要污染物一般应包括二氧化硫、氮氧化物、挥发性有机物、烟粉尘等大气污染因子

7．根据《关于加强规划环境影响评价与建设项目环境影响评价联动工作的意见》，对于如下情形：（　　），有关单位和各级环保部门不得以规划已开展环评为理由，随意简化规划所包含项目环评的工作内容，甚至降低评价类别。（2019 年考题）

A．在项目环评审查中，发现规划环境影响报告书经审查没有完成相应工作任务、不能为项目环评提供指导和约束的

B．在项目环评审查中，发现相关规划在实施过程中产生不良影响的

C．规划环评结论与审查意见未得到有效落实的

D．规划环评结论科学，能为建设项目环评提供有效指导和约束的

8．根据《规划环境影响评价条例》，下列评价内容中，属于对规划进行环境影响评价应当分析、预测和评估的内容有（　　）。（2020 年考题）

A．规划实施的经济利益和长远利益之间的关系

B．规划实施的经济效益、社会效益与环境效益之间的关系

C．规划实施可能对环境和人群健康产生的短期影响和长远影响

D．规划实施可能对相关区域、流域、海域生态系统产生的整体影响

9．根据《规划环境影响评价条例》，不属于规划环境影响跟踪评价应当包括的评价内容有（　　）。（2020年考题）

A．跟踪评价的结论

B．预防或者减轻不良环境影响的对策和措施

C．公众意见采纳与不采纳情况及其理由的说明

D．规划实施后实际产生的环境影响与环境影响评价文件预测可能产生的环境影响之间的比较分析和评估

10．根据《关于规划环境影响评价加强空间管制、总量管控和环境准入的指导意见（试行）》，下列图件中，属于规划环评空间管制成果的有（　　）。（2020年考题）

A．优化后的生产空间分布图

B．优化后的生活空间分布图

C．优化后的生态空间分布图

D．生产、生活、生态空间及其组成区块开发管制总图

11．根据《规划环境影响评价条例》，下列内容中，不属于专项规划环境影响评价文件中应当包括的内容有（　　）。（2021年考题）

A．规划实施对环境可能造成影响的分析、预测和评估

B．规划草案的环境合理性和经济技术可行性

C．预防或者减轻不良环境影响的对策和措施的合理性和有效性

D．提升环境绩效水平的合理性和有效性

12．根据《规划环境影响评价条例》，有下列（　　）情形的，审查小组应当提出对环境影响报告书进行修改并重新审查的意见。（2021年考题）

A．内容存在其他重大缺陷的

B．环境影响评价结论错误的

C．对不良环境影响的分析、预测和评估不准确的

D．未附具对公众意见采纳与不采纳情况及其理由的说明的

13．根据《关于进一步加强产业园区规划环境影响评价工作的意见》，以下说法中，正确的有（　　）。（2021年考题）

A．产业园区招商引资、入园建设项目环评审批等应将规划环评结论及审查意见作为重要依据

B．产业园区规划审批机关在审批规划时，应将规划环评结论及审查意见作为决策的重要依据

C．产业园区管理机构应切实担负起规划环评的主体责任，对规划环评的质量和结

论负责，并接受所属人民政府的监督

D．产业园区入园建设项目开展环评工作时，应以产业园区规划环评为依据，重点分析项目环评与规划环评结论及审查意见的符合性

14．根据《规划环境影响条例》，专项规划环境影响报告书进行修改并重新审查的情形有（　　）。（2022 年考题）

A．内容存在缺陷的

B．环境影响评价结论错误的

C．对不良环境影响的分析、预测和评估不准确的

D．未附具对公众意见采纳与不采纳情况及其理由的说明的

15．根据《关于进一步加强产业园区规划环境影响评价工作的意见》，开展产业园区规划环评的要求包括（　　）。（2022 年考题）

A．围绕产业园区实施时序提出优化调整建议

B．围绕产业园区结构、规模提出优化调整建议

C．围绕产业园区产业定位和布局提出减缓不良环境影响的对策措施

D．围绕产业园区重大基础设施建设内容提出减缓不良环境影响的对策措施

16．根据《规划环境影响条例》，应当分析、预测和评估以下内容（　　）。（2023 年考题）

A．规划实施对环境的长远影响

B．规划实施对人群健康的长远影响

C．规划实施的当前利益和长远利益之间的关系

D．规划实施对相关区域的局部影响

参考答案

一、单项选择题

1．A　【解析】第十一条：“环境影响篇章或者说明应当包括下列内容：（一）规划实施对环境可能造成影响的分析、预测和评估。主要包括资源环境承载能力分析、不良环境影响的分析和预测以及与相关规划的环境协调性分析。（二）预防或者减轻不良环境影响的对策和措施。主要包括预防或者减轻不良环境影响的政策、管理或者技术等措施。环境影响报告书除包含上述内容外，还应当包含环境影响评价结论。”可见，A 选项环境影响评价结论不属于规划环境影响篇章或者说明内容。

2．B　【解析】第十七条：“设区的市级以上人民政府审批的专项规划，在审

批前由其环境保护主管部门召集有关部门代表和专家组成审查小组，对环境影响报告书进行审查。审查小组应当提交书面审查意见。”

第十八条：“审查小组的专家应当从依法设立的专家库内相关专业的专家名单中随机抽取。但是，参与环境影响报告书编制的专家不得作为该环境影响报告书审查小组的成员。审查小组中专家人数不得少于审查小组总人数的二分之一；少于二分之一的，审查小组的审查意见无效。”注意：仅是对专项规划环境影响报告书的审查（没有对篇章和说明的审查）。

3. A 【解析】第十九条：“审查意见应当包括下列内容：（一）基础资料、数据的真实性；（二）评价方法的适当性；（三）环境影响分析、预测和评估的可靠性；（四）预防或者减轻不良环境影响的对策和措施的合理性和有效性；（五）公众意见采纳与不采纳情况及其理由的说明的合理性；（六）环境影响评价结论的科学性。”

4. C 【解析】第二十七条：“规划实施过程中产生重大不良环境影响的，规划编制机关应当及时提出改进措施，向规划审批机关报告，并通报环境保护等有关部门。”

5. D 【解析】《关于加强规划环境影响评价与建设项目环境影响评价联动工作的意见》规定：“（三）对于已经完成规划环评主要工作任务的重点领域规划，可以实施规划环评与规划所包含的项目环评的联动工作。（四）本意见所指重点领域的规划环评是指包含重大项目布局、结构、规模等的规划环评，暂限定于本意见（五）至（九）中所列的相关领域规划环评（产业园区规划环评，公路、铁路及轨道交通规划环评，港口、航道规划环评，矿产资源开发规划环评，水利水电开发规划环评）。对于具有指导意义的综合性规划，其规划环评原则上不作为与项目环评联动的依据。”

6. D 【解析】《关于加强规划环境影响评价与建设项目环境影响评价联动工作的意见》规定：“（五）产业园区规划环评。应以推进区域环境质量改善以及做好园区环境风险防控为目标，在判别园区现有资源、环境重大问题的基础上，基于区域资源环境承载能力，针对园区规划方案，在主体功能区规划、城市总体规划尺度上判定园区选址、布局和主导产业选择的环境合理性，提出优化产业定位、布局、结构、规模以及重大环境基础设施建设方案的建议；提出园区污染物排放总量上限要求和环境准入条件，并结合城市或区域环境目标提出园区产业发展的负面清单。”

7. C 【解析】《关于规划环境影响评价加强空间管制、总量管控和环境准入的指导意见（试行）》规定：“（一）规划环评应充分发挥优化空间开发布局、推进区域（流域）环境质量改善以及推动产业转型升级的作用，并在执行相关技术导则和技术规范的基础上，将空间管制、总量管控和环境准入作为评价成果的重要内容。（二）加强空间管制，是指在明确并保护生态空间的前提下，提出优化生产空间和生活空间的意见和要求，推进构建有利于环境保护的国土空间开发格局。加强总量管控，是指应以推进环境质量改善为目标，明确区域（流域）及重点行业污染物排放总量上限，作为调控区域内产业规模和开发强度的依据。加强环境准入，是指在符合空间管制和总量管控要求的基础上，提出区域（流域）产业发展的环境准入条件，推动产业转型升级和绿色发展。”

8. A 【解析】第三十四条：“规划环境影响评价技术机构弄虚作假或者有失职行为，造成环境影响评价文件严重失实的，由国务院环境保护主管部门予以通报，处所收费用 1 倍以上 3 倍以下的罚款；构成犯罪的，依法追究刑事责任。”

9. C 【解析】《关于做好矿产资源规划环境影响评价工作的通知》规定：“需编制环境影响报告书的矿产资源规划包括：省级矿产资源总体规划，设区的市级以上矿产资源开发利用专项规划，国家规划矿区、大型规模以上矿产地开发利用规划。”

10. B 【解析】第八条：“对规划进行环境影响评价，应当分析、预测和评估以下内容：（一）规划实施可能对相关区域、流域、海域生态系统产生的整体影响；（二）规划实施可能对环境和人群健康产生的长远影响；（三）规划实施的经济效益、社会效益与环境效益之间以及当前利益与长远利益之间的关系。”

11. A 【解析】《关于开展规划环境影响评价会商的指导意见（试行）》规定：“（一）会商主体。规划编制机关是依法组织开展规划环评和会商的主体。”

12. B 【解析】第十八条：“审查小组的专家应当从依法设立的专家库内相关专业的专家名单中随机抽取。但是，参与环境影响报告书编制的专家，不得作为该环境影响报告书审查小组的成员。审查小组中专家人数不得少于审查小组总人数的二分之一；少于二分之一的，审查小组的审查意见无效。”

第十九条：“审查意见应当经审查小组四分之三以上成员签字同意。审查小组成员有不同意见的，应当如实记录和反映。”

13. D 【解析】第十一条：“环境影响篇章或者说明应当包括下列内容：（一）规划实施对环境可能造成影响的分析、预测和评估。主要包括资源环境承载能力分析、不良环境影响的分析和预测以及与相关规划的环境协调性分析。（二）预防或者减轻不良环境影响的对策和措施。主要包括预防或者减轻不良环境影响的政策、管理或者技术等措施。环境影响报告书除包括上述内容外，还应当包括环境影响评价结论。主要包括规划草案的环境合理性和可行性，预防或者减轻不良环境影响的对策和措施的合理性和有效性，以及规划草案的调整建议。”

14. D 【解析】第十六条：“规划编制机关在报送审批专项规划草案时，应当将环境影响报告书一并附送规划审批机关审查；未附送环境影响报告书的，规划审批机关应当要求其补充；未补充的，规划审批机关不予审批。”

第十七条：“设区的市级以上人民政府审批的专项规划，在审批前由其环境保护主管部门召集有关部门代表和专家组成审查小组，对环境影响报告书进行审查。审查小组应当提交书面审查意见。省级以上人民政府有关部门审批的专项规划，其环境影响报告书的审查办法，由国务院环境保护主管部门会同国务院有关部门制定。”

第十八条：“审查小组的专家应当从依法设立的专家库内相关专业的专家名单中随机抽取。但是，参与环境影响报告书编制的专家，不得作为该环境影响报告书审查小组的成员。审查小组中专家人数不得少于审查小组总人数的二分之一；少于二分之一的，审查小组的审查意见无效。”

15．D 【解析】第二十一条：“有下列情形之一的，审查小组应当提出不予通过环境影响报告书的意见：（一）依据现有知识水平和技术条件，对规划实施可能产生的不良环境影响的程度或者范围不能做出科学判断的；（二）规划实施可能造成重大不良环境影响，并且无法提出切实可行的预防或者减轻对策和措施的。”

16．A 【解析】第二十五条：“规划环境影响的跟踪评价应当包括下列内容：（一）规划实施后实际产生的环境影响与环境影响评价文件预测可能产生的环境影响之间的比较分析和评估；（二）规划实施中所采取的预防或者减轻不良环境影响的对策和措施有效性的分析和评估；（三）公众对规划实施所产生的环境影响的意见；（四）跟踪评价的结论。”

17．B 【解析】“一、总体要求和适用范围：（三）规划环评工作要尽早介入规划编制，并将空间管制、总量管控和环境准入成果充分融入规划编制、决策和实施的全过程，切实发挥优化规划目标定位、功能分区、产业布局、开发规模和结构的作用，推进区域（流域）环境质量改善，维护生态安全。”

18．A 【解析】第十一条：“环境影响篇章或者说明应当包括下列内容：（一）规划实施对环境可能造成影响的分析、预测和评估。主要包括资源环境承载能力分析、不良环境影响的分析和预测以及与相关规划的环境协调性分析。（二）预防或者减轻不良环境影响的对策和措施。主要包括预防或者减轻不良环境影响的政策、管理或者技术等措施。环境影响报告书除包括上述内容外，还应当包括环境影响评价结论。主要包括规划草案的环境合理性和可行性，预防或者减轻不良环境影响的对策和措施的合理性和有效性，以及规划草案的调整建议。”

19．B 【解析】第十三条：“规划编制机关对可能造成不良环境影响并直接涉及公众环境权益的专项规划，应当在规划草案报送审批前，采取调查问卷、座谈会、论证会、听证会等形式，公开征求有关单位、专家和公众对环境影响报告书的意见。但是，依法需要保密的除外。有关单位、专家和公众的意见与环境影响评价结论有重大分歧的，规划编制机关应当采取论证会、听证会等形式进一步论证。规划编制机关应当在报送审查的环境影响报告书中附具对公众意见采纳与不采纳情况及其理由的说明。”

20. D 【解析】第二十四条：“对环境有重大影响的规划实施后，规划编制机关应当及时组织规划环境影响的跟踪评价，将评价结果报告规划审批机关，并通报环境保护等有关部门。”

第二十六条：“规划编制机关对规划环境影响进行跟踪评价，应当采取调查问卷、现场走访、座谈会等形式征求有关单位、专家和公众的意见。”

第二十七条：“规划实施过程中产生重大不良环境影响的，规划编制机关应当及时提出改进措施，向规划审批机关报告，并通报环境保护等有关部门。”

第二十八条：“环境保护主管部门发现规划实施过程中产生重大不良环境影响的，应当及时进行核查。经核查属实的，向规划审批机关提出采取改进措施或者修订规划的建议。”

21. B 【解析】省级国土空间规划的环评文件是环境影响篇章或说明，不是报告书。ACD 项均属于环境影响评价结论内容，是报告书专有的。

22. C 【解析】第二十五条：“规划环境影响的跟踪评价应当包括下列内容：（一）规划实施后实际产生的环境影响与环境影响评价文件预测可能产生的环境影响之间的比较分析和评估；（二）规划实施中所采取的预防或者减轻不良环境影响的对策和措施有效性的分析和评估；（三）公众对规划实施所产生的环境影响的意见；（四）跟踪评价的结论。”

23. A 【解析】第三十四条：“规划环境影响评价技术机构弄虚作假或者有失职行为，造成环境影响评价文件严重失实的，由国务院环境保护主管部门予以通报，处所收费用 1 倍以上 3 倍以下的罚款；构成犯罪的，依法追究刑事责任。”

24. D 【解析】第二条：“国务院有关部门、设区的市级以上地方人民政府及其有关部门，对其组织编制的土地利用的有关规划和区域、流域、海域的建设、开发利用规划（以下称综合性规划），以及工业、农业、畜牧业、林业、能源、水利、交通、城市建设、旅游、自然资源开发的有关专项规划（以下称专项规划），应当进行环境影响评价。”

二、不定项选择题

1. ACD 【解析】选项 B 的正确说法是：公众对规划实施所产生的环境影响的意见。

2. ACD 【解析】第二十五条：“规划环境影响的跟踪评价应当包括下列内容：（一）规划实施后实际产生的环境影响与环境影响评价文件预测可能产生的环境影响之间的比较分析和评估；（二）规划实施中所采取的预防或者减轻不良环境影响的

对策和措施有效性的分析和评估；（三）公众对规划实施所产生的环境影响的意见；（四）跟踪评价的结论。”

3. BCD 【解析】《关于规划环境影响评价加强空间管制、总量管控和环境准入的指导意见（试行）》规定：“（十九）对规划区域资源环境影响突出、经济社会贡献偏小的行业原则上应列入禁止准入类。（二十）根据环境保护政策规划、总量管控要求、清洁生产标准等，明确应限制或禁止的生产工艺或产品清单。”“（十八）根据区域资源禀赋和生态环境保护要求，选取单位面积（单位产值）的水耗、能耗、污染物排放量、环境风险等一项或多项指标，作为制定规划区域行业环境准入负面清单的否定性指标并确定其限值。如果规划拟发展的行业不满足上述指标的要求，应将其直接列入环境准入负面清单，禁止规划建设。”“（二十一）当区域（流域）环境质量现状超标时，应在推动落实污染物减排方案的同时，根据环境质量改善目标，针对超标因子涉及的行业、工艺、产品等，提出更加严格的环境准入要求。”

4. ABC 【解析】第二十条：“有下列情形之一的，审查小组应当提出对环境影响报告书进行修改并重新审查的意见：（一）基础资料、数据失实的；（二）评价方法选择不当的；（三）对不良环境影响的分析、预测和评估不准确、不深入，需要进一步论证的；（四）预防或者减轻不良环境影响的对策和措施存在严重缺陷的；（五）环境影响评价结论不明确、不合理或者错误的；（六）未附具对公众意见采纳与不采纳情况及其理由的说明，或者不采纳公众意见的理由明显不合理的；（七）内容存在其他重大缺陷或者遗漏的。”选项 D 为第二十一条审查小组应当提出不予通过环境影响报告书的意见的情形。

5. ABCD 【解析】第十一条：“环境影响篇章或者说明应当包括下列内容：（一）规划实施对环境可能造成影响的分析、预测和评估。主要包括资源环境承载能力分析、不良环境影响的分析和预测以及与相关规划的环境协调性分析。（二）预防或者减轻不良环境影响的对策和措施。主要包括预防或者减轻不良环境影响的政策、管理或者技术等措施。环境影响报告书除包括上述内容外，还应当包括环境影响评价结论。主要包括规划草案的环境合理性和可行性，预防或者减轻不良环境影响的对策和措施的合理性和有效性，以及规划草案的调整建议。”

6. ABCD 【解析】《关于规划环境影响评价加强空间管制、总量管控和环境准入的指导意见（试行）》规定：“（十一）根据国家、地方环境质量改善目标及相关行业污染控制要求，结合现状环境污染特征和突出环境问题，确定纳入排放总量管控的主要污染物。一般应包括化学需氧量、氨氮、总磷/磷酸盐等水污染因子，二氧化硫、氮氧化物、挥发性有机物、烟粉尘等大气污染因子，以及其他与区域突出环境问题密切相关的主要特征污染因子。”

“（十二）……估算污染物排放总量管控限值，应综合考虑污染源排放强度和特征、最不利排放位置、污染治理设施运行状况，以及环境监测水平、污染物排放监管能力等；还应选择较小的时间尺度开展估算，有条件的可采用以天为单位提出污染物排放总量管控限值。”

“（十四）当区域环境质量现状超标或重点行业污染物排放已超出总量管控要求时，应根据环境质量改善目标，提出区域或者行业污染物减排任务，推动制定污染物减排方案以及加快淘汰落后产能、促进产业结构调整、提升技术工艺、加强节能节水控污等措施。必要时，可提出暂缓区域内新增相关污染物排放项目建设等建议，控制行业发展规模，推动环境质量改善。”

“（十六）当规划区域环境目标、产业结构和生产力布局以及水文、气象条件等发生重大变化时，应动态调整区域行业污染物总量管控要求，结合规划和规划环评的修编或者跟踪评价对区域能够承载的污染物排放总量重新进行估算，不断完善相关总量管控要求。”

7. ABC 【解析】《关于加强规划环境影响评价与建设项目环境影响评价联动工作的意见》：“（十五）：对于在项目环评审查中，发现规划环境影响报告书经审查没有完成相应工作任务、不能为项目环评提供指导和约束的，或是发现相关规划在实施过程中产生重大不良影响的，或是规划环评结论与审查意见未得到有效落实的，有关单位和各级环保部门不得以规划已开展环评为理由，随意简化规划所包含项目环评的工作内容，甚至降低评价类别。”

8. BD 【解析】第八条：“对规划进行环境影响评价，应当分析、预测和评估以下内容：（一）规划实施可能对相关区域、流域、海域生态系统产生的整体影响；（二）规划实施可能对环境和人群健康产生的长远影响；（三）规划实施的经济效益、社会效益与环境效益之间以及当前利益与长远利益之间的关系。”

9. BC 【解析】第二十五条：“规划环境影响的跟踪评价应当包括下列内容：(一) 规划实施后实际产生的环境影响与环境影响评价文件预测可能产生的环境影响之间的比较分析和评估；（二）规划实施中所采取的预防或者减轻不良环境影响的对策和措施有效性的分析和评估；（三）公众对规划实施所产生的环境影响的意见；(四) 跟踪评价的结论。”

10. ABD 【解析】“（九）规划环评的空间管制成果，应包括生态空间分布图和优化后的生活空间、生产空间分布图，生产、生活、生态空间及其组成区块开发管制总图，以及其他必要的支撑性图件。”

11. BD 【解析】第十条：“编制专项规划，应当在规划草案报送审批前编制环境影响报告书。”第十一条：“环境影响报告书除包括上述内容外，还应当包括环境影响评价结论。主要包括规划草案的环境合理性和可行性，预防或者减轻不良环境影响的对策和措施的合理性和有效性，以及规划草案的调整建议。”

12. ABCD　【解析】第二十条：“有下列情形之一的，审查小组应当提出对环境影响报告书进行修改并重新审查的意见：（一）基础资料、数据失实的；（二）评价方法选择不当的；（三）对不良环境影响的分析、预测和评估不准确、不深入，需要进一步论证的；（四）预防或者减轻不良环境影响的对策和措施存在严重缺陷的；（五）环境影响评价结论不明确、不合理或者错误的；（六）未附具对公众意见采纳与不采纳情况及其理由的说明，或者不采纳公众意见的理由明显不合理的；（七）内容存在其他重大缺陷或者遗漏的。”

13. ABCD　【解析】以上选项均为《关于进一步加强产业园区规划环境影响评价工作的意见》中第（二）（三）（四）条内容。

14. BCD　【解析】第二十条：“有下列情形之一的，审查小组应当提出对环境影响报告书进行修改并重新审查的意见：（一）基础资料、数据失实的；（二）评价方法选择不当的；（三）对不良环境影响的分析、预测和评估不准确、不深入，需要进一步论证的；（四）预防或者减轻不良环境影响的对策和措施存在严重缺陷的；（五）环境影响评价结论不明确、不合理或者错误的；（六）未附具对公众意见采纳与不采纳情况及其理由的说明，或者不采纳公众意见的理由明显不合理的；（七）内容存在其他重大缺陷或者遗漏的。”

15. ABCD　【解析】根据《关于进一步加强产业园区规划环境影响评价工作的意见》，规划环评应重点围绕产业园区产业定位、布局、结构、规模、实施时序以及产业园区重大基础设施建设等内容，从生态环境保护角度提出优化调整建议和减缓不良环境影响的对策措施。

16. ABC　【解析】第八条：“对规划进行环境影响评价，应当分析、预测和评估以下内容：（一）规划实施可能对相关区域、流域、海域生态系统产生的整体影响；（二）规划实施可能对环境和人群健康产生的长远影响；（三）规划实施的经济效益、社会效益与环境效益之间以及当前利益与长远利益之间的关系。”

四、建设项目环境影响评价

一、单项选择题

1. 某保密建设项目，建设地点涉及甲市的乙、丙两个县的行政区域，填报环境影响登记表，根据《建设项目环境影响登记表备案管理办法》，关于该项目环境影响登记表备案管理要求的说法，正确的是（　　）。（2018 年考题）

A. 应向甲市环境保护主管部门备案，采用网上备案方式

B. 应向甲市环境保护主管部门备案，采用纸质备案方式

C. 应分别向乙、丙两个县级环境保护主管部门备案，采用网上备案方式

D. 应分别向乙、丙两个县级环境保护主管部门备案，采用纸质备案方式

2. 根据《建设项目环境保护管理条例》，环境保护行政主管部门审批环境影响报告书，自收到环境影响报告书之日起（　　）内，做出审批决定并书面通知建设单位。（2018 年考题）

A. 15 日　　B. 30 日　　C. 60 日　　D. 90 日

3. 某高速公路建设项目设计阶段发生重大变动，根据《高速公路建设项目重大变动清单（试行）》，属于重大变动的是（　　）。（2018 年考题）

A. 设计车速增加 20%

B. 线路长度增加 20%

C. 线路横向位移超出 200 m 长度累计达到原线路长度的 20%

D. 项目变动导致新增声环境敏感点数量累计达到原敏感点数量的 20%

4. 根据《关于做好环境影响评价制度与排污许可制衔接相关工作的通知》，下列涉及环境影响评价有关要求的说法，错误的是（　　）。（2018 年考题）

A. 环境影响评价制度是建设项目的环境准入门槛，是申请排污许可证的前提和重要依据

B. 改扩建项目的环境影响评价，应当将排污许可证执行情况作为现有工程回顾评价的主要依据

C. 分期建设的项目，环境影响报告书以及审批文件应当列明分期建设内容，建设单位根据总允许排放量申请排污许可证

D. 纳入排污许可管理的建设项目，可能造成重大环境影响、应当编制环境影响报

告书的，原则上实行排污许可重点管理

5．某汽车整车扩建项目位于大气污染防治重点区域内，根据《汽车整车制造建设项目环境影响评价文件审批原则（试行）》，下列关于该项目环境保护设施和措施要求的说法，错误的是（　　）。（2018 年考题）

A．焊接车间弧焊设备应采用焊接烟尘收集净化装置

B．冲压废料、废动力电池等一般工业固体废物应回收或综合利用

C．涂装车间脱脂等表面处理废液、电泳槽清洗废液应进行预处理

D．水性涂料等低挥发性有机物含量涂料占总涂料使用量比例不低于 50%

6．依据《关于以改善环境质量为核心加强环境影响评价管理的通知》，下列关于建立“三挂钩”机制的说法，错误的是（　　）。（2018 年考题）

A．现有工程已经造成明显环境问题，应提出有效的整改方案和“以新带老”措施

B．对未达到环境质量目标考核要求的地区，依法暂停审批该地区排放相应重点污染物的项目环评文件

C．对环境质量现状超标的地区，项目拟采取的措施不能满足区域环境质量改善目标要求的，依法不予审批其环评文件

D．对于现有同类型项目环境污染严重，致使环境容量接近承载力的地区，在现有问题整改到位前，依法暂停审批该地区同类行业的项目环评文件

7．根据《建设项目环境保护事中事后监督管理办法（试行）》，下列内容中，不属于建设项目环境保护事中监督管理主要依据的是（　　）。（2018 年考题）

A．依法取得的排污许可证　　B．经批准的环境影响评价文件

C．环境保护有关技术标准规范　　D．环境保护有关法律法规的要求

8．根据《关于强化建设项目环境影响评价事中事后监管的实施意见》，下列关于加强建设项目环境影响评价事中监管的说法，错误的是（　　）。（2018 年考题）

A．对建设单位要重点监督其依法依规履行环评程序、开展公众参与情况

B．对环保部门要重点检查其对建设项目环境保护三同时监督检查情况

C．对环评单位要重点监督其是否依法依规开展作业，确保环评文件的数据资料真实、分析方法正确、结论科学可信

D．对技术评估机构要重点检查其技术评估能力、独立对环评文件进行技术评估并依法依规提出评估意见情况，是否存在乱收费行为

9．根据《建设项目竣工环境保护验收暂行办法》，建设项目环境保护竣工环境的责任主体是（　　）。（2018 年考题）

A．建设单位

B．环境保护行政主管部门

C．受建设项目委托的有能力的监测机构

D．受建设项目委托的有能力的技术机构

10．根据《建设项目竣工环境保护验收暂行办法》，下列关于建设单位竣工环境保护验收的说法，正确的是（　　）。（2018 年考题）

A．具备能力的建设单位可自行编制竣工验收监测报告

B．建设单位应将验收报告以及其他档案资料报所在地县级环境保护主管部门存档备查

C．建设单位应在验收报告编制完成后 15 个工作日内，公开验收报告，公示期限为 10 个工作日

D．验收报告编制完成后，建设单位应根据验收报告结论提出验收意见，对存在验收不合格问题提出整改建议

11．根据《建设项目环境影响后评价管理办法（试行）》，下列内容中，不属于环境影响后评价文件应当包括的是（　　）。（2018 年考题）

A．环境质量变化趋势分析　　B．不确定性环境影响的表现

C．环境保护设施竣工验收情况　　D．环境保护措施的技术、经济论证

12．根据《关于做好生物多样性保护优先区域有关工作的通知》，下列关于加强生物多样性保护优先区域监管要求的说法，错误的是（　　）。（2018 年考题）

A．城镇绿化中应优先选用本地物种资源

B．城镇开发建设活动不得破坏古树名木

C．应优化城镇开发建设活动的规模、结构和布局

D．禁止高耗能、高排放行业发展，新引入的行业、企业不得对优先区域生物多样性造成影响

13．某港口建设项目建设内容发生变动，根据《关于印发环评管理中部分行业建设项目重大变动清单的通知》中的附件《港口建设项目重大变动清单（试行）》该项目下列变动中，属于重大变动的是（　　）。（2019 年考题）

A．集装箱码头压载水灭活措施弱化

B．码头设计通过能力增加 20%

C．危险品储罐数量增加 20%

D．集装箱危险品堆场位置发生变化，但环境影响及环境风险降低

14．根据《环境影响评价公众参与办法》，建设单位应当在确定环境影响报告书编制单位后 7 个工作日内，通过网络平台公开相关信息开展公众参与工作，以下不可以作为信息公开的网络平台是（　　）。（2019 年考题）

A．建设单位自有网站　　B．建设项目所在地相关政府网站

C．外地著名环境影响评价专题网站　　D．建设项目所在地公共媒体网站

15．根据《关于进一步加强涉及自然保护区开发建设活动监督管理的通知》，

下列说法中，错误的是（　　）。（2019年考题）

A．建设项目选址（线）应尽可能避让自然保护区

B．保护区管理机构要对经批准同意在自然保护区内开展的建设项目进行全过程跟踪，开展生态监测，发现问题应当及时处理和报告

C．对经批准同意在自然保护区内开展的建设项目，要加强对项目施工期和运营期的监督管理，确保各项生态保护措施落实到位

D．建设项目选址（线），确因重大基础设施建设和自然条件等因素限制无法避让自然保护区的，建设前须征得省级以上自然保护区主管部门同意，并接受监督

16．根据《建设项目危险废物环境影响评价指南》，不属于产生危险废物建设项目环境影响评价的基本原则的是（　　）。（2019年考题）

A．重点评价，科学估算　　B．科学评价，降低风险

C．全程评价，规范管理　　D．客观评价，信息公开

17．根据《关于做好生物多样性保护优先区域有关工作的通知》（环发〔2015〕177号），关于加强生物多样性保护优先区域监管的有关规定，下列说法中错误的是（　　）。（2019年考题）

A．城镇绿化应优先选用本地物种资源，科学规范外来物种引进，防止外来物种入侵

B．优先区域内新增规划和项目的环境影响评价要将生物多样性影响评价作为重要内容

C．新增各类开发建设利用规划应与优先区域保护规划相协调

D．城镇开发建设活动要避免占用重要物种原生境，尽可能不破坏古树名木

18．根据《关于生产和使用消耗臭氧层物质建设项目管理有关工作的通知》（环大气〔2018〕5号），生产和使用消耗臭氧层物质建设项目管理的有关规定，下列说法中正确的是（　）。（2019年考题）

A．新建生产化工原料用途的消耗臭氧层物质的建设项目，生产的消耗臭氧层物质仅用于企业自身下游化工产品的专用原料用途

B．禁止改建生产和使用作为制冷剂、发泡剂、灭火剂、溶剂、清洗剂、加工助剂、气雾剂、土壤熏蒸剂等受控用途的消耗臭氧层物质的建设项目

C．扩建生产受控用途的消耗臭氧层物质的建设项目，禁止增加消耗臭氧层物质生产能力

D．新建、改建、扩建副产四氯化碳的建设项目，可视情况配套建设四氯化碳处置设施

19．根据《关于进一步加强水生生物资源保护　严格环境影响评价管理的通知》（环发〔2013〕86号），关于加强水生生物资源保护的有关规定，下列说法中错误的是（　）。（2019年考题）

A．涉及水生生物自然保护区的建设项目环境影响报告书在报送环境保护部门审批前，应报渔业部门备案

B．水利工程涉及种质资源保护区的，应当按照国家有关规定进行专题评价或论证，并将有关报告作为建设项目环境影响报告书的重要内容

C．水利开发建设规划可能对水生生物资源及其生境造成不良影响的，对规划环境影响报告书审查时，应将渔业部门以及水生生态、水生生物资源、渔业资源（重点是鱼类）保护等方面的专家纳入审查小组

D．对水生生物产卵场、索饵场、越冬场以及洄游通道可能造成不良影响的开发建设规划，在环境影响评价中应对重要水生物种资源及其关键栖息场所进行调查监测

20．下列做法中，未违反《环境影响评价从业人员职业道德规范（试行）》的行为是（　　）。（2019 年考题）

A．个人以环评师名义承接环评文件编制业务

B．为工作业绩，在未参加编制的环评文件上署名

C．建设项目存在违反国家产业政策、环保准入规定等情形，及时通告建设单位

D．选择性采用环评现状监测数据

21．根据《建设项目环境保护管理条例》，环境影响报告书、环境影响报告表审批应当重点审查的内容不包括（　　）。（2019 年考题）

A．环境影响分析预测评估的可靠性　B．环境影响评价结论的科学性

C．建设项目的环境可行性　D．环境保护措施的经济技术可行性

22．根据环境保护部办公厅《关于加强“未批先建”建设项目环境影响评价管理工作的通知》（环办环评〔2018〕18 号），建设项目环境影响报告书（表）未经批准，建设单位于 2014 年 12 月擅自开工建设，2015 年 1 月 1 日后仍然进行建设，应对建设单位进行的处罚是（　　）。（2019 年考题）

A．对建设单位直接负责的主管人员和其他直接责任人员，依法给予行政处分

B．处建设项目总投资额百分之一以上百分之五以下的罚款，并可以责令恢复原状

C．责令停止建设，处以罚款，并可以责令恢复原状

D．责令停止建设，恢复原状，并处以罚款

23．根据环境保护部办公厅《关于加强“未批先建”建设项目环境影响评价管理工作的通知》（环办环评〔2018〕18 号），建设项目环境影响报告书（表）未经批准，建设单位擅自开工建设，生态环境主管部门对此违法行为做出了处罚，建设单位主动报批环境影响报告书（表）的，有审批权的生态环境主管部门（　　）。（2019 年考题）

A．应当受理，并根据技术评估和审查结论分别做出相应处理

B．不应受理

C．应当受理，若符合环境影响评价审批要求，则依法做出批准决定，撤销处罚决定

D．应当受理，若依法不予批准该项目环境影响报告书（表），应责令恢复原状

24．根据《关于以改善环境质量为核心加强环境影响评价管理的通知》（环环评〔2016〕150 号），关于强化“三线一单”约束作用的规定，下列说法中错误的是（　　）。（2019 年考题）

A．在生态保护红线范围内，严控各类开发建设活动

B．环境质量底线是改善环境质量的基准线

C．资源利用上线是各地区能源、水、土地等资源消耗不得突破的“天花板”

D．制定环境准入负面清单，充分发挥负面清单对产业发展和项目准入的指导和约束作用

25．根据《建设项目环境保护管理条例》《建设项目竣工环境保护验收暂行办法》，下列关于建设项目竣工环境保护验收的说法，正确的是（　　）。（2019 年考题）

A．分期建设、分期投入生产或者使用的建设项目，其相应的环境保护设施应当分期验收

B．建设单位组织成立的验收工作组不得吸收环境影响报告书（表）编制机构代表参加

C．接受委托编制验收监测（调查）报告技术机构是建设项目竣工环境保护验收的责任主体

D．接受委托编制验收监测（调查）报告技术机构对所编制的验收监测（调查）报告结论负责

26．根据《建设项目环境影响后评价管理办法（试行）》，下列关于建设项目环境影响后评价时限要求的说法，正确的是（　　）。（2019 年考题）

A．建设项目环境影响后评价应当在建设项目试生产后三至五年内开展

B．建设项目环境影响后评价应当在建设项目开工建设后三至五年内开展

C．建设项目环境影响后评价应当在建设项目正式投入生产或者运营后三至五年内开展

D．当地生态环境主管部门可以根据建设项目的环境影响和环境要素变化特征，确定开展环境影响后评价的时限

27．某餐饮连锁企业拟在全市各县开设门店，根据《建设项目环境影响登记表备案管理办法》，下列关于环境影响登记表备案要求的说法，正确的是（　　）。（2020 年考题）

A．门店开业前在该市生态环境主管部门备案

B．门店开业后在该市生态环境主管部门备案

C．门店开业前在各门店所在地县级生态环境主管部门备案

D．门店开业后在各门店所在地县级生态环境主管部门备案

28．某扩建项目需编制环境影响报告书，拟分期建设。根据《关于做好环境影响评价制度与排污许可制衔接相关工作的通知》，下列关于该项目环境影响报告书的说法，错误的是（　　）。（2020 年考题）

A．应当将排污许可证执行情况作为现有工程回顾评价的主要依据

B．申请环境影响报告书时，应依法提交现有工程的排污许可证执行报告

C．明确分期实施后排放口数量、位置以及每个排放口的污染物种类

D．根据分期实施时的排放标准计算允许排放量，分期实施的允许排放量之和可以高于建设项目的总允许排放量

29．根据《关于进一步加强石油天然气行业环境影响评价管理的通知》，下列关于石油天然气行业环境影响评价要求的说法，错误的是（　　）。（2020 年考题）

A．油气开采项目原则上应当以区块为单位开展环评

B．勘探井转为生产井的，可以纳入区块环评

C．海洋油气勘探工程应当填报环境影响登记表

D．编制油气开发相关专项规划，应当依法同步编制规划环境影响篇章和说明

30．根据《建设项目环境影响报告书（表）编制监督管理办法》，下列关于建设项目环境影响报告书（表）编制主体的说法，错误的是（　　）。（2020 年考题）

A．建设单位不得编制本单位建设项目环境影响评价报告书（表）

B．技术单位不得与负责审批环境影响报告书（表）的生态环境主管部门存在任何利益关系

C．任何单位和个人不得为建设单位指定编制环境影响报告书（表）的技术单位

D．技术单位不得与负责审批环境影响报告书（表）的其他有关审批部门存在任何利益关系

31．根据《建设项目环境影响报告书（表）编制监督管理办法》，下列建设项目环境影响评价报告书（表）质量问题情形中，不属于由市级以上生态环境主管部门对建设单位、技术单位和编制人员给予通报批评的是（　　）。（2020 年考题）

A．污染源源强核算方法错误的

B．未按相关规定提出环境保护措施的

C．环境影响因素分析不全或者错误的

D．遗漏自然保护区等环境保护目标的

32．根据《建设项目环境保护管理条例》，建设单位应当在（　　）将环境影响报告表报有审批权的生态环境主管部门审批。（2021 年考题）

A．取得立项文件后　B．开工建设前　C．开工建设的同时　D．项目建设完成后

33．根据《建设项目环境保护管理条例》，建设项目有（　　）情形的，生态环境主管部门应当对环境影响报告书做出不予批准的决定。（2021 年考题）

A．建设项目类型不符合园区规划

B．所在区域环境质量未达到国家或者地方环境质量标准

C．环境影响报告书内容存在错误

D．改扩建项目，未针对项目原有环境污染和生态破坏提出有效防治措施

34．根据《污染影响类建设项目重大变动清单（试行）》，以下（　　）属于重大变动。（2021 年考题）

A．生产能力增大 25%

B．位于达标区的建设项目生产能力增大，导致可吸入颗粒物排放量增加 5%

C．生产能力增大，导致废水第一类污染物排放量增加 10%以下

D．废水直接排放口位置变化

35．根据《关于做好环境影响评价制度与排污许可制衔接相关工作的通知》，以下关于分期建设项目申请排污许可证的说法，错误的是（　　）。（2021 年考题）

A．环境影响报告书应当列明分期建设内容

B．环境影响报告书应当明确分期实施后排放口数量、位置

C．环境影响报告书应当明确分期实施后与污染物排放相关的主要内容，建设单位可在全部建设完成后一次性申请排污许可证

D．分期实施的允许排放量之和不得高于建设项目的总允许排放量

36．根据《汽车整车制造建设项目环境影响评价文件审批原则（试行）》，以下说法中错误的是（　　）。（2021 年考题）

A．原则上不再审批传统燃油汽车生产新设企业的项目

B．大气污染防治重点区域内新建、扩建汽车项目，涂装工艺应采用水性涂料等低挥发性有机物含量涂料

C．各燃烧类处理设施采用天然气等清洁能源作为燃料

D．制定周边环境质量的自行监测计划，明确网点布设、监测因子、监测频次和信息公开要求

37．根据《建设项目环境影响后评价管理办法（试行）》，以下建设项目运行过程中产生不符合经审批的环境影响报告书情形中，不属于应当开展环境影响后评价的是（　　）。（2021 年考题）

A．实际环境影响程度和范围较大，且主要环境影响在项目建成运行一定时期后逐步显现的煤炭开采项目

B．穿越自然保护区的铁路项目

C．有重大环境风险，建设地点敏感，且持续排放重金属的有色金属冶炼项目

D．建设地点敏感，且涉及高挥发性有机物排放的注塑项目

38．根据《建设项目环境影响后评价管理办法（试行）》，建设项目环境影响后评价应当在（　　）开展。（2021 年考题）

A．建设项目竣工环境保护验收完成，正式投入生产或者运营后

B．建设项目正式投入生产或者运营后三年后，待其主要环境影响逐步显现时

C．建设项目正式投入生产或者运营后三至五年内

D．建设项目正式投入生产或者运营五年后，待其主要环境影响逐步显现时

39．根据《建设项目环境影响报告书（表）编制监督管理办法》，以下单位中，可以作为技术单位主持编制环境影响报告书（表）的是（　　）。（2021 年考题）

A．生态环境主管部门设立的事业单位

B．由建设单位法定代表人出资的单位

C．由生态环境主管部门作为业务主管单位的社会组织出资的单位

D．个体工商户

40．根据《建设项目环境影响报告书（表）编制监督管理办法》，以下环境影响报告书（表）存在的问题中，（　　）属于严重质量问题。（2021 年考题）

A．降低环境影响评价标准的

B．遗漏环境保护目标的

C．环境影响预测与评价结果错误的

D．缩小环境影响评价范围，致使环境影响评价结论不合理的

41．根据《建设项目环境影响报告书（表）编制监督管理办法》，以下情形中不属于环境影响评价信用管理对象的失信行为的是（　　）。（2021 年考题）

A．编制人员信息发生变化，未在二十个工作日内在信用平台变更的

B．未进行环境影响评价质量控制的

C．环境影响报告表的主要编制人员为编制单位的临聘人员的

D．环境影响报告书主要编制人员未取得环境影响评价工程师职业资格证书的

42．根据《建设项目环境影响报告书（表）编制单位和编制人员信息公开管理规定（试行）》，以下不属于编制主持人基本情况信息的是（　　）。（2021 年考题）

A．身份证件类型及号码　　　　B．登记行业类别

C．全职情况材料　　　　D．环境影响评价工程师职业资格证书取得时间

43．根据《污染影响类建设项目重大变动清单（试行）》，下列情形中，属于重大变动的是（　　）。（2022 年考题）

A．卫生防护距离范围变化的

B．环境防护距离范围变化的

C．废水第一类污染物排放量增加的

D．废气无组织排放改为有组织排放的

44．根据《关于进一步加强涉及自然保护区开发建设活动监督管理的通知》，以下关于自然保护区建设项目的监督管理的说法，错误的是（　　）。（2022 年考题）

A．禁止在自然保护区缓冲区开展任何开发建设活动

B．禁止在自然保护区核心区建设任何生产经营设施

C．应关停实验区内的生产经营设施，并实施生态恢复

D．应关停核心区和缓冲区内违法开展的水电开发活动，限期拆除，并实施生态恢复

45．根据《关于做好生物多样性保护优先区域有关工作的通知》，生物多样性保护优先区域监管要求不包括（　　）。（2022 年考题）

A．新增项目选址须避开生态敏感区及野生动物觅食地、栖息地

B．将生物多样性影响评价作为新增项目环境影响评价的重要内容

C．“一区一策”需做到区域内自然生态系统功能不下降，生物资源不减少

D．应对建设项目生态保护和风险防范措施的有效性进行跟踪监测和验证评价

46．根据《关于进一步加强水生生物资源保护　严格环境影响评价管理的通知》，涉及国家级水产种质资源保护区的开发建设项目，应开展的工作不包括（　　）。（2022 年考题）

A．开展生物多样性影响专题论证

B．重点论证建设项目优化布局方案

C．重点论证建设项目对保护区功能的影响

D．开展水产种质资源保护区影响专题论证

47．根据《关于加强高耗能、高排放建设项目生态环境源头防控的指导意见》，提升清洁生产和污染防治水平的要求不包括（　　）。（2022 年考题）

A．新建“两高”项目应采用先进适用的工艺技术和装备

B．鼓励重点区域高炉—转炉长流程钢铁企业转型为电炉短流程企业

C．鼓励使用清洁燃料，重点区域建设项目原则上不新建燃煤自备锅炉

D．重点区域内新建耗煤项目还应严格按规定采取煤炭消费减量替代措施

48．根据《建设项目环境保护管理条例》，审批环境影响报告书时应重点审查的内容不包括（　　）。（2022 年考题）

A．建设项目的环境可行性

B．生产工艺设备的先进可靠性

C．环境保护措施的有效性

D．环境影响评价结论的科学性

49．根据《关于加强“未批先建”建设项目环境影响评价管理工作的通知》，“未批先建”的情形不包括（　　）。（2022年考题）

A．未依法编制建设项目环境影响报告书（表），开工建设的

B．建设项目环境影响报告书（表）未经审批，开工建设的

C．生态环境部门对建设项目环境影响报告书（表）拟批准公示期间，开工建设的

D．批复的建设项目环境影响报告书（表）技术复核出现质量问题，开工建设的

50．根据《建设项目环境影响后评价管理办法（试行）》，下列需要开展环境影响后评价的建设项目不包括（　　）。（2022年考题）

A．穿越重要生态敏感区的高速公路项目

B．穿越重要生态敏感区的石油管线项目

C．审批部门认为应开展环境影响后评价的建设项目

D．评估部门认为应开展环境影响后评价的建设项目

51．根据《建设项目环境影响报告书（表）编制监督管理方法》，下列单位中，属于可以作为建设项目环境影响报告书（表）编制单位的是（　　）。（2022年考题）

A．由建设单位出资成立的单位

B．由生态环境评估部门作为主管单位的社会组织

C．由生态环境部门作为业务主管单位的社会组织

D．由行政审批部门作为业务主管单位的社会组织

52．根据《建设项目环境影响报告书（表）编制监督管理办法》，建设项目环境影响报告书存在的质量问题，仅给予通报批评的是（　　）。（2022年考题）

A．遗漏饮用水水源保护区的

B．污染源强核算方法错误的

C．项目生产工艺描述不全的

D．编造环境要素现状内容的

53．根据《建设项目环境影响登记表备案管理办法》，同城市多区连锁经营，环境影响登记表备案（　　）。（2023年考题）

A．向所在地市级生态环境主管部门备案

B．分别向各建设地点所在地区级生态环境主管部门审批，向市级生态环境主管部门备案

C．分别向各建设地点所在地区级生态环境主管部门备案

D．分别向建设地点所在地区级及市级生态环境主管部门备案

54．根据《建设项目环境保护管理条例》，下列关于审批环境影响报告书时应重点审查的内容，错误的是（　　）。（2023年考题）

A．相关规划的协调性

B．建设项目的环境可行性

C．环境保护措施的有效性

D．环境影响分析预测评估的可靠性

55．根据《环境影响评价公众参与办法》，公众质疑性意见主要集中在环境影响评价相关专业技术方法的，建设单位应当组织召开（　　）。（2023 年考题）

A．建设单位应当组织召开公众座谈会

B．环评单位应当组织召开公众听证会

C．建设单位应当组织召开专家论证会

D．环评单位应当组织召开专家论证会

56．根据《关于加强高耗能、高排放建设项目生态环境源头防控的指导意见》，下列关于严把建设项目环境准入关说法，错误的是（　　）。（2023 年考题）

A．石化、现代煤化工项目应纳入国家产业规划

B．新建石化、化工项目应布设在依法合规设立并经规划环评的产业园区

C．各级生态环境部门和行政审批部门对不符合相关法律法规的，依法不予审批

D．国家大气污染防治重点区域内新建耗煤项目应采取煤炭消费等量替代措施

57．根据《建设项目环境保护管理条例》，下列情形作出不予批准决定的是（　　）。（2023 年考题）

A．环境影响评价结论不合理

B．建设项目采取的污染防治措施确保污染物排放达到国家和地方排放标准，且采取必要措施预防和控制生态破坏

C．所在区域环境质量未达到国家或者地方环境质量标准，但建设项目拟采取的措施可满足区域环境质量改善目标管理要求

D．建设项目类型及其选址、布局、规模等符合环境保护法律法规和相关法定规划

二、不定项选择题

1．根据《关于进一步加强环境影响评价管理防范环境风险的通知》，环境风险预测设定的最大可信事故应包括（　　）。（2017 年考题）

A．项目施工过程中生产设施发生火灾事故

B．项目施工过程中生产设施发生爆炸事故

C．项目营运过程中生产设施发生火灾、爆炸事故

D．项目营运过程中生产设施发生危险物质泄漏事故

2．根据《建设项目环境影响评价信息公开机制方案》，到 2016 年年底，建立全过程、全覆盖的建设项目环评信息公开机制，保障公众对项目建设的环境影响

（　　）。（2017 年考题）

A．知情权　　B．参与权　　C．审核权　　D．监督权

3．根据《关于以改善环境质量为核心加强环境影响评价管理的通知》，下列说法中，错误的有（　　）。（2017 年考题）

A．禁止在优先保护类耕地集中区域新建制革项目

B．对环境质量现状超标的地区，依法不予审批该地区建设项目环评文件

C．对未达到环境质量目标考核要求的地区，依法暂停审批该地区新增排放污染物的项目环评文件

D．对于现有同类型项目环境污染严重，致使环境容量接近承载能力的地区，在现有问题整改到位前，依法暂停审批该地区新建同类行业的项目环评文件

4．根据《建设项目环境保护事中事后监督管理办法（试行）》，属于事中监督管理的内容有（　　）。（2017 年考题）

A．施工期环境监理和环境监测开展情况

B．竣工环境保护验收和排污许可证的实施情况

C．开展环境影响后评价及落实相应改进措施的情况

D．环境保护法律法规的遵守情况和环境保护部门做出的行政处罚决定落实情况

5．根据《建设项目环境影响评价分类管理名录》，下列区域中，属于环境敏感区的有（　　）。（2018 年考题）

A．基本农田　　B．海洋特别保护区

C．水生生物的自然产卵场　　D．以科研、行政办公等为主要功能的区域

6．根据《关于进一步加强水电建设环境保护工作的通知》，下列水电工程中，属于应纳入“三通一平”工程开展环境影响评价的有（　　）。（2018 年考题）

A．围堰工程　　B．河床内导流工程

C．筹建及准备期相关工程　　D．水生生态保护的相关措施工程

7．根据《建设项目环境保护管理条例》，下列环影响报告书（表）内容中属于环境保护行政主管部门审批应当重点审查的有（　　）。（2018 年考题）

A．建设项目的环境可行性　　B．环境保护措施的有效性

C．基础资料、数据的准确性　　D．环境影响评价结论的科学性

8．根据《建设项目环境影响后评价管理办法（试行）》，下列单位中，属于原则上不得承担建设项目环境影响后评价文件编制工作的有（　　）。（2018 年考题）

A．大专院校

B．承担该建设项目设计的工程设计单位

C．承担该建设项目环境影响报告书技术评估的评估机构

D. 编制该建设项目环境影响报告书的环境影响评价机构

9. 根据《建设项目环境保护管理条例》，生态环境主管部门应当对建设项目环境影响报告书、环境影响报告表做出不予批准决定的情形有（　　）。（2019 年考题）

A. 建设项目的环境影响报告书、环境影响报告表的基础资料数据明显不实

B. 所在区域环境质量未达到国家或者地方环境质量标准，且建设项目拟采取的措施不能满足区域环境质量改善目标管理要求

C. 建设项目的环境影响报告书、环境影响报告表的内容存在重大缺陷、遗漏

D. 改建、扩建和技术改造项目，未针对项目原有环境污染和生态破坏提出有效防治措施

10. 根据《建设项目环境保护事中事后监督管理办法（试行）》（环发〔2015〕16 号），事后监督管理的主要依据是（　　）。（2019 年考题）

A. 依法取得的排污许可证

B. 经批准的环境影响评价文件及批复文件

C. 环境影响后评价提出的改进措施

D. 环境保护有关法律法规的要求和技术标准规范

11. 根据《环境影响评价公众参与办法》建设单位向生态环境主管部门报批环境影响报告书前，应当组织编写建设项目环境影响评价公众参与说明，公众参与说明主要内容包括（　　）。（2019 年考题）

A. 环境影响报告书编制情况

B. 公众参与的过程、范围和内容

C. 公众意见收集整理和归纳分析情况

D. 公众意见采纳情况，或者未采纳情况、理由及向公众反馈的情况等

12. 根据《建设项目竣工环境保护验收暂行办法》，建设项目竣工环境保护验收的主要依据包括（　　）。（2019 年考题）

A. 建设项目环境保护相关法律、法规、规章、标准和规范性文件

B. 建设项目竣工环境保护验收技术规范

C. 建设项目环境影响报告书（表）及审批部门审批决定

D. 建设项目可研资料及立项审批文件

13. 根据《关于印发建设项目竣工环境保护验收现场检查及审查要点的通知》（环办〔2015〕113 号）中的附件《公路建设项目验收现场检查及审查要点》，公路建设项目验收现场检查及审查要点内容有（　　）。（2019 年考题）

A. 核查工程建设性质、内容、线位、主要技术指标、控制点与环评文件及批复的一致性

B．公路中心线两侧声环境敏感点分布情况，敏感点建设时序、执行声环境功能区标准情况

C．服务设施污水处理设施建设、运行和排放情况

D．突发环境事件应急预案编制、备案和演练情况

14．根据《建设项目环境影响后评价管理办法（试行）》，下列建设项目运行过程中产生不符合经审批的环境影响报告书情形的，应当开展环境影响后评价的有（　　）。（2019 年考题）

A．穿越重要生态环境敏感区的建设项目

B．冶金行业中有重大环境风险，建设地点敏感，且持续排放重金属的建设项目

C．化工行业中有重大环境风险，建设地点敏感，且持续排放持久性有机污染物的建设项目

D．铁路行业中实际环境影响程度和范围较大，且主要环境影响在项目建成运行一定时期后逐步显现的建设项目

15．根据《建设项目危险废物环境影响评价指南》，下列分析内容中，属于危险废物贮存场所（设施）环境影响分析应当包括的内容有（　　）。（2020 年考题）

A．危险废物贮存场选址的可行性

B．危险废物贮存场所环境风险评价

C．危险废物贮存场所（设施）的能力是否满足要求

D．危险废物贮存过程中对环境空气、地表水、地下水、土壤以及环境敏感保护目标可能造成的影响

16．根据《建设项目环境影响后评价管理办法（试行）》，下列建设项目运行过程中产生不符合经审批的环境影响报告书的情形中，属于应当开展环境影响后评价的有（　　）。（2020 年考题）

A．位于城市近郊的医药项目

B．穿越自然保护区的高速公路项目

C．位于某港口的石化项目

D．主要环境影响逐步显现的铅冶炼项目

17．根据《建设项目环境影响报告书（表）编制监督管理办法》，下列关于编制单位和编制人员信息公开的有关说法，错误的有（　　）。（2020 年考题）

A．编制人员信用编号由编制单位根据单位信息生成，在信用平台发布

B．编制单位和编制人员应当对提交信息的真实性、准确性和完整性负责

C．编制单位和编制人员应当通过信用平台提交本单位和本人的基本情况信息

D．编制单位相关信息发生变化的，应当自发生变化之日起三十个工作日内在信用平台变更

18．根据《建设项目环境影响评价分类管理名录》，以下属于名录所称环境敏感区的有（　　）。（2021 年考题）

A．依法设立的各级各类保护区域　B．对建设项目产生的环境影响特别敏感的区域
C．饮用水水源准保护区　D．水生生物的自然产卵场、索饵场、越冬场

19．根据《污染影响类建设项目重大变动清单（试行）》，以下不属于重大变动的情形有（　　）。（2021 年考题）

A．废水间接排放口位置发生变化
B．废气无组织排放改为有组织排放
C．生产能力增大 10%，导致间接排放的废水中第一类污染物排放量增加 5%
D．调整总平面布置，导致环境防护距离增大，但未新增敏感点

20．根据《关于进一步加强石油天然气行业环境影响评价管理的通知》，以下说法中，正确的有（　　）。（2021 年考题）

A．油气开采项目原则上应当以区块为单位开展环评
B．编制油气开发相关专项规划，应当依法同步编制规划环境影响报告书
C．各级生态环境主管部门在审批区块环评时，应首先征求行业主管部门的意见
D．陆地油气长输管道项目，原则上应当单独编制环评文件

21．根据《建设项目环境保护管理条例》，环境保护行政主管部门审批环境影响报告书、环境影响报告表，应当重点审查（　　）。（2021 年考题）

A．环境保护措施的有效性　B．环境质量现状的真实性
C．环境影响评价结论的科学性　D．环境影响分析预测评估的可靠性

22．根据《中华人民共和国环境影响评价法》，建设项目环境影响报告书存在基础资料明显不实，内容存在重大缺陷、遗漏或者虚假，环境影响评价结论不正确或者不合理等严重质量问题的，设区的市级以上人民政府生态环境主管部门可采取的处罚有（　　）。（2021 年考题）

A．对建设单位处五十万元以上二百万元以下的罚款
B．对报告书编制技术单位处所收费用五倍以上十倍以下的罚款
C．对建设单位的法定代表人处五万元以上二十万元以下的罚款
D．对报告书编制技术单位法定代表人处五万元以上二十万元以下的罚款

23．根据《建设项目环境影响评价分类管理名录（2021 年版）》，以下关于建设项目环境影响评价分类管理的说法，错误的有（　　）。（2022 年考题）

A．名录未做规定的建设项目不纳入环境影响评价管理
B．名录未做规定的项目纳入环境影响评价登记管理
C．名录未做规定的项目纳入环境影响报告表管理
D．名录未做规定的项目纳入环境影响评价告知承诺制管理

24．根据《建设项目环境影响报告表编制技术指南（污染影响类）（试行）》，以下关于专项评价的说法，正确的有（　　）。（2022 年考题）

A．土壤、声、电磁辐射和海洋环境不开展专项评价

B．涉及特殊地下水资源保护区的应开展地下水专项评价

C．开展专项评价应按照环境影响评价相关技术导则进行

D．专项评价类别根据建设项目排污情况及所涉及环境敏感程度确定

25．某建设项目分两期建设，其环境影响评价文件经批准后，三年内一期项目建成投产，六年后，建设单位准备启动二期项目建设。根据《中华人民共和国环境影响评价法》，下列关于该建设项目履行相关环保手续的说法，错误的有（　　）。（2022 年考题）

A．建设单位应重新报批该建设项目的环境影响评价文件

B．建设单位不需要重新报批该建设项目的环境影响评价文件，可直接建设

C．建设单位应将环境影响评价文件报原审批部门重新审核

D．建设单位应将环境影响评价文件报原评估部门重新评估

26．根据《关于做好"三磷"建设项目环境影响评价与排污许可管理工作的通知》，下列关于"三磷"建设项目环境影响评价管理的说法，正确的有（　　）。（2022 年考题）

A．"三磷"建设项目选址应避开岩溶强发育、存在较多落水洞或岩溶漏斗的区域

B．长江干流及主要支流岸线 1 公里范围内禁止新建磷矿项目

C．建设项目所在水环境控制单元或断面总磷超标的，实施总磷排放量等量削减替代

D．扩建磷化工项目应布设在依法合规设立的化工园区或具有化工定位的产业园区内

27．根据《制药建设项目环境影响评价文件审批原则（试行）》，制药建设项目环境影响评价文件审批原则的要求包括（　　）。（2022 年考题）

A．含有药物活性成分废水应进行灭活预处理

B．含有药物活性成分污泥须进行灭活预处理

C．植物提取残渣应按一般工业固体废物处置

D．关注制药行业特征污染物的累积环境影响

28．某技术单位在编制建设项目环境影响报告书时，隐瞒项目选址位于自然保护区的事实，编制的环境影响报告书存在严重质量问题，经认定技术单位故意提供虚假证明文件，情节严重，构成犯罪。根据《中华人民共和国环境影响评价法》，该行为应受到的处罚有（　　）。（2022 年考题）

A．对建设单位处五十万元以上二百万元以下的罚款

B．对技术单位处所收费用三倍以上五倍以下的罚款

C．对编制主持人处五年以上十年以下的有期徒刑，并处罚金

D．对建设单位法定代表人处五万以上二十万以下的罚款

29. 根据《建设项目环境影响评价分类管理名录》，环境敏感区包括（　　）。（2023年考题）

A. 文物保护单位

B. 野生动物栖息地

C. 世界文化和自然遗产地

D. 生态保护红线管控范围

参考答案

一、单项选择题

1. D 【解析】《建设项目环境影响登记表备案管理办法》第六条：“建设项目的建设地点涉及多个县级行政区域的，建设单位应当分别向各建设地点所在地的县级环境保护主管部门备案”。第七条：“建设项目环境影响登记表备案采用网上备案方式。对国家规定需要保密的建设项目，建设项目环境影响登记表备案采用纸质备案方式。”

2. C 【解析】《建设项目环境保护管理条例》第九条：“环境保护行政主管部门审批环境影响报告书、环境影响报告表，应当重点审查建设项目的环境可行性、环境影响分析预测评估的可靠性、环境保护措施的有效性、环境影响评价结论的科学性等，并分别自收到环境影响报告书之日起60日内、收到环境影响报告表之日起30日内，做出审批决定并书面通知建设单位。”

3. A 【解析】《高速公路建设项目重大变动清单（试行）》：“规模：1. 车道数或设计车速增加。2. 线路长度增加 30%及以上。地点：3. 线路横向位移超出200米的长度累计达到原线路长度的30%及以上。4. 工程线路、服务区等附属设施或特大桥、特长隧道等发生变化，导致评价范围内出现新的自然保护区、风景名胜区、饮用水水源保护区等生态敏感区，或导致出现新的城市规划区和建成区。5. 项目变动导致新增声环境敏感点数量累计达到原敏感点数量的30%及以上。”

4. C 【解析】《关于做好环境影响评价制度与排污许可制衔接相关工作的通知》：“四、分期建设的项目，环境影响报告书（表）以及审批文件应当列明分期建设内容，明确分期实施后排放口数量、位置以及每个排放口的污染物种类、允许排放浓度和允许排放量、排放方式、排放去向、自行监测计划等与污染物排放相关的主要内容，建设单位应据此分期申请排污许可证。”

5. D 【解析】《汽车整车制造建设项目环境影响评价文件审批原则（试行）》第四条：“大气污染防治重点区域内新建、扩建汽车项目，水性涂料等低挥发性有机物含量涂料占总涂料使用量比例不低于80%。”

6. B 【解析】《关于以改善环境质量为核心加强环境影响评价管理的通知》："对未达到环境质量目标考核要求的地区，除民生项目与节能减排项目外，依法暂停审批该地区新增排放相应重点污染物的项目环评文件。"

7. A 【解析】《建设项目环境保护事中事后监督管理办法（试行）》第三条："事中监督管理的主要依据是经批准的环境影响评价文件及批复文件、环境保护有关法律法规的要求和技术标准规范。"

8. B 【解析】根据《关于强化建设项目环境影响评价事中事后监管的实施意见》，对环保部门要重点检查其对建设项目环境保护"三同时"监督检查情况，是事后监管的内容。

9. A 【解析】《建设项目竣工环境保护验收暂行办法》第四条："建设单位是建设项目竣工环境保护验收的责任主体。"

10. A 【解析】《建设项目竣工环境保护验收暂行办法》第十一条："（三）验收报告编制完成后5个工作日内，公开验收报告，公示的期限不得少于20个工作日。建设单位公开上述信息的同时，应当向所在地县级以上环境保护主管部门报送相关信息，并接受监督检查。"第七条："验收监测（调查）报告编制完成后，建设单位应当根据验收监测（调查）报告结论，逐一检查是否存在本办法第八条所列验收不合格的情形，提出验收意见。存在问题的，建设单位应当进行整改，整改完成后方可提出验收意见。"

11. D 【解析】《建设项目环境影响后评价管理办法（试行）》第七条："建设项目环境影响后评价文件应当包括以下内容：（一）建设项目过程回顾，包括环境影响评价、环境保护措施落实、环境保护设施竣工验收、环境监测情况，以及公众意见收集调查情况等；（二）建设项目工程评价，包括项目地点、规模、生产工艺或者运行调度方式，环境污染或者生态影响的来源、影响方式、程度和范围等；（三）区域环境变化评价，包括建设项目周围区域环境敏感目标变化、污染源或者其他影响源变化、环境质量现状和变化趋势分析等；（四）环境保护措施有效性评估，包括环境影响报告书规定的污染防治、生态保护和风险防范措施是否适用、有效，能否达到国家或者地方相关法律、法规、标准的要求等；（五）环境影响预测验证，包括主要环境要素的预测影响与实际影响差异，原环境影响报告书内容和结论有无重大漏项或者明显错误，持久性、累积性和不确定性环境影响的表现等；（六）环境保护补救方案和改进措施；（七）环境影响后评价结论。"

12. D 【解析】《关于做好生物多样性保护优先区域有关工作的通知》规定："优先区域内要优化城镇开发建设活动的规模、结构和布局，严格控制高耗能、高排放行业发展，新引入的行业、企业不得对优先区域生物多样性造成影响。城镇开发建设活动要避免占用重要物种原生境，不得破坏古树名木，保护城市生物多样性。

城镇绿化应优先选用本地物种资源，科学规范外来物种引进，防止外来物种入侵。”

13. A 【解析】《港口建设项目重大变动清单（试行）》：“3. 码头设计通过能力增加 30%及以上。”“5. 危险品储罐数量增加 30%及以上。”“7. 集装箱危险品堆场位置发生变化导致环境风险增加。”“11. 矿石码头堆场防尘、液化码头油气回收、集装箱码头压载水灭活等主要环境保护措施或环境风险防范措施弱化或降低。”

14. C 【解析】《环境影响评价公众参与办法》第九条：“建设单位应当在确定环境影响报告书编制单位后 7 个工作日内，通过其网站、建设项目所在地公共媒体网站或者建设项目所在地相关政府网站（以下统称网络平台），公开下列信息。”

15. D 【解析】《关于进一步加强涉及自然保护区开发建设活动监督管理的通知》：“建设项目选址（线）应尽可能避让自然保护区，确因重大基础设施建设和自然条件等因素限制无法避让的，要严格执行环境影响评价等制度，涉及国家级自然保护区的，建设前须征得省级以上自然保护区主管部门同意，并接受监督。”

16. D 【解析】根据《建设项目危险废物环境影响评价指南》，基本原则：（一）重点评价，科学估算。（二）科学评价，降低风险。（三）全程评价，规范管理。

17. D 【解析】《关于做好生物多样性保护优先区域有关工作的通知》规定：“城镇开发建设活动要避免占用重要物种原生境，不得破坏古树名木，保护城市生物多样性。”

18. A 【解析】根据《关于生产和使用消耗臭氧层物质建设项目管理有关工作的通知》：“三、新建、改建、扩建生产化工原料用途的消耗臭氧层物质的建设项目，生产的消耗臭氧层物质仅用于企业自身下游化工产品的专用原料用途，不得对外销售。”“一、禁止新建、扩建生产和使用作为制冷剂、发泡剂、灭火剂、溶剂、清洗剂、加工助剂、气雾剂、土壤熏蒸剂等受控用途的消耗臭氧层物质的建设项目。二、改建、异址建设生产受控用途的消耗臭氧层物质的建设项目，禁止增加消耗臭氧层物质生产能力。”“四、新建、改建、扩建副产四氯化碳的建设项目，应当配套建设四氯化碳处置设施。”

19. A 【解析】《关于进一步加强水生生物资源保护 严格环境影响评价管理的通知》：“（四）涉及水生生物自然保护区的建设项目环境影响报告书在报送环境保护部门审批前，应征求渔业部门意见。”

20. C 【解析】《环境影响评价从业人员职业道德规范（试行）》：“（五）不出借、出租个人有关资格证书、岗位证书，不以个人名义私自承接有关业务，不在本人未参与编制的有关技术文件中署名。”“（四）如实向建设单位介绍环评相关政策要求。对建设项目存在违反国家产业政策或者环保准入规定等情形的，要及时通告。”“（三）不弄虚作假，不歪曲事实，不隐瞒真实情况，不编造数据信息，不给出有歧义或误导性的工作结论。积极阻止对其所做工作或由其指导完成工作的歪曲和误用。”

21．D 【解析】《建设项目环境保护管理条例》第九条：“环境保护行政主管部门审批环境影响报告书、环境影响报告表，应当重点审查建设项目的环境可行性、环境影响分析预测评估的可靠性、环境保护措施的有效性、环境影响评价结论的科学性等。”

22．C 【解析】《关于加强“未批先建”建设项目环境影响评价管理工作的通知》：“建设项目于 2015 年 1 月 1 日新《中华人民共和国环境保护法》（以下简称《中华人民共和国环境保护法》）施行后开工建设，或者 2015 年 1 月 1 日之前已经开工建设且之后仍然进行建设的，应当适用新《中华人民共和国环境保护法》第六十一条规定进行处罚。”

《中华人民共和国环境保护法》第六十一条：“建设单位未依法提交建设项目环境影响评价文件或者环境影响评价文件未经批准，擅自开工建设的，由负有环境保护监督管理职责的部门责令停止建设，处以罚款，并可以责令恢复原状。”

23．A 【解析】《关于加强“未批先建”建设项目环境影响评价管理工作的通知》：“三、环保部门应当按照本通知第一条、第二条规定对‘未批先建’等违法行为做出处罚，建设单位主动报批环境影响报告书（表）的，有审批权的环保部门应当受理，并根据技术评估和审查结论分别做出相应处理：（一）对符合环境影响评价审批要求的，依法做出批准决定，并出具审批文件。（二）对存在《建设项目环境保护管理条例》第十一条所列情形之一的，环保部门依法不予批准该项目环境影响报告书（表），并可以依法责令恢复原状。”

24．A 【解析】《关于以改善环境质量为核心加强环境影响评价管理的通知》：“（一）……除受自然条件限制、确实无法避让的铁路、公路、航道、防洪、管道、干渠、通讯、输变电等重要基础设施项目外，在生态保护红线范围内，严控各类开发建设活动，依法不予审批新建工业项目和矿产开发项目的环评文件。（二）环境质量底线是国家和地方设置的大气、水和土壤环境质量目标，也是改善环境质量的基准线。”“（三）资源是环境的载体，资源利用上线是各地区能源、水、土地等资源消耗不得突破的‘天花板’。”“（四）……要在规划环评清单式管理试点的基础上，从布局选址、资源利用效率、资源配置方式等方面入手，制定环境准入负面清单，充分发挥负面清单对产业发展和项目准入的指导和约束作用。”

25．A 【解析】《建设项目环境保护管理条例》第十八条：“分期建设、分期投入生产或者使用的建设项目，其相应的环境保护设施应当分期验收。”

《建设项目竣工环境保护验收暂行办法》第九条：“验收工作组可以由设计单位、施工单位、环境影响报告书（表）编制机构、验收监测（调查）报告编制机构等单位代表以及专业技术专家等组成，代表范围和人数自定。”第四条：“建设单位是建设项目竣工环境保护验收的责任主体。”第五条：“建设单位不具备编制验收监测（调查）报告能力的，可以委托有能力的技术机构编制。建设单位对受委托的技术机构编制的验收监测（调查）报告结论负责。”

26. C 【解析】《建设项目环境影响后评价管理办法（试行）》第八条：“建设项目环境影响后评价应当在建设项目正式投入生产或者运营后三至五年内开展。原审批环境影响报告书的环境保护主管部门也可以根据建设项目的环境影响和环境要素变化特征，确定开展环境影响后评价的时限。”

27. C 【解析】《建设项目环境影响登记表备案管理办法》第六条：“建设项目的建设地点涉及多个县级行政区域的，建设单位应当分别向各建设地点所在地的县级环境保护主管部门备案。”

28. D 【解析】D 的正确说法为：分期实施的允许排放量之和不得高于建设项目的总允许排放量。

29. D 【解析】D 的正确说法为：编制油气开发相关专项规划，应当依法同步编制规划环境影响报告书。

30. A 【解析】A 的正确说法为：建设单位具备环境影响评价技术能力的，可以自行对其建设项目开展环境影响评价，编制环境影响报告书（表）。

31. D 【解析】D 是需要进行处罚的情形。

32. B 【解析】《建设项目环境保护管理条例》第九条：“依法应当编制环境影响报告书、环境影响报告表的建设项目，建设单位应当在开工建设前将环境影响报告书、环境影响报告表报有审批权的环境保护行政主管部门审批。”

33. D 【解析】注意 A、C 选项都不在《建设项目环境保护管理条例》第十一条规定范围内，B 选项的正确说法是：“所在区域环境质量未达到国家或者地方环境质量标准，且建设项目拟采取的措施不能满足区域环境质量改善目标管理要求。”

34. C 【解析】《污染影响类建设项目重大变动清单（试行）》：“2. 生产、处置或储存能力增大 30%及以上的。”“4. ……位于达标区的建设项目生产、处置或储存能力增大，导致污染物排放量增加 10%及以上的。”“3. 生产、处置或储存能力增大，导致废水第一类污染物排放量增加的。”“9. ……废水直接排放口位置变化，导致不利环境影响加重的。”

35. C 【解析】《关于做好环境影响评价制度与排污许可制衔接相关工作的通知》：“四、分期建设的项目，环境影响报告书（表）以及审批文件应当列明分期建设内容，明确分期实施后排放口数量、位置以及每个排放口的污染物种类、允许排放浓度和允许排放量、排放方式、排放去向、自行监测计划等与污染物排放相关的主要内容，建设单位应据此分期申请排污许可证。”注意应分期申请。

36. B 【解析】《汽车整车制造建设项目环境影响评价文件审批原则（试行）》

中B选项的正确说法是："大气污染防治重点区域内新建、扩建汽车项目，水性涂料等低挥发性有机物含量涂料占总涂料使用量比例不低于80%。"

37. D 【解析】D选项不在《建设项目环境影响后评价管理办法（试行）》第三条规定的范围内。

38. C 【解析】《建设项目环境影响后评价管理办法（试行）》第八条："建设项目环境影响后评价应当在建设项目正式投入生产或者运营后三至五年内开展。"

39. B 【解析】A、C均属于《建设项目环境影响报告书（表）编制监督管理办法》第九条中规定的不得作为技术单位编制环境影响报告书（表），D属于第九条中规定的不得主持编制环境影响报告书（表）。

40. D 【解析】《建设项目环境影响报告书（表）编制监督管理办法》第二十六条："有前款规定的情形，致使环境影响评价结论不正确、不合理或者同时有本办法第二十七条规定情形的，依照本办法第二十七条的规定予以处罚。"

41. D 【解析】《建设项目环境影响报告书（表）编制监督管理办法》第十条："环境影响报告书（表）的编制主持人和主要编制人员应当为编制单位中的全职人员，环境影响报告书（表）的编制主持人还应当为取得环境影响评价工程师职业资格证书的人员。"不要求主要编制人员取得环境影响评价工程师职业资格证书。

42. B 【解析】《建设项目环境影响报告书（表）编制单位和编制人员信息公开管理规定（试行）》中没有行业类别的说法。

43. C 【解析】《污染影响类建设项目重大变动清单（试行）》中"5. 重新选址：在原厂址附近调整（包括总平面布置变化）导致环境防护距离范围变化且新增敏感点的。""6. 新增产品品种或生产工艺（含主要生产装置、设备及配套设施）、主要原辅材料、燃料变化，导致以下情形之一：（1）新增排放污染物种类的（毒性、挥发性降低的除外）；（2）位于环境质量不达标区的建设项目相应污染物排放量增加的；（3）废水第一类污染物排放量增加的；（4）其他污染物排放量增加10%及以上的。""10. 新增废气主要排放口（废气无组织排放改为有组织排放的除外）"属于重大变动。

44. C 【解析】《关于进一步加强涉及自然保护区开发建设活动监督管理 的通知》中"二、严格执行有关法律法规。自然保护区属于禁止开发区域，严禁在自然保护区内开展不符合功能定位的开发建设活动。地方各有关部门要严格执行《自然保护区条例》等相关法律法规，禁止在自然保护区核心区、缓冲区开展任何开发建设活动，建设任何生产经营设施；在实验区不得建设污染环境、破坏自然资源或自然景观的生产设施。""四、坚决整治各种违法开发建设活动。对在核心区和缓冲区内违法开展的水（风）电开发、房地产、旅游开发等活动，要立即予以关停或关闭，限期拆除，并实施生态恢复"。

45. A 【解析】A的正确说法为：新增项目选址要尽可能避开生态敏感区及重要物种栖息地。

46. A 【解析】《关于进一步加强水生生物资源保护严格环境影响评价管理的通知》“三、涉及水生生物自然保护区或水产种质资源保护区的建设项目，应严格执行下列要求：……（三）水产种质资源保护区影响专题论证的重点是种质资源保护区主要物种资源和功能分区等情况，建设项目对保护区功能影响及建设项目优化布局方案，拟采取的避让、减缓、补救和生态补偿措施等”。

47. D 【解析】《关于加强高耗能、高排放建设项目生态环境源头防控的指导意见》“三、推进‘两高’行业减污降碳协同控制（六）提升清洁生产和污染防治水平。新建、扩建‘两高’项目应采用先进适用的工艺技术和装备，单位产品物耗、能耗、水耗等达到清洁生产先进水平，依法制定并严格落实防治土壤与地下水污染的措施。国家或地方已出台超低排放要求的‘两高’行业建设项目应满足超低排放要求。鼓励使用清洁燃料，重点区域建设项目原则上不新建燃煤自备锅炉。鼓励重点区域高炉—转炉长流程钢铁企业转型为电炉短流程企业。大宗物料优先采用铁路、管道或水路运输，短途接驳优先使用新能源车辆运输。”选项D属于（四）落实区域削减的要求内容。

48. B 【解析】《建设项目环境保护管理条例》第九条：“环境保护行政主管部门审批环境影响报告书、环境影响报告表，应当重点审查建设项目的环境可行性、环境影响分析预测评估的可靠性、环境保护措施的有效性、环境影响评价结论的科学性等”。

49. D 【解析】《关于加强“未批先建”建设项目环境影响评价管理工作的通知》“一、‘未批先建’违法行为是指，建设单位未依法报批建设项目环境影响报告书（表），或者未按照《中华人民共和国环境影响评价法》第二十四条的规定重新报批或者重新审核环境影响报告书（表），擅自开工建设的违法行为，以及建设项目环境影响报告书（表）未经批准或者未经原审批部门重新审核同意，建设单位擅自开工建设的违法行为。”

50. D 【解析】《建设项目环境影响后评价管理办法（试行）》第三条：“下列建设项目运行过程中产生不符合经审批的环境影响报告书情形的，应当开展环境影响后评价：（一）水利、水电、采掘、港口、铁路行业中实际环境影响程度和范围较大，且主要环境影响在项目建成运行一定时期后逐步显现的建设项目，以及其他行业中穿越重要生态环境敏感区的建设项目；（二）冶金、石化和化工行业中有重大环境风险，建设地点敏感，且持续排放重金属或者持久性有机污染物的建设项目；（三）审批环境影响报告书的环境保护主管部门认为应当开展环境影响后评价的其他建设项目。”

51. A 【解析】《建设项目环境影响报告书（表）编制监督管理方法》第二条："建设单位可以委托技术单位对其建设项目开展环境影响评价，编制环境影响报告书（表）；建设单位具备环境影响评价技术能力的，可以自行对其建设项目开展环境影响评价，编制环境影响报告书（表）。技术单位不得与负责审批环境影响报告书（表）的生态环境主管部门或者其他有关审批部门存在任何利益关系。任何单位和个人不得为建设单位指定编制环境影响报告书（表）的技术单位"。

52. B 【解析】根据《建设项目环境影响报告书（表）编制监督管理办法》第二十六、二十七条，选项B仅需要对建设单位及其相关人员、技术单位、编制人员通报批评；选项ACD需要对建设单位及其相关人员、技术单位、编制人员通报批评和处罚。

53. C 【解析】《建设项目环境影响登记表备案管理办法》第六条："建设项目的建设地点涉及多个县级行政区域的，建设单位应当分别向各建设地点所在地的县级环境保护主管部门备案。"

54. A 【解析】《建设项目环境保护管理条例》第九条："环境保护行政主管部门审批环境影响报告书、环境影响报告表，应当重点审查建设项目的环境可行性、环境影响分析预测评估的可靠性、环境保护措施的有效性、环境影响评价结论的科学性等"。

55. C 【解析】《环境影响评价公众参与办法》第十四条："对环境影响方面公众质疑性意见多的建设项目，建设单位应当按照下列方式组织开展深度公众参与：（一）公众质疑性意见主要集中在环境影响预测结论、环境保护措施或者环境风险防范措施等方面的，建设单位应当组织召开公众座谈会或者听证会。座谈会或者听证会应当邀请在环境方面可能受建设项目影响的公众代表参加。（二）公众质疑性意见主要集中在环境影响评价相关专业技术方法、导则、理论等方面的，建设单位应当组织召开专家论证会。专家论证会应当邀请相关领域专家参加，并邀请在环境方面可能受建设项目影响的公众代表列席"。

56. D 【解析】《关于加强高耗能、高排放建设项目生态环境源头防控的指导意见》："（三）严把建设项目环境准入关。新建、改建、扩建'两高'项目须符合生态环境保护法律法规和相关法定规划，满足重点污染物排放总量控制、碳排放达峰目标、生态环境准入清单、相关规划环评和相应行业建设项目环境准入条件、环评文件审批原则要求。石化、现代煤化工项目应纳入国家产业规划。新建、扩建石化、化工、焦化、有色金属冶炼、平板玻璃项目应布设在依法合规设立并经规划环评的产业园区。各级生态环境部门和行政审批部门要严格把关，对于不符合相关法律法规的，依法不予审批。"国家大气污染防治重点区域（以下称重点区域）内新建耗煤项目还应严格按规定采取煤炭消费减量替代措施是第（四）条落实区域削减要求的内容。

57. A 【解析】《建设项目环境保护管理条例》第十一条：“建设项目有下列情形之一的，环境保护行政主管部门应当对环境影响报告书、环境影响报告表作出不予批准的决定：（一）建设项目类型及其选址、布局、规模等不符合环境保护法律法规和相关法定规划；（二）所在区域环境质量未达到国家或者地方环境质量标准，且建设项目拟采取的措施不能满足区域环境质量改善目标管理要求；（三）建设项目采取的污染防治措施无法确保污染物排放达到国家和地方排放标准，或者未采取必要措施预防和控制生态破坏；（四）改建、扩建和技术改造项目，未针对项目原有环境污染和生态破坏提出有效防治措施；（五）建设项目的环境影响报告书、环境影响报告表的基础资料数据明显不实，内容存在重大缺陷、遗漏，或者环境影响评价结论不明确、不合理。”

二、不定项选择题

1. ABCD 【解析】《关于进一步加强环境影响评价管理防范环境风险的通知》：“环境风险预测设定的最大可信事故应包括项目施工、营运等过程中生产设施发生火灾、爆炸，危险物质发生泄漏等事故。”

2. ABD 【解析】《建设项目环境影响评价信息公开机制方案》：“到 2016 年底，建立全过程、全覆盖的建设项目环评信息公开机制，保障公众对项目建设的环境影响知情权、参与权和监督权。”

3. ABCD 【解析】选项 A 的正确说法是：“严格控制在优先保护类耕地集中区域新建有色金属冶炼、石油加工、化工、焦化、电镀、制革等项目。”选项 B 的正确说法是：“对环境质量现状超标的地区，项目拟采取的措施不能满足区域环境质量改善目标管理要求的，依法不予审批其环评文件。”选项 C 的正确说法是：“对未达到环境质量目标考核要求的地区，除民生项目与节能减排项目外，依法暂停审批该地区新增排放相应重点污染物的项目环评文件。”选项 D 的正确说法是：“对于现有同类型项目环境污染或生态破坏严重、环境违法违规现象多发，致使环境容量接近或超过承载能力的地区，在现有问题整改到位前，依法暂停审批该地区同类行业的项目环评文件。”（不一定是新建）。

4. ABD 【解析】《建设项目环境保护事中事后监督管理办法（试行）》第六条：“事中监督管理的内容主要是，经批准的环境影响评价文件及批复中提出的环境保护措施落实情况和公开情况；施工期环境监理和环境监测开展情况；竣工环境保护验收和排污许可证的实施情况；环境保护法律法规的遵守情况和环境保护部门做出的行政处罚决定落实情况。”

5. BD 【解析】《建设项目环境影响评价分类管理名录》第三条：“本名录所

称环境敏感区是指依法设立的各级各类保护区域和对建设项目产生的环境影响特别敏感的区域，主要包括下列区域：（一）国家公园、自然保护区、风景名胜区、世界文化和自然遗产地、海洋特别保护区、饮用水水源保护区；（二）除（一）外的生态保护红线管控范围，永久基本农田、基本草原、自然公园（森林公园、地质公园、海洋公园等）、重要湿地、天然林，重点保护野生动物栖息地，重点保护野生植物生长繁殖地，重要水生生物的自然产卵场、索饵场、越冬场和洄游通道，天然渔场，水土流失重点预防区和重点治理区、沙化土地封禁保护区、封闭及半封闭海域；（三）以居住、医疗卫生、文化教育、科研、行政办公为主要功能的区域，以及文物保护单位。”

6．CD 【解析】《关于进一步加强水电建设环境保护工作的通知》规定，“水电项目筹建及准备期相关工程应作为一个整体项目纳入‘三通一平’工程开展环境影响评价。水生生态保护的相关措施应列为水电项目筹建及准备期工作内容；围堰工程（包括分期围堰）和河床内导流工程作为主体工程内容，不纳入‘三通一平’工程范围。在水电建设项目环境影响评价中要有‘三通一平’工程环境影响回顾性评价内容。”

7．ABD 【解析】《建设项目环境保护管理条例》第九条：“环境保护行政主管部门审批环境影响报告书、环境影响报告表，应当重点审查建设项目的环境可行性、环境影响分析预测评估的可靠性、环境保护措施的有效性、环境影响评价结论的科学性等。”

8．D 【解析】《建设项目环境影响后评价管理办法（试行）》第六条：“建设单位或者生产经营单位负责组织开展环境影响后评价工作，编制环境影响后评价文件，并对环境影响后评价结论负责。建设单位或者生产经营单位可以委托环境影响评价机构、工程设计单位、大专院校和相关评估机构等编制环境影响后评价文件。编制建设项目环境影响报告书的环境影响评价机构，原则上不得承担该建设项目环境影响后评价文件的编制工作。”

9．ABCD 【解析】《建设项目环境保护管理条例》第十一条：“建设项目有下列情形之一的，环境保护行政主管部门应当对环境影响报告书、环境影响报告表做出不予批准的决定：（一）建设项目类型及其选址、布局、规模等不符合环境保护法律法规和相关法定规划；（二）所在区域环境质量未达到国家或者地方环境质量标准，且建设项目拟采取的措施不能满足区域环境质量改善目标管理要求；（三）建设项目采取的污染防治措施无法确保污染物排放达到国家和地方排放标准，或者未采取必要措施预防和控制生态破坏；（四）改建、扩建和技术改造项目，未针对项目原有环境污染和生态破坏提出有效防治措施；（五）建设项目的环境影响报告书、环境影响报告表的基础资料数据明显不实，内容存在重大缺陷、遗漏，或者环境影响评价结论不明确、不合理。”

10．ABCD 【解析】《建设项目环境保护事中事后监督管理办法（试行）》

第三条：“事后监督管理的主要依据是依法取得的排污许可证、经批准的环境影响评价文件及批复文件、环境影响后评价提出的改进措施、环境保护有关法律法规的要求和技术标准规范。”

11．BCD 【解析】《环境影响评价公众参与办法》第十九条：“公众参与说明应当包括下列主要内容：（一）公众参与的过程、范围和内容；（二）公众意见收集整理和归纳分析情况；（三）公众意见采纳情况，或者未采纳情况、理由及向公众反馈的情况等。”

12．ABC 【解析】《建设项目竣工环境保护验收暂行办法》第三条：“建设项目竣工环境保护验收的主要依据包括：（一）建设项目环境保护相关法律、法规、规章、标准和规范性文件；（二）建设项目竣工环境保护验收技术规范；（三）建设项目环境影响报告书（表）及审批部门审批决定。”

13．ABCD 【解析】《公路建设项目验收现场检查及审查要点》：“一、工程建设情况。核查工程建设性质、内容、线位、主要技术指标、控制点与环评文件及批复的一致性。”“二、环境保护措施落实情况。……（二）声环境：公路中心线两侧声环境敏感点分布情况，敏感点建设时序、执行声环境功能区标准情况。……（三）水环境：服务设施污水处理设施建设、运行和排放情况。……（五）环境风险防范：环境风险防范设施、环境应急装备、物资配置情况，突发环境事件应急预案编制、备案和演练情况。”

14．ABCD 【解析】《建设项目环境影响后评价管理办法（试行）》第三条：“下列建设项目运行过程中产生不符合经审批的环境影响报告书情形的，应当开展环境影响后评价：（一）水利、水电、采掘、港口、铁路行业中实际环境影响程度和范围较大，且主要环境影响在项目建成运行一定时期后逐步显现的建设项目，以及其他行业中穿越重要生态环境敏感区的建设项目；（二）冶金、石化和化工行业中有重大环境风险，建设地点敏感，且持续排放重金属或者持久性有机污染物的建设项目；（三）审批环境影响报告书的环境保护主管部门认为应当开展环境影响后评价的其他建设项目。”

15．ACD 【解析】环境风险评价是环境影响评价技术要求之一，不在环境影响分析内容之列。

16．B 【解析】《建设项目环境影响后评价管理办法（试行）》第三条：“下列建设项目运行过程中产生不符合经审批的环境影响报告书情形的，应当开展环境影响后评价：（一）水利、水电、采掘、港口、铁路行业中实际环境影响程度和范围较大，且主要环境影响在项目建成运行一定时期后逐步显现的建设项目，以及其他行业中穿越重要生态环境敏感区的建设项目；（二）冶金、石化和化工行业中有重大环境风险，建设地点敏感，且持续排放重金属或者持久性有机污染物的建设项目。”

17. AD 【解析】A 的正确说法是：“生态环境部在信用平台建立编制单位和编制人员的诚信档案，并生成编制人员信用编号；” D 的正确说法是：“相关信息发生变化的，应当自发生变化之日起二十个工作日内在信用平台变更。”

18. AB 【解析】《建设项目环境影响评价分类管理名录》第三条：“本名录所称环境敏感区是指依法设立的各级各类保护区域和对建设项目产生的环境影响特别敏感的区域”。C 选项饮用水水源准保护区不属于饮用水水源保护区。D 选项应前面加“重要”两个字。

19. ABD 【解析】生产、处置或储存能力增大，导致废水第一类污染物排放量增加的，属于该文件规定的重大变动。

20. ABD 【解析】C 选项的正确说法是：“各级生态环境主管部门在审批区块环评时，不得违规设置或保留水土保持、规划选址用地（用海）预审、行业或下级生态环境主管部门预审等前置条件。”

21. ACD 【解析】第九条：“环境保护行政主管部门审批环境影响报告书、环境影响报告表，应当重点审查建设项目的环境可行性、环境影响分析预测评估的可靠性、环境保护措施的有效性、环境影响评价结论的科学性等。”

22. AC 【解析】第三十二条：“对技术单位处所收费用三倍以上五倍以下的罚款。”没有对技术单位法定代表人的处罚条款。

23. BCD 【解析】根据《建设项目环境影响评价分类管理名录（2021 年版）》，名录未做规定的建设项目，不纳入建设项目环境影响评价管理。

24. BCD 【解析】根据《建设项目环境影响报告表编制技术指南（污染影响类）（试行）》，建设项目产生的环境影响需要深入论证的，应按照环境影响评价相关技术导则开展专项评价工作；根据建设项目排污情况及所涉环境敏感程度，确定专项评价的类别；大气、地表水、环境风险、生态和海洋专项评价具体设置原则见表 1；土壤、声环境不开展专项评价；地下水原则上不开展专项评价，涉及集中式饮用水水源和热水、矿泉水、温泉水等特殊地下水资源保护区的开展地下水专项评价工作。

25. ABD 【解析】第二十四条：“建设项目的环境影响评价文件自批准之日起超过五年，方决定该项目开工建设的，其环境影响评价文件应当报原审批部门重新审核”。

26. ABD 【解析】根据《关于做好“三磷”建设项目环境影响评价与排污许可管理工作的通知》，新建、扩建磷化工项目应布设在依法合规设立的化工园区或具有化工定位的产业园区内；“三磷”建设项目选址不得位于饮用水水源保护区、自然保护区、风景名胜区以及国家法律法规明确的其他禁止建设区域；选址应避开岩溶强发育、存在较多落水洞或岩溶漏斗的区域。长江干流及主要支流岸线 1 公里范围内禁止新建、扩建磷矿、磷化工项目，长江干流 3 公里范围内、主要支流岸线 1 公里范围内禁止新建、扩建尾矿库和磷石膏库。建设项目所在水环境控制单元或断面总磷超标的，实施总磷排放量 2 倍或以上削减替代。

27. ABD 【解析】实验室废水、动物房废水等含有药物活性成分的废水，应单独收集并进行灭菌、灭活预处理。含有药物活性成分的污泥，须进行灭活预处理。对未明确是否具有危险特性的动植物提取残渣、制药污水处理产生的污泥等，应进行危险废物鉴别，在鉴别结论出来之前暂按危险废物管理。关注特征污染物的累积环境影响。

28. ABD 【解析】第三十二条："建设项目环境影响报告书、环境影响报告表存在基础资料明显不实，内容存在重大缺陷、遗漏或者虚假，环境影响评价结论不正确或者不合理等严重质量问题的，由设区的市级以上人民政府生态环境主管部门对建设单位处五十万元以上二百万元以下的罚款，并对建设单位的法定代表人、主要负责人、直接负责的主管人员和其他直接责任人员，处五万元以上二十万元以下的罚款。

接受委托编制建设项目环境影响报告书、环境影响报告表的技术单位违反国家有关环境影响评价标准和技术规范等规定，致使其编制的建设项目环境影响报告书、环境影响报告表存在基础资料明显不实，内容存在重大缺陷、遗漏或者虚假，环境影响评价结论不正确或者不合理等严重质量问题的，由设区的市级以上人民政府生态环境主管部门对技术单位处所收费用三倍以上五倍以下的罚款；情节严重的，禁止从事环境影响报告书、环境影响报告表编制工作；有违法所得的，没收违法所得。

编制单位有本条第一款、第二款规定的违法行为的，编制主持人和主要编制人员五年内禁止从事环境影响报告书、环境影响报告表编制工作；构成犯罪的，依法追究刑事责任，并终身禁止从事环境影响报告书、环境影响报告表编制工作。"

29. ACD 【解析】《建设项目环境影响评价分类管理名录》第三条："本名录所称环境敏感区是指依法设立的各级各类保护区域和对建设项目产生的环境影响特别敏感的区域，主要包括下列区域：（一）国家公园、自然保护区、风景名胜区、世界文化和自然遗产地、海洋特别保护区、饮用水水源保护区；（二）除（一）外的生态保护红线管控范围，永久基本农田、基本草原、自然公园（森林公园、地质公园、海洋公园等）、重要湿地、天然林，重点保护野生动物栖息地，重点保护野生植物生长繁殖地，重要水生生物的自然产卵场、索饵场、越冬场和洄游通道，天然渔场，水土流失重点预防区和重点治理区、沙化土地封禁保护区、封闭及半封闭海域；（三）以居住、医疗卫生、文化教育、科研、行政办公为主要功能的区域，以及文物保护单位。"

五、环境影响评价相关法律法规

编者注：2024 年版考试大纲新增了《中华人民共和国黄河保护法》《中华人民共和国青藏高原生态保护法》《中华人民共和国黑土地保护法》《排污许可管理条例》4 部法律法规，尚无真题收录，读者可参考《环境影响评价相关法律法规基础过关 800 题（2024 年版）》进行学习。

（一）《中华人民共和国大气污染防治法》

一、单项选择题

1．根据《中华人民共和国大气污染防治法》，下列关于重点排污单位污染源监测有关规定的说法，正确的是（　　）。（2018 年考题）

A．重点排污单位应当对自动监测数据的真实性和准确性负责

B．环境监测机构应当对自动监测数据的真实性和准确性负责

C．环境保护主管部门及环境监测机构应当对自动监测数据的真实性和准确性负责

D．重点排污单位及其委托的第三方监测机构应当对自动监测数据的真实性和准确性负责

2．根据《中华人民共和国大气污染防治法》，下列原油成品油码头装置中，属于按国家有关规定应当安装并保持正常使用的是（　　）。（2018 年考题）

A．油气处理装置　　B．油气监控装置

C．油气报警装置　　D．油气回收装置

3．根据《中华人民共和国大气污染防治法》，下列关于扬尘污染防治有关规定的说法，正确的是（　　）。（2018 年考题）

A．建筑土方在施工场地内堆存的，应当进行资源化处理

B．建筑土方在施工场地内堆存的，应当采用密闭式防尘网遮盖

C．建筑土方在施工场地内堆存的，应当采取相应水土流失防治措施

D．建筑土方在施工场地内堆存的，应当采取喷淋等方式防治扬尘污染

4. 位于大气污染防治重点区域的甲省拟建设可能对相邻乙省大气环境质量产生重大影响的建设项目。根据《中华人民共和国大气污染防治法》，下列关于该项目大气污染联合防治有关要求的说法，正确的是（　　）。（2018 年考题）

A. 甲省应及时向乙省通报该项目有关信息，进行会商

B. 该项目环境影响评价文件无须考虑对乙省的环境影响

C. 该项目环境影响评价文件审批应征得乙省人民政府的同意

D. 该项目环境影响评价文件应由国务院环境保护主管部门审批

5. 根据《中华人民共和国大气污染防治法》，下列说法中，错误的是（　　）。（2019 年考题）

A. 各级人民政府及其农业行政等有关部门应当鼓励和支持秸秆、落叶综合利用

B. 禁止露天焚烧秸秆、落叶

C. 各级人民政府及其农业行政等有关部门应当加大对秸秆还田、收集一体化农业机械的财政补贴力度

D. 县级人民政府应当支持集体经济组织、农民专业合作经济组织、企业等开展秸秆收集、贮存、运输和综合利用服务

6. 贮煤场堆存煤炭高 8 m，环境影响评价污染防治措施应推荐的优先采取的经济技术可行方案是（　　）。（2019 年考题）

A. 建条形仓储煤　　B. 建 8 m 高围墙

C. 堆层覆盖压实喷雾抑尘　　D. 安装 10 m 高防尘网

7. 根据《中华人民共和国大气污染防治法》，重点排污单位（　　）。（2019 年考题）

A. 应当安装、使用大气污染物排放自动监测设备并保证正常运行

B. 大气污染物排放自动监测设备必要时要与生态环境主管部门的监控设备联网

C. 应当在本企业内公开废气排放信息，可不对外公开

D. 有选择地保存所排放工业废气的原始监测记录

8. 根据《中华人民共和国大气污染防治法》，下列关于大气环境质量限期达标规划的说法，错误的是（　　）。（2019 年考题）

A. 未达到国家大气环境质量标准城市的人民政府应当及时编制大气环境质量限期达标规划

B. 城市大气环境质量限期达标规划应当向社会公开

C. 大气环境质量限期达标规划应当报国务院生态环境主管部门备案

D. 编制城市大气环境质量限期达标规划应当征求公众意见

9. 根据《中华人民共和国大气污染防治法》，下列说法，错误的是（　　）。（2019 年考题）

A. 禁止在未配套设立专用烟道的商住综合楼内新建产生油烟、异味、废气的餐饮服务项目

B. 任何单位和个人不得在当地人民政府禁止的区域内为露天烧烤食品提供场地

C. 禁止私自焚烧沥青、油毡、垃圾以及其他产生有毒有害烟尘和恶臭气体的物质

D. 任何单位和个人不得在城市人民政府禁止的时段和区域内燃放烟花爆竹

10. 根据《中华人民共和国大气污染防治法》，下列关于农业污染防治要求的说法，正确的是（　　）。（2020 年考题）

A. 禁止对树木、花草喷洒剧毒、高毒农药

B. 生态环境主管部门应加强对农业生产经营活动排放大气污染物的控制

C. 农业生产经营者应减少使用农药，减少氨、挥发性有机物等大气污染物的排放

D. 县级人民政府应当组织建立秸秆收集、贮存、运输和综合利用服务体系

11. 根据《中华人民共和国大气污染防治法》，下列关于燃煤和其他能源污染防治的说法，错误的是（　　）。（2021 年考题）

A. 限制高硫分、高灰分煤炭的开采

B. 新建煤矿应当同步建设配套的煤炭洗选设施

C. 已建成的煤矿应当限期建成配套的煤炭洗选设施

D. 禁止开采含放射性和砷等有毒有害物质超过规定标准的煤炭

12. 根据《中华人民共和国大气污染防治法》，下列关于工业污染防治的说法，错误的是（　　）。（2021 年考题）

A. 工业企业应当使用低挥发性有机物含量的涂料

B. 产生含挥发性有机物废气的生产和服务活动，应当在密闭空间或者设备中进行；无法密闭的，应当采取措施减少废气排放

C. 成品油运输船舶应当按照国家有关规定安装油气回收装置并保持正常使用

D. 生产和使用有机溶剂的企业，应当采取措施对管道、设备进行日常维护、维修，减少物料泄漏，对泄漏的物料应当及时收集处理

13. 根据《中华人民共和国大气污染防治法》，下列关于扬尘污染防治的说法，正确的是（　　）。（2021 年考题）

A. 建设单位应当制定具体的施工扬尘污染防治实施方案

B. 从事建筑物拆除的施工单位，应当向住房城乡建设主管部门备案

C. 建筑土方、工程渣土、建筑垃圾在场地内堆存的，应当采用密闭式防尘网遮盖

D. 暂时不能开工的建设用地，建设单位应当对裸露地面进行覆盖；超过一个月的，应当进行绿化、铺装或者遮盖

14. 根据《中华人民共和国大气污染防治法》，下列关于重污染天气应对的说法，错误的是（　　）。（2021 年考题）

A．县级以上地方人民政府应当将重污染天气应对纳入突发事件应急管理体系

B．县级以上地方人民政府应当制定重污染天气应急预案

C．任何单位和个人不得擅自向社会发布重污染天气预报预警信息

D．县级以上地方人民政府应当依据重污染天气的预警等级，及时启动应急预案

15．根据《中华人民共和国大气污染防治法》，某集中供热燃煤锅炉项目需要采取的措施中，错误的是（　　）。（2021 年考题）

A．该项目应当实行煤炭的等量或者减量替代

B．该项目应当采用清洁生产工艺，配套建设除尘、脱硫、脱硝等装置

C．鼓励该项目采用先进的脱汞技术和装置

D．该项目应当取得排污许可证

16．根据《中华人民共和国大气污染防治法》，大气污染防治标准的规定不包括（　　）。（2022 年考题）

A．省级人民政府可制定大气环境质量标准

B．省级人民政府可制定大气污染物排放标准

C．制定燃煤产品质量标准应明确大气环境保护要求

D．制定涂料产品质量标准应明确卫生防护距离要求

17．根据《中华人民共和国大气污染防治法》，新建生活垃圾焚烧项目大气污染防治的要求不包括（　　）。（2022 年考题）

A．设置合理的防护距离

B．选址远离永久基本农田

C．垃圾贮存设施安装净化装置

D．垃圾运输车辆采取防尘措施

18．根据《中华人民共和国大气污染防治法》，工业涂装企业记录生产原料、辅料的台账内容不包括（　　）。（2023 年考题）

A．去向　　B．使用量

C．废弃量　　D．排放量

19．根据《中华人民共和国大气污染防治法》，下列说法中错误的是（　　）。（2023 年考题）

A．城市大气环境质量限期达标规划应当向社会公开

B．大气环境质量限期达标规划应当报国务院生态环境主管部门

C．城市大气环境质量限期达标规划应当根据大气污染防治的要求和经济、技术条件适时进行评估、修订

D．编制城市大气环境质量限期达标规划，应当征求有关行业协会、企业事业单位、专家和公众等方面的意见

20. 根据《中华人民共和国大气污染防治法》，下列说法中错误的是（　　）。（2023 年考题）

A. 暂时不能开工的建设用地，建设单位应当对裸露地面进行覆盖；超过三个月的，应当进行喷淋抑尘

B. 施工单位应当在施工工地设置硬质围挡，并采取覆盖、分段作业、择时施工、洒水抑尘、冲洗地面和车辆等有效防尘降尘措施

C. 施工单位应当在施工工地公示扬尘污染防治措施、负责人、扬尘监督管理主管部门等信息

D. 建筑垃圾在场地内堆存的，应当采用密闭式防尘网遮盖

21. 根据《中华人民共和国大气污染防治法》，下列关于重点排污单位污染源监测有关规定的说法，正确的是（　　）。（2023 年考题）

A. 重点排污单位应当对自动监测数据的真实性和准确性负责

B. 环境监测机构应当对自动监测数据的真实性和准确性负责

C. 生态环境主管部门应当对自动监测数据的真实性和准确性负责

D. 重点排污单位及其委托的第三方监测机构应当对自动监测数据的真实性和准确性负责

二、不定项选择题

1. 根据《中华人民共和国大气污染防治法》燃煤和其他能源污染防治有关规定，国家鼓励燃煤单位采用先进的（　　）等大气污染物协同控制的技术和装置减少大气污染物的排放。（2017 年考题）

A. 脱硝　　B. 脱酸　　C. 脱汞　　D. 除尘、脱硫

2. 根据《中华人民共和国大气污染防治法》，施工单位应当采取的扬尘污染防治措施有（　　）。（2017 年考题）

A. 冲洗地面和车辆

B. 及时清运建筑垃圾

C. 在施工工地设置硬质围挡

D. 暂时不能开工的建设用地，对裸露地面进行覆盖

3. 根据《中华人民共和国大气污染防治法》农业污染防治的有关规定，鼓励和支持采用先进适用技术，对秸秆、落叶等进行（　　）综合利用。（2017 年考题）

A. 肥料化　　B. 饲料化　　C. 减量化　　D. 无害化

4. 根据《中华人民共和国大气污染防治法》，下列关于大气环境质量和污染源监测有关规定的说法，正确的有（　　）。（2018 年考题）

A. 重点排污单位应当安装、使用大气污染物排放自动监测设备

B．重点排污单位应当保证监测设备正常运行并依法公开排放信息

C．重点排污单位应将自动监测设备与生态环境主管部门的监控设备联网

D．重点排污单位应当委托有相应资质的第三方维护自动监测设备的正常运行

5．根据《中华人民共和国大气污染防治法》，下列依据中，属于国务院生态环境主管部门划定的国家大气污染防治重点区域的有（　　）。（2018 年考题）

A．主体功能区划　　B．大气环境功能区划

C．区域大气环境质量状况　　D．大气污染传输扩散规律

6．根据《中华人民共和国大气污染防治法》，下列关于燃煤污染防治的说法，错误的有（　　）。（2020 年考题）

A．禁止销售不符合民用散煤质量标准的煤炭

B．禁止开采含放射性和砷等有毒有害物质的煤炭

C．单位存放煤渣、煤灰等物料，应当采取防燃措施，防治大气污染

D．未建设煤炭洗选设施的已建成煤矿应当限期建成配套的煤炭洗选设施

7．某省内一设区市未达到国家大气环境质量标准，根据《中华人民共和国大气污染防治法》，以下关于大气污染防治标准和限期达标规划的说法，错误的有（　　）。（2021 年考题）

A．该市人民政府应当及时编制大气环境质量限期达标规划，采取措施，按照国务院或者省级人民政府规定的期限达到大气环境质量标准

B．该市的大气环境质量限期达标规划应当报国务院生态环境主管部门备案

C．该市人民政府应当每年向省级人民代表大会报告大气环境质量限期达标规划执行情况

D．该市人民政府可在严于国家大气染物排放标准的基础上，制定地方大气污染物排放标准

8．某项目在生产经营活动中产生恶臭气体，根据《中华人民共和国大气污染防治法》，以下说法，正确的有（　　）。（2021 年考题）

A．该项目应当设置合理的防护距离

B．该项目应当安装净化装置或者采取其他措施，防止排放恶臭气体

C．该项目应当安装净化装置或者采取其他措施，确保恶臭污染物达标排放

D．该项目应当按照国家有关规定建设环境风险预警体系，对排放口和周边环境进行定期监测

9．根据《中华人民共和国大气污染防治法》，以下关于大气重点排污单位污染源监测，正确的有（　　）。（2022 年考题）

A．应进行工业废气监测

B．保存原始监测记录

C．依法公开排放信息

D．安装大气污染物自动监测设备

参考答案

一、单项选择题

1．A 【解析】第二十五条："重点排污单位应当对自动监测数据的真实性和准确性负责。"

2．D 【解析】第四十七条："储油储气库、加油加气站、原油成品油码头、原油成品油运输船舶和油罐车、气罐车等，应当按照国家有关规定安装油气回收装置并保持正常使用。"

3．B 【解析】第六十九条："施工单位应当在施工工地设置硬质围挡，并采取覆盖、分段作业、择时施工、洒水抑尘、冲洗地面和车辆等有效防尘降尘措施。建筑土方、工程渣土、建筑垃圾应当及时清运；在场地内堆存的，应当采用密闭式防尘网遮盖。工程渣土、建筑垃圾应当进行资源化处理。"

4．A 【解析】第八十九条："重点区域内有关省、自治区、直辖市建设可能对相邻省、自治区、直辖市大气环境质量产生重大影响的项目，应当及时通报有关信息，进行会商。"

5．B 【解析】B 的正确说法是第七十七条："省、自治区、直辖市人民政府应当划定区域，禁止露天焚烧秸秆、落叶等产生烟尘污染的物质。"注意，是在人民政府划定的区域内。

6．A 【解析】第七十二条："贮存煤炭、煤矸石、煤渣、煤灰、水泥、石灰、石膏、砂土等易产生扬尘的物料应当密闭；不能密闭的，应当设置不低于堆放物高度的严密围挡，并采取有效覆盖措施防治扬尘污染。"只有 A 选项是密闭贮存。

7．A 【解析】第二十四条："企业事业单位和其他生产经营者应当按照国家有关规定和监测规范，对其排放的工业废气和本法第七十八条规定名录中所列有毒有害大气污染物进行监测，并保存原始监测记录。其中，重点排污单位应当安装、使用大气污染物排放自动监测设备，与生态环境主管部门的监控设备联网，保证监测设备正常运行并依法公开排放信息。监测的具体办法和重点排污单位的条件由国务院生态环境主管部门规定。

重点排污单位名录由设区的市级以上地方人民政府生态环境主管部门按照国务院生态环境主管部门的规定，根据本行政区域的大气环境承载力、重点大气污染物排放总量控制指标的要求以及排污单位排放大气污染物的种类、数量和浓度等因素，商有关部门确定，并向社会公布。”

8. C 【解析】C 的正确说法是第十五条：“城市大气环境质量限期达标规划应当向社会公开。直辖市和设区的市的大气环境质量限期达标规划应当报国务院生态环境主管部门备案。”

9. C 【解析】C 的正确说法是第八十二条：“禁止在人口集中地区和其他依法需要特殊保护的区域内焚烧沥青、油毡、橡胶、塑料、皮革、垃圾以及其他产生有毒有害烟尘和恶臭气体的物质。”

10. D 【解析】A 的正确说法是：禁止在人口集中地区对树木、花草喷洒剧毒、高毒农药。B 的正确说法是：地方各级人民政府应当推动转变农业生产方式，发展农业循环经济，加大对废弃物综合处理的支持力度，加强对农业生产经营活动排放大气污染物的控制。C 的正确说法是：农业生产经营者应当改进施肥方式，科学合理施用化肥并按照国家有关规定使用农药，减少氨、挥发性有机物等大气污染物的排放。

11. C 【解析】C 的正确说法是：已建成的煤矿除所采煤炭属于低硫分、低灰分或者根据已达标排放的燃煤电厂要求不需要洗选的以外，应当限期建成配套的煤炭洗选设施。

12. A 【解析】A 的正确说法是：工业涂装企业应当使用低挥发性有机物含量的涂料。注意是工业涂装企业。

13. C 【解析】A 的正确说法是：施工单位应当制定具体的施工扬尘污染防治实施方案。B 的正确说法是：应当向负责监督管理扬尘污染防治的主管部门备案。D 的正确说法是：超过三个月的，应当进行绿化、铺装或者遮盖。

14. B 【解析】B 的正确说法是：省、自治区、直辖市、设区的市人民政府以及可能发生重污染天气的县级人民政府，应当制定重污染天气应急预案。

15. A 【解析】A 的正确说法是：国家大气污染防治重点区域内新建、改建、扩建用煤项目的，应当实行煤炭的等量或者减量替代。注意前提条件是在国家大气污染防治重点区域内。

16. D 【解析】第十三条：“制定燃煤、石油焦、生物质燃料、涂料等含挥发性有机物的产品、烟花爆竹以及锅炉等产品的质量标准，应当明确大气环境保护要求”。未对卫生防护距离进行要求。

17. B 【解析】第八十条：“企业事业单位和其他生产经营者在生产经营活动中产生恶臭气体的，应当科学选址，设置合理的防护距离，并安装净化装置或者采取其他措施，防止排放恶臭气体。”

18. D 【解析】第四十六条：“工业涂装企业应当使用低挥发性有机物含量的涂料，并建立台账，记录生产原料、辅料的使用量、废弃量、去向以及挥发性有机物含量。”

19. B 【解析】第十四条："编制城市大气环境质量限期达标规划，应当征求有关行业协会、企业事业单位、专家和公众等方面的意见。"第十五条："城市大气环境质量限期达标规划应当向社会公开。直辖市和设区的市的大气环境质量限期达标规划应当报国务院生态环境主管部门备案。"第十七条："城市大气环境质量限期达标规划应当根据大气污染防治的要求和经济、技术条件适时进行评估、修订"。

20. A 【解析】第六十九条："施工单位应当在施工工地设置硬质围挡，并采取覆盖、分段作业、择时施工、洒水抑尘、冲洗地面和车辆等有效防尘降尘措施。建筑土方、工程渣土、建筑垃圾应当及时清运；在场地内堆存的，应当采用密闭式防尘网遮盖。工程渣土、建筑垃圾应当进行资源化处理。施工单位应当在施工工地公示扬尘污染防治措施、负责人、扬尘监督管理主管部门等信息。暂时不能开工的建设用地，建设单位应当对裸露地面进行覆盖；超过三个月的，应当进行绿化、铺装或者遮盖。"

21. A 【解析】第二十五条："重点排污单位应当对自动监测数据的真实性和准确性负责。"

二、不定项选择题

1. ACD 【解析】第四十一条："国家鼓励燃煤单位采用先进的除尘、脱硫、脱硝、脱汞等大气污染物协同控制的技术和装置，减少大气污染物的排放。"

2. ABCD 【解析】第六十九条："施工单位应当在施工工地设置硬质围挡，并采取覆盖、分段作业、择时施工、洒水抑尘、冲洗地面和车辆等有效防尘降尘措施。建筑土方、工程渣土、建筑垃圾应当及时清运；在场地内堆存的，应当采用密闭式防尘网遮盖。工程渣土、建筑垃圾应当进行资源化处理。施工单位应当在施工工地公示扬尘污染防治措施、负责人、扬尘监督管理主管部门等信息。暂时不能开工的建设用地，建设单位应当对裸露地面进行覆盖；超过三个月的，应当进行绿化、铺装或者遮盖。"

3. AB 【解析】第七十六条："各级人民政府及其农业行政等有关部门应当鼓励和支持采用先进适用技术，对秸秆、落叶等进行肥料化、饲料化、能源化、工业原料化、食用菌基料化等综合利用，加大对秸秆还田、收集一体化农业机械的财政补贴力度。"

4. ABC 【解析】第二十四条："企业事业单位和其他生产经营者应当按照国家有关规定和监测规范，对其排放的工业废气和本法第七十八条规定名录中所列有毒有害大气污染物进行监测，并保存原始监测记录。其中，重点排污单位应当安装、使用大气污染物排放自动监测设备，与生态环境主管部门的监控设备联网，保证监测设备正常运行并依法公开排放信息。监测的具体办法和重点排污单位的条件由国务院生态环境主管部门规定。”是否委托有相应资质的第三方维护自动监测设备的正常运行，法律没有作出规定。

5. ACD 【解析】第八十六条：“国家建立重点区域大气污染联防联控机制，统筹协调重点区域内大气污染防治工作。国务院生态环境主管部门根据主体功能区划、区域大气环境质量状况和大气污染传输扩散规律，划定国家大气污染防治重点区域，报国务院批准。”

6. BD 【解析】B 的正确说法是：禁止开采含放射性和砷等有毒有害物质超过规定标准的煤炭。D 的正确说法是：已建成的煤矿除所采煤炭属于低硫分、低灰分或者根据已达标排放的燃煤电厂要求不需要洗选的以外，应当限期建成配套的煤炭洗选设施。

7. CD 【解析】C 的正确说法是第十六条：“城市人民政府每年在向本级人民代表大会或者其常务委员会报告环境状况和环境保护目标完成情况时，应当报告大气环境质量限期达标规划执行情况，并向社会公开。”D 选项涉及《中华人民共和国环境保护法》第十六条：“省、自治区、直辖市人民政府对国家污染物排放标准中未作规定的项目，可以制定地方污染物排放标准；对国家污染物排放标准中已作规定的项目，可以制定严于国家污染物排放标准的地方污染物排放标准。”因此，制定地方大气污染物排放标准是省、自治区、直辖市人民政府的工作。

8. AB 【解析】第八十条：“企业事业单位和其他生产经营者在生产经营活动中产生恶臭气体的，应当科学选址，设置合理的防护距离，并安装净化装置或者采取其他措施，防止排放恶臭气体。”

9. ABCD 【解析】第二十四条：“企业事业单位和其他生产经营者应当按照国家有关规定和监测规范，对其排放的工业废气和本法第七十八条规定名录中所列有毒有害大气污染物进行监测，并保存原始监测记录。其中，重点排污单位应当安装、使用大气污染物排放自动监测设备，与环境保护主管部门的监控设备联网，保证监测设备正常运行并依法公开排放信息”。

（二）《中华人民共和国水污染防治法》

一、单项选择题

1．根据《中华人民共和国水污染防治法》，以下关于饮用水水源保护有关的说法，错误的是（　　）。（2018 年考题）

A．在饮用水水源保护区内，禁止设置排污口

B．禁止在饮用水水源准保护区内新建、扩建对水体污染严重的建设项目

C．有关地方人民政府应当在饮用水水源保护区的边界设立明确的地理界标和明显的警示标志

D．国务院和省、自治区、直辖市人民政府可以根据涉及饮用水水源的建设项目对环境的敏感程度，调整饮用水水源保护区的范围，确保饮用水安全

2．根据《中华人民共和国水污染防治法》，以下关于水污染排放总量控制制度有关规定的说法，错误的是（　　）。（2018 年考题）

A．国家对重点水污染物排放实施总量控制制度

B．国家对水环境质量不达标的地区和污染物实施总量控制制度

C．省人民政府可以根据本行政区域水环境质量状况和水污染防治工作的需求，对国家重点水污染物之外的其他水污染物排放实行总量控制

D．省级以上人民政府生态环境主管部门应当对超过重点水污染物排放总量控制指标的地区，暂停审批新增重点水污染物排放总量建设项目的环境影响评价文件

3．根据《中华人民共和国水污染防治法》，某企业废水经处理后排入城镇污水处理厂，以下有关要求的说法，正确的是（　　）。（2018 年考题）

A．该企业废水处理后应达到城镇污水处理厂排放标准

B．该企业废水处理后应达到《污水排放下水道水质标准》

C．该企业废水处理后应达到国家或者地方规定的水污染物排放标准

D．该企业废水处理后应达到城镇污水处理厂处理工艺要求的进水水质

4．根据《中华人民共和国水污染防治法》，下列内容中，属于生态环境主管部门应当对城镇污水集中处理设施进行监督管理的是（　　）。（2018 年考题）

A．进水水质　　　　B．设施维护情况

C．设施运行情况　　　　D．出水水质和水量

5．某机械加工企业生产废水排向农田灌溉渠道，不能稳定达标，根据《中华人民共和国水污染防治法》，以下关于该企业水污染防治措施相关要求的说法，

正确的是（　　）。（2018 年考题）

A．该企业应改进处理工艺，使出水稳定达到污水排放标准

B．该企业应改进处理工艺，使出水稳定达到农田灌溉水质标准

C．该企业应改进处理工艺，使出水稳定达到相关回用标准后全部回用

D．该企业应改进处理工艺，确保下游最近的农田灌溉取水点的水质符合农田灌溉水质标准

6．根据《中华人民共和国水污染防治法》，进入中华人民共和国（　　）的国际航线船舶排放压载水的，应当采用压载水处理装置或者采取其他等效措施，对压载水进行灭活等处理。（2019 年考题）

A．领水　　B．领海　　C．内河　　D．水域

7．根据《中华人民共和国水污染防治法》，下列说法中正确的是（　　）。（2019 年考题）

A．依照本法相关条款规定被淘汰的严重污染水环境的落后设备，可以转让给不发达地区使用

B．向污水集中处理设施排放工业废水的，应当按照国家有关规定进行预处理，达到集中处理设施处理工艺要求后方可排放

C．工业集聚区应当配套建设相应的污水集中处理设施，安装自动或手动监测设备

D．含有毒有害水污染物的工业废水可以稀释排放至工业集聚区污水集中处理设施

8．根据《中华人民共和国水污染防治法》，下列做法中不属于逃避监管排放水污染物的是（　　）。（2019 年考题）

A．利用渗井、渗坑、裂隙、溶洞排放水污染物

B．私设暗管排放水污染物

C．篡改、伪造水污染物排放监测数据

D．将废水稀释后排放至本企业自有污水处理站处理

9．根据《中华人民共和国水污染防治法》，下列说法，错误的是（　　）。（2019 年考题）

A．对超过重点水污染物排放总量控制指标的地区，省级以上人民政府生态环境主管部门应当会同有关部门约谈该地区人民政府的主要负责人

B．对未完成水环境质量改善目标的地区，省级以上人民政府生态环境主管部门应当会同有关部门约谈该地区人民政府的主要负责人

C．对超过重点水污染物排放总量控制指标的地区，暂停审批新增重点水污染物排放总量的建设项目的环境影响评价文件

D．对未完成水环境质量改善目标的地区，暂停审批重点水污染物排放总量的建设项目的环境影响评价文件

10. 某地区未完成水环境质量改善目标，根据《中华人民共和国水污染防治法》，下列说法中正确的是（ ）。（2021 年考题）

A. 市级以上人民政府生态环境主管部门应当会同有关部门约谈该地区环境保护主管部门的主要负责人

B. 市级以上人民政府生态环境主管部门应当会同有关部门约谈该地区人民政府的主要负责人

C. 暂停审批该地区新增水污染物排放总量的建设项目的环境影响评价文件

D. 暂停审批该地区新增重点水污染物排放总量的建设项目的环境影响评价文件

11. 某工业集聚区位于城镇污水集中处理设施服务范围内，根据《中华人民共和国水污染防治法》，下列说法中正确的是（ ）。（2021 年考题）

A. 该工业集聚区可不安装自动监测设备

B. 该工业集聚区应当配套建设相应的污水集中处理设施

C. 该工业集聚区含有毒有害水污染物的工业废水可统一收集后排入城镇污水集中处理设施

D. 该工业集聚区内企业的工业废水应满足城镇污水集中处理设施处理工艺要求

12. 某电镀企业产生的废水包括含锌废水、含铜废水和有机废水，废水排入工业集聚区污水集中处理设施，根据《中华人民共和国水污染防治法》，下列说法中错误的是（ ）。（2021 年考题）

A. 该企业应当取得排污许可证

B. 以上生产废水应当分类收集和处理，不得稀释排放

C. 应预处理达到集中处理设施处理工艺要求后方可排放

D. 应当按照国家有关规定和监测规范，对所排放的水污染物自行监测

13. 某工业集聚区内企业拟向工业集聚区污水集中处理设施排放工业废水，废水中污染物 A 的产生浓度为 2 000 mg/L，国家标准中规定的间接排放限值为 600 mg/L，地方标准中规定的间接排放限值为 500 mg/L，工业集聚区污水集中处理设施处理工艺要求限值为 400 mg/L，根据《中华人民共和国水污染防治法》，该企业废水中污染物 A 预处理应达到的排放限值为（ ）。（2021 年考题）

A. 与工业集聚区污水集中处理设施协商确定

B. 400 mg/L C. 500 mg/L D. 600 mg/L

14. 根据《中华人民共和国水污染防治法》，下列关于水环境质量标准和水污染物排放标准制定的说法，错误的是（ ）。（2022 年考题）

A. 国家水环境质量标准中未作规定的项目，可以制定地方标准

B. 国家水污染物排放标准中未作规定的项目，可以制定地方标准

C. 国家水环境质量标准中已作规定的项目，可以制定更严格的地方标准

D．国家水污染物排放标准中已作规定的项目，可以制定更严格的地方标准

15．某地区重点水污染物排放完成总量控制指标，但未完成水环境质量改善目标。根据《中华人民共和国水污染防治法》，下列关于该地区重点水污染物总量控制的说法，正确的是（　　）。（2022 年考题）

A．该地区不需要对本区域重点水污染物排放实施总量控制

B．该地区应按规定削减和控制本行政区域的重点水污染物排放总量

C．该地区省级生态环境主管部门应约谈该地区重点水污染物排放单位法人

D．该地区可审批新增重点水污染物排放总量的建设项目环境影响评价文件

16．某新建加油站项目拟建地下油罐，根据《中华人民共和国水污染防治法》，该项目地下水污染防治措施的要求不包括（　　）。（2022 年考题）

A．使用双层罐　　B．建造防渗池

C．进行防渗漏监测　　D．建设地下水在线监测系统

17．根据《中华人民共和国水污染防治法》，人工回灌补给地下水污染防治的要求是（　　）。（2022 年考题）

A．不得恶化地下水质　　B．不得超过地下水水质标准

C．不得超过污水综合排放标准　　D．不得超过农田灌溉标准

18．根据《中华人民共和国水污染防治法》，船舶修造厂应备有足够的设施是（　　）。（2022 年考题）

A．船舶污染物、废弃物的转移设施　　B．船舶污染物、废弃物的接收设施

C．船舶污染物、废弃物的处理设施　　D．船舶污染物、废弃物的利用设施

19．根据《中华人民共和国水污染防治法》，水污染防治原则的有关规定，下列中说法错误的是（　　）。（2023 年考题）

A．水污染防治应当优先保护饮用水水源

B．水污染防治应当坚持预防为主、防治结合、综合治理的原则

C．水污染防治应当严格控制工业污染、城镇生活污染和农业面源污染

D．水污染防治应当积极推进生态治理工程建设，预防、控制和减少水环境污染和生态破坏

20．根据《中华人民共和国水污染防治法》，对超过重点水污染物排放总量控制指标的地区，省级以上人民政府生态环境保护主管部门应当（　　）。（2023 年考题）

A．暂停审批该地区新增重点水污染物排放总量的建设项目环境影响评价文件

B．暂停审批该地区排放水污染物的建设项目环境影响评价文件

C．暂停审批该地区排放重点水污染物的建设项目环境影响评价文件

D．暂停审批该地区新增水污染物排放量的建设项目环境影响评价文件

二、不定项选择题

1. 根据《中华人民共和国水污染防治法》禁止私设暗管或者采取其他规避监管的方式排放水污染物的有关规定，下列行为中涉嫌“规避监管”的有（　　）。（2017年考题）

A. 擅自设立超越排放口

B. 将处理后废水经法定排污口排放

C. 利用雨污分流的雨水管道排放达标污水

D. 将污水通过槽车运至污水处理厂处理后达标排放

2. 某医疗机构拟将现有闲置的生活污水处理设施改建为医疗废水处理设施，根据《中华人民共和国水污染防治法》水污染防治措施的有关规定，该设施必须进行改建的内容有（　　）。（2017年考题）

A. 改建排放口　　B. 增加砂滤工艺

C. 进行防渗漏处理　　D. 增设消毒处理单元

3. 根据《中华人民共和国水污染防治法》饮用水水源保护的有关规定，饮用水水源二级保护区禁止建设的项目有（　　）。（2017年考题）

A. 旅游饭店　B. 主题公园　C. 网箱养鱼　D. 水泥粉磨站

4. 根据《中华人民共和国水污染防治法》，下列关于水环境质量标准和水污染物排放标准有关规定的说法，正确的有（　　）。（2018年考题）

A. 向已有地方水污染物排放标准的水体排放污染物的，应当执行地方水污染物排放标准

B. 省、自治区、直辖市人民政府对国家水环境质量标准中已作规定的项目，可以制定地方水环境质量标准

C. 省、自治区、直辖市人民政府对国家水污染物排放标准中未作规定的项目，可以制定地方水污染物排放标准

D. 省、自治区、直辖市人民政府对国家水污染物排放标准中已作规定的项目，可以制定地方水污染物排放标准

5. 根据《中华人民共和国水污染防治法》，饮用水水源保护区包括（　　）。（2018年考题）

A. 准保护区　　B. 一级保护区

C. 二级保护区　　D. 外围保护地带

6. 根据《中华人民共和国环境保护法》《中华人民共和国水污染防治法》，下列说法中正确的有（　　）。（2019年考题）

A. 进口者应当在规定的期限内停止进口列入淘汰设备名录中的设备

B．禁止引进不符合我国环境保护规定的技术、设备、材料和产品

C．任何单位和个人不得生产、销售或者转移、使用严重污染环境的工艺、设备和产品

D．工艺的采用者应当在规定的期限内停止采用列入淘汰工艺名录中的工艺

7．根据《中华人民共和国水污染防治法》，下列关于饮用水水源二级保护区环境保护的说法，正确的有（　　）。（2019 年考题）

A．禁止在饮用水水源二级保护区内新建、改建、扩建排放污染物的建设项目

B．在饮用水水源二级保护区内已建成的排放污染物的建设项目，由县级以上人民政府责令拆除或者关闭

C．在饮用水水源二级保护区内从事网箱养殖、旅游等活动的，应当按照规定采取措施，防止污染饮用水水体

D．禁止在饮用水水源二级保护区内从事网箱养殖、旅游、游泳、垂钓或者其他可能污染饮用水水体的活动

8．某加油站拟建设地下油罐改造项目，根据《中华人民共和国水污染防治法》，以下关于该项目应当采取地下水污染防治措施的说法，正确的有（　　）。（2020 年考题）

A．使用双层罐　　B．使用双层罐并建造防渗池

C．进行防渗漏监测　　D．设置防渗层和防渗墙

9．根据《中华人民共和国水污染防治法》，水污染防治应当坚持（　　）的原则。（2021 年考题）

A．预防为主　　B．防治结合

C．保护优先　　D．综合治理

10．根据《中华人民共和国水污染防治法》，禁止向水体排放的物质有（　　）。（2021 年考题）

A．油类　　B．含有持久性有机污染物的废水

C．工业废渣、城镇垃圾　　D．含有中放射性物质的废水

11．根据《中华人民共和国水污染防治法》，存放可溶性剧毒废渣场所可采取的水污染防治措施包括（　　）。（2022 年考题）

A．防水　　B．防火

C．防渗漏　　D．防流失

12．根据《中华人民共和国水污染防治法》，下列关于饮用水源保护有关的说法，正确的有（　　）（2022 年考题）

A．禁止在饮用水水源一级保护区内新建供水设施

B．禁止在饮用水水源二级保护区内新建排放污染物的建设项目

C．禁止在饮用水水源二级保护区内改建排放污染物的建设项目

D．禁止在饮用水水源准保护区内新建对水体污染严重的建设项目

13．根据《中华人民共和国水污染防治法》，应当采取防渗漏等措施，并建设地下水水质监测井进行监测，防止地下水污染的有（　　）。（2023年考题）

A．化学品生产企业　　B．工业集聚区

C．矿山开采区　　D．地下勘探

参考答案

一、单项选择题

1．D　【解析】D的正确说法为第六十三条："国务院和省、自治区、直辖市人民政府可以根据保护饮用水水源的实际需要，调整饮用水水源保护区的范围，确保饮用水安全。"

2．B　【解析】B的正确说法为第二十条："国家对重点水污染物排放实施总量控制制度。"

3．C　【解析】第五十条："向城镇污水集中处理设施排放水污染物，应当符合国家或者地方规定的水污染物排放标准。"

4．D　【解析】第五十条："环境保护主管部门应当对城镇污水集中处理设施的出水水质和水量进行监督检查。"

5．C　【解析】第五十八条："禁止向农田灌溉渠道排放工业废水或者医疗污水。"

6．C　【解析】第五十九条："进入中华人民共和国内河的国际航线船舶排放压载水的，应当采用压载水处理装置或者采取其他等效措施，对压载水进行灭活等处理。禁止排放不符合规定的船舶压载水。"

7．B　【解析】第四十五条："排放工业废水的企业应当采取有效措施，收集和处理产生的全部废水，防止污染环境。含有毒有害水污染物的工业废水应当分类收集和处理，不得稀释排放。工业集聚区应当配套建设相应的污水集中处理设施，安装自动监测设备，与环境保护主管部门的监控设备联网，并保证监测设备正常运行。向污水集中处理设施排放工业废水的，应当按照国家有关规定进行预处理，达到集中处理设施处理工艺要求后方可排放。"

第四十六条："国家对严重污染水环境的落后工艺和设备实行淘汰制度。国务院经济综合宏观调控部门会同国务院有关部门，公布限期禁止采用的严重污染水环境的工艺名录和限期禁止生产、销售、进口、使用的严重污染水环境的设备名录。

生产者、销售者、进口者或者使用者应当在规定的期限内停止生产、销售、进口或者使用列入前款规定的设备名录中的设备。工艺的采用者应当在规定的期限内停止采用列入前款规定的工艺名录中的工艺。依照本条第二款、第三款规定被淘汰的设备，不得转让给他人使用。”

8. D 【解析】第三十九条：“禁止利用渗井、渗坑、裂隙、溶洞，私设暗管，篡改、伪造监测数据，或者不正常运行水污染防治设施等逃避监管的方式排放水污染物。”

9. D 【解析】第二十条：“对超过重点水污染物排放总量控制指标或者未完成水环境质量改善目标的地区，省级以上人民政府环境保护主管部门应当会同有关部门约谈该地区人民政府的主要负责人，并暂停审批新增重点水污染物排放总量的建设项目的环境影响评价文件。”

10. D 【解析】第二十条：“对超过重点水污染物排放总量控制指标或者未完成水环境质量改善目标的地区，省级以上人民政府环境保护主管部门应当会同有关部门约谈该地区人民政府的主要负责人，并暂停审批新增重点水污染物排放总量的建设项目的环境影响评价文件。”

11. B 【解析】第四十五条：“含有毒有害水污染物的工业废水应当分类收集和处理，不得稀释排放。工业集聚区应当配套建设相应的污水集中处理设施，安装自动监测设备，与环境保护主管部门的监控设备联网，并保证监测设备正常运行。向污水集中处理设施排放工业废水的，应当按照国家有关规定进行预处理，达到集中处理设施处理工艺要求后方可排放。”

12. B 【解析】B选项的正确说法是：含有毒有害水污染物的工业废水应当分类收集和处理，不得稀释排放。而含锌废水、含铜废水和有机废水均不属于《有毒有害水污染物名录（第一批）》中规定的物质。

13. B 【解析】第四十五条：“向污水集中处理设施排放工业废水的，应当按照国家有关规定进行预处理，达到集中处理设施处理工艺要求后方可排放。”

14. C 【解析】第十二条：“国务院环境保护主管部门制定国家水环境质量标准。省、自治区、直辖市人民政府可以对国家水环境质量标准中未作规定的项目，制定地方标准，并报国务院环境保护主管部门备案。”因此A正确。第十四条：“国务院环境保护主管部门根据国家水环境质量标准和国家经济、技术条件，制定国家水污染物排放标准。省、自治区、直辖市人民政府对国家水污染物排放标准中未作规定的项目，可以制定地方水污染物排放标准；对国家水污染物排放标准中已作规定的项目，可以制定严于国家水污染物排放标准的地方水污染物排放标准。地方水污染物排放标准须报国务院环境保护主管部门备案”。B、D正确。

15. B 【解析】第二十条：“国家对重点水污染物排放实施总量控制制度”

（A 错误）。……“省、自治区、直辖市人民政府应当按照国务院的规定削减和控制本行政区域的重点水污染物排放总量”（B 正确）。“具体办法由国务院环境保护主管部门会同国务院有关部门规定。……对超过重点水污染物排放总量控制指标或者未完成水环境质量改善目标的地区，省级以上人民政府环境保护主管部门应当会同有关部门约谈该地区人民政府的主要负责人”（C 错误）。“并暂停审批新增重点水污染物排放总量的建设项目的环境影响评价文件。约谈情况应当向社会公开”（D 错误）。

16．D 【解析】第四十条：“加油站等的地下油罐应当使用双层罐或者采取建造防渗池等其他有效措施，并进行防渗漏监测，防止地下水污染”。

17．A 【解析】第四十三条：“人工回灌补给地下水，不得恶化地下水质。”

18．B 【解析】第六十一条：“港口、码头、装卸站和船舶修造厂所在地市、县级人民政府应当统筹规划建设船舶污染物、废弃物的接收、转运及处理处置设施。港口、码头、装卸站和船舶修造厂应当备有足够的船舶污染物、废弃物的接收设施”。

19．C 【解析】第三条：“水污染防治应当坚持预防为主、防治结合、综合治理的原则，优先保护饮用水水源，严格控制工业污染、城镇生活污染，防治农业面源污染，积极推进生态治理工程建设，预防、控制和减少水环境污染和生态破坏。”

20．A 【解析】第二十条：“对超过重点水污染物排放总量控制指标或者未完成水环境质量改善目标的地区，省级以上人民政府环境保护主管部门应当会同有关部门约谈该地区人民政府的主要负责人，并暂停审批新增重点水污染物排放总量的建设项目的环境影响评价文件。约谈情况应当向社会公开。”

二、不定项选择题

1．AC 【解析】第三十九条：“禁止利用渗井、渗坑、裂隙、溶洞，私设暗管，篡改、伪造监测数据，或者不正常运行水污染防治设施等逃避监管的方式排放水污染物。”超越排放是指有些企业设置了超越管，超越管的作用是当污水处理厂出现问题不能运行时，污水不经处理直接通过超越管排走。

2．D 【解析】第三十六条：“含病原体的污水应当经过消毒处理；符合国家有关标准后，方可排放。”只有选项 D 是必须要做的，其他选项，由于对某医疗机构的复杂程度没有明确而无法确定。

3．AD 【解析】第六十六条：“禁止在饮用水水源二级保护区内新建、改建、扩建排放污染物的建设项目；……在饮用水水源二级保护区内从事网箱养殖、旅游等活动的，应当按照规定采取措施，防止污染饮用水水体。”

4．ACD 【解析】第十二条：“国务院环境保护主管部门制定国家水环境质量标准。省、自治区、直辖市人民政府可以对国家水环境质量标准中未作规定的项目，制定地方标准，并报国务院环境保护主管部门备案。”

第十四条：“国务院环境保护主管部门根据国家水环境质量标准和国家经济、技术条件，制定国家水污染物排放标准。省、自治区、直辖市人民政府对国家水污染物排放标准中未作规定的项目，可以制定地方水污染物排放标准；对国家水污染物排放标准中已作规定的项目，可以制定严于国家水污染物排放标准的地方水污染物排放标准。地方水污染物排放标准需报国务院环境保护主管部门备案。向已有地方水污染物排放标准的水体排放污染物的，应当执行地方水污染物排放标准。”

5．BC 【解析】第六十三条：“国家建立饮用水水源保护区制度。饮用水水源保护区分为一级保护区和二级保护区；必要时，可以在饮用水水源保护区外围划定一定的区域作为准保护区。”

6．ABCD 【解析】《中华人民共和国水污染防治法》第四十六条：“国家对严重污染水环境的落后工艺和设备实行淘汰制度。国务院经济综合宏观调控部门会同国务院有关部门，公布限期禁止采用的严重污染水环境的工艺名录和限期禁止生产、销售、进口、使用的严重污染水环境的设备名录。生产者、销售者、进口者或者使用者应当在规定的期限内停止生产、销售、进口或者使用列入前款规定的设备名录中的设备。工艺的采用者应当在规定的期限内停止采用列入前款规定的工艺名录中的工艺。依照本条第二款、第三款规定被淘汰的设备，不得转让给他人使用。”

《中华人民共和国环境保护法》第四十六条：“国家对严重污染环境的工艺、设备和产品实行淘汰制度。任何单位和个人不得生产、销售或者转移、使用严重污染环境的工艺、设备和产品。”

7．ABC 【解析】第六十六条：“禁止在饮用水水源二级保护区内新建、改建、扩建排放污染物的建设项目；已建成的排放污染物的建设项目，由县级以上人民政府责令拆除或者关闭。在饮用水水源二级保护区内从事网箱养殖、旅游等活动的，应当按照规定采取措施，防止污染饮用水水体。”

8．AC 【解析】第四十条：“加油站等的地下油罐应当使用双层罐或者采取建造防渗池等其他有效措施，并进行防渗漏监测，防止地下水污染。”

9．ABD 【解析】第三条：“水污染防治应当坚持预防为主、防治结合、综合治理的原则。”

10．ACD 【解析】第三十三条：“禁止向水体排放油类、酸液、碱液或者剧毒废液。”第三十四条：“禁止向水体排放、倾倒放射性固体废物或者含有高放射性和中放射性物质的废水。”第三十七条：“禁止向水体排放、倾倒工业废渣、城镇垃圾和其他废弃物。”

11．ACD 【解析】第三十七条：“存放可溶性剧毒废渣的场所，应当采取防水、防渗漏、防流失的措施”。

12．BCD 【解析】第六十五条：“禁止在饮用水水源一级保护区内新建、改建、扩建与供水设施和保护水源无关的建设项目”。第六十六条：“禁止在饮用水水源二级保护区内新建、改建、扩建排放污染物的建设项目”。第六十七条：“禁止在饮用水水源准保护区内新建、扩建对水体污染严重的建设项目；改建建设项目，不得增加排污量”。

13．ABC 【解析】第四十条：“化学品生产企业以及工业集聚区、矿山开采区、尾矿库、危险废物处置场、垃圾填埋场等的运营、管理单位，应当采取防渗漏措施，并建设地下水水质监测井进行监测，防止地下水污染。”

（三）《中华人民共和国噪声污染防治法》

编者注：2021 年 12 月 24 日，《中华人民共和国噪声污染防治法》公布，于 2022 年 6 月 5 日起施行，《中华人民共和国环境噪声污染防治法》同时废止。本节选取了以往考题中与《中华人民共和国噪声污染防治法》不存在明显矛盾的试题，但其具体文字和条款仍然可能不完全一致，请读者阅读时注意。

一、单项选择题

1．根据《中华人民共和国环境噪声污染防治法》，下列区域中，属于夜间禁止进行产生环境噪声污染建筑施工作业的是（　　）。（2018 年考题）

A．航空港　　B．乡村居住区　　C．城市文教区　　D．城市商业区

2．根据《中华人民共和国环境噪声污染防治法》，下列关于交通运输噪声污染防治有关规定的说法，正确的是（　　）。（2018 年考题）

A．机动车辆在城市市区范围内行驶禁鸣喇叭

B．机动车辆在城市市区范围内行驶必须减速行驶

C．机动车辆在城市市区范围内行驶必须按照规定使用声响装置

D．机动车辆在城市市区范围内行驶必须减速行驶，并按照规定使用声响装置

3．根据《中华人民共和国环境噪声污染防治法》，下列关于交通运输噪声污染防治有关规定的说法，错误的是（　　）。（2020 年考题）

A．消防车执行非紧急任务时，禁止使用警报器

B．机动船舶在城市市区的内河航道航行，禁止使用声响装置

C．工程抢险车等机动车辆安装、使用警报器，必须符合国务院公安部门的规定

D．机动车辆在城市市区范围内行驶时，必须按照规定使用声响装置

4．根据《中华人民共和国环境噪声污染防治法》，下列关于社会生活噪声污染防治的说法，错误的是（　　）。（2021 年考题）

A．禁止在商业经营活动中使用高音广播喇叭招揽顾客

B．禁止任何单位、个人在城市市区内使用高音广播喇叭

C．在城市市区公园组织集会等活动，使用音响器材可能产生干扰周围生活环境的过大音量的，必须遵守当地公安机关的规定

D．在已竣工交付使用的住宅楼进行室内装修活动，应当限制作业时间

5．根据《中华人民共和国噪声污染防治法》，在噪声敏感建筑物集中区域允许从事的活动是（　　）。（2022 年考题）

A．新建排放噪声的工业企业　　B．改建排放噪声的工业企业
C．经营活动中使用高音喇叭　　D．采用持续高噪声设备宣传

6. 根据《中华人民共和国噪声污染防治法》，噪声污染防治的原则不包括（　　）。（2022 年考题）

A．统筹规划　　B．源头防控
C．综合治理　　D．损害担责

7．根据《中华人民共和国噪声污染防治法》，下列关于在噪声敏感建筑物集中区域施工作业的说法，错误的是（　　）。（2023 年考题）

A．应当按照国家规定，设置噪声自动监测系统，并与监督管理部门联网
B．因抢修必须夜间施工的，应当取得地方人民政府相关部门的证明
C．应当优先使用低噪声施工工艺和设备
D．禁止夜间进行产生噪声的建筑施工作业，但抢修、抢险施工作业，因生产工艺要求或者其他特殊需要必须连续施工作业的除外

8．根据《中华人民共和国噪声污染防治法》，噪声敏感建筑物禁止建设区域和限制建设区域的说法，错误的是（　　）。（2023 年考题）

A．在禁止建设区域禁止新建与航空无关的噪声敏感建筑物
B．民用机场所在地人民政府，应对噪声敏感建筑物禁止建设区域和限制建设区域实施控制
C．在限制建设区域确需建设噪声敏感建筑物的，应符合民用建筑隔声设计相关标准要求
D．应根据环境影响评价确定的民用航空器噪声对机场周围生活环境产生影响的范围和程度划定

二、不定项选择题

1．根据《中华人民共和国环境噪声污染防治法》，下列交通设施中，属于建设经过已有噪声敏感建筑物集中区域，有可能造成环境污染，应当设置声屏障或者采取其他有效控制环境噪声污染措施的有（　　）。（2018 年考题）

A．高速公路　B．城市主干道　C．城市次干道　D．城市高架、轻轨道路

2．根据《中华人民共和国噪声污染防治法》，施工单位实施的污染防治措施包括（　　）（2022 年考题）。

A．降低噪声　　B．减少振动
C．制定噪声污染防治实施方案　　D．监督噪声污染物防治实施方案落实

3. 根据《中华人民共和国噪声污染防治法》，下列属于噪声敏感建筑的有（　　）（2023 年考题）。

A．工厂家属楼　　B．商业综合体
C．政府办公楼　　D．科研中心

参考答案

一、单项选择题

1．C　【解析】第三十条：“在城市市区噪声敏感建筑物集中区域内，禁止夜间进行产生环境噪声污染的建筑施工作业，但抢修、抢险作业和因生产工艺上要求或者特殊需要必须连续作业的除外。因特殊需要必须连续作业的，必须有县级以上人民政府或者其有关主管部门的证明。前款规定的夜间作业，必须公告附近居民。”

城市文教区属于城市市区噪声敏感建筑物集中区域。

2．C　【解析】第三十四条：“机动车辆在城市市区范围内行驶，机动船舶在城市市区的内河航道航行，铁路机车驶经或者进入城市市区、疗养区时，必须按照规定使用声响装置”。

3．B　【解析】B 的正确说法是第三十四条：“机动船舶在城市市区的内河航道航行，……必须按照规定使用声响装置。”

4．B　【解析】B 的正确说法是：禁止任何单位、个人在城市市区噪声敏感建筑物集中区域内使用高音广播喇叭。

5．B　【解析】第三十五条：“工业企业选址应当符合国土空间规划以及相关规划要求，县级以上地方人民政府应当按照规划要求优化工业企业布局，防止工业噪声污染。在噪声敏感建筑物集中区域，禁止新建排放噪声的工业企业，改建、扩建工业企业的，应当采取有效措施防止工业噪声污染。”

6．C　【解析】第四条：“噪声污染防治应当坚持统筹规划、源头防控、分类管理、社会共治、损害担责的原则。”

7．B　【解析】第四十一条：“在噪声敏感建筑物集中区域施工作业，应当优先使用低噪声施工工艺和设备”。第四十二条：“在噪声敏感建筑物集中区域施工作业，建设单位应当按照国家规定，设置噪声自动监测系统，与监督管理部门联网，保存原始监测记录，对监测数据的真实性和准确性负责。”第四十三条：“在噪声敏感建筑物集中区域，禁止夜间进行产生噪声的建筑施工作业，但抢修、抢险施工作业，因生产工艺要求或者其他特殊需要必须连续施工作业的除外。”

8．D　【解析】第五十二条：“民用机场所在地人民政府，应当根据环境影响评价以及监测结果确定的民用航空器噪声对机场周围生活环境产生影响的范围和程度，划定噪声敏感建筑物禁止建设区域和限制建设区域，并实施控制。在禁止建设区域禁止新建与航空无关的噪声敏感建筑物。在限制建设区域确需建设噪声敏感建筑物的，建设单位应当对噪声敏感建筑物进行建筑隔声设计，符合民用建筑隔声设计相关标准要求”。

二、不定项选择题

1. AD 【解析】第三十六条：“建设经过已有的噪声敏感建筑物集中区域的高速公路和城市高架、轻轨道路，有可能造成环境噪声污染的，应当设置声屏障或者采取其他有效的控制环境噪声污染的措施。”

2. ABC 【解析】第四十条：“施工单位应当按照规定制定噪声污染防治实施方案，采取有效措施，减少振动、降低噪声”。

3. ACD 【解析】第八十八条：“（三）噪声敏感建筑物，是指用于居住、科学研究、医疗卫生、文化教育、机关团体办公、社会福利等需要保持安静的建筑物”。

（四）《中华人民共和国固体废物污染环境防治法》

一、单项选择题

1 根据《中华人民共和国固体废物污染环境防治法》，下列关于确有必要关闭、闲置或拆除生活垃圾处理设施和场所有关规定的说法，正确的是（　　）。（2018 年考题）

A．应当经所在地市、县人民政府建设主管部门核准，并采取措施，防止污染环境

B．应当经所在地市、县人民政府环境卫生行政主管部门核准，并采取措施，防止污染环境

C．应当经所在地市、县人民政府环境保护行政主管部门核准，并采取措施，防止污染环境

D．应当经所在地的市、县级人民政府环境卫生主管部门商所在地生态环境主管部门同意后核准，并采取防止污染环境的措施

2．某危险废物经营单位，需超期贮存危险废物，根据《中华人民共和国固体废物污染环境防治法》，下列关于该单位危险废物贮存、处置有关要求的说法，错误的是（　　）。（2018 年考题）

A．应停止危险废物经营行为

B．应按照国家环境保护标准要求的防护措施建设贮存场所

C．应报经颁发许可证的生态环境主管部门批准延长贮存期限

D．应制定意外事故的防范措施和应急预案，并向所在地生态环境主管部门和其他负有固体废物污染环境防治监督管理职责的部门备案

3．根据《中华人民共和国固体废物污染环境防治法》，下列说法中错误的是（　　）。（2019 年考题）

A．禁止将危险废物与旅客在同一运输工具上载运

B．禁止经中华人民共和国过境转移危险废物

C．禁止混合收集、贮存、运输、处置性质不相容的危险废物

D．禁止将危险废物混入非危险废物中贮存

4．根据《中华人民共和国固体废物污染环境防治法》，下列关于废物污染防治不适用本法的是（　　）。（2019 年考题）

A．液态废物（排入水体的废水除外）

B．在生活中产生的虽未丧失利用价值但被抛弃的置于容器中的气态物质

C. 在生产中产生的丧失原有利用价值的半固态物质

D. 放射性废物

5. 根据《中华人民共和国固体废物污染环境防治法》，下列活动中，不属于固体废物处置的是（　　）。（2020 年考题）

A. 废溶剂焚烧　　B. 采矿废渣填埋

C. 废矿物油生产基础油　　D. 生活垃圾焚烧

6. 甲单位已于 2005 年 3 月 8 日终止，但尚有部分工业固体废物未处置，甲单位享有的土地使用权依法转让给了乙单位，根据《中华人民共和国固体废物污染环境防治法》，下列单位中，属于应当承担未处置的工业固体废物进行安全处置的费用的是（　　）。（2020 年考题）

A. 甲单位　　B. 乙单位

C. 有关人民政府　　D. 所在地县级生态环境主管部门

7. 根据《中华人民共和国固体废物污染环境防治法》，下列不属于生活垃圾分类坚持的原则的是（　　）。（2021 年考题）

A. 政府推动　　B. 循序渐进　　C. 城乡统筹　　D. 简便易行

8. 甲省 A 市区域内的某企业拟将固体废物转移至乙省 B 市区域内处置，根据《中华人民共和国固体废物污染环境防治法》，该企业应向（　　）提出申请。（2021 年考题）

A. 甲省生态环境主管部门　　B. A 市生态环境主管部门

C. 乙省生态环境主管部门　　D. B 市生态环境主管部门

9. 甲省内的某企业拟将固体废物转移至乙省区域内利用，根据《中华人民共和国固体废物污染环境防治法》，以下说法中错误的是（　　）。（2021 年考题）

A. 该企业应当报甲省生态环境主管部门备案

B. 受托进行固体废物利用的企业，应该将利用情况上报当地生态环境主管部门

C. 受托进行固体废物利用的企业，应当依法及时公开固体废物污染环境防治信息

D. 受托进行固体废物利用的企业，应当按照国家有关规定，投保环境污染责任保险

10. 根据《中华人民共和国固体废物污染环境防治法》，下列关于生活垃圾的说法中，错误的是（　　）。（2021 年考题）

A. 建设生活垃圾处理设施应当符合国务院住房城乡建设主管部门规定的环境卫生标准

B. 相邻地区生活垃圾处理设施可跨行政区域共建共享

C. 生活垃圾处理设施确有必要拆除的，应当经所在地生态环境主管部门核准，并采取防止污染环境的措施

D．生活垃圾处理单位应当按照国家有关规定，安装使用监测设备，监测设备应当与所在地生态环境主管部门的监控设备联网

11．根据《中华人民共和国固体废物污染环境防治法》，下列关于危险废物运输的说法中，错误的是（　　）。（2021年考题）

A．禁止将危险废物与其他货物在同一运输工具上载运

B．运输危险废物，应当遵守国家有关危险货物运输管理的规定

C．运输危险废物的单位，应当依法制定意外事故的防范措施和应急预案

D．运输危险废物的设施应当按照规定设置危险废物识别标志

12．根据《中华人民共和国固体废物污染环境防治法》，下列不属于产生危险废物单位制定的危险废物管理计划中应当包括的是（　　）。（2021年考题）

A．危险废物收集措施　　B．危险废物贮存措施

C．危险废物利用措施　　D．减少危险废物产生量的措施

13．根据《中华人民共和国固体废物污染环境防治法》，固体废物不包括（　　）。（2022年考题）

A．农药包装废弃物　　B．二手农用电动车

C．废弃的农用薄膜　　D．装修产生的弃料

14．单位甲委托单位乙对其产生的工业固体废物进行综合利用，根据《中华人民共和国固体废物污染环境防治法》，单位甲履行污染环境防治责任正确的做法是（　　）。（2022年考题）

A．对单位乙经济和技术能力进行核实，并在合同中约定污染防治要求

B．对单位乙经济和技术能力进行核实，并在合同中约定其污染主体责任

C．对单位乙主体资格和技术能力进行核实，并在合同中约定污染防治要求

D．对单位乙主体资格和技术能力进行核实，并在合同中约定其污染主体责任

15．根据《中华人民共和国固体废物污染环境防治法》，下列关于危险废物污染环境防治的说法，错误的是（　　）。（2022年考题）

A．产生危险废物的单位贮存危险废物期限不得超过一年

B．运输危险废物应遵守国家有关危险货物运输管理规定

C．医疗卫生机构应依法分类收集本单位产生的医疗废物

D．收集危险废物的容器转作他用时应经过消除污染处理

16．根据《中华人民共和国固体废物污染环境防治法》，固体废物不包括（　　）。（2023年考题）

A．秸秆　　B．煤矸石

C．建筑垃圾　　D．物料周转包装桶

17．根据《中华人民共和国固体废物污染环境防治法》，下列说法中错误的是

（　　）。（2023 年考题）

A. 应对固体废物加以利用

B. 建设工业固体废物贮存、处置的设施、场所，应当符合国家环境保护标准

C. 贮存工业固体废物应当采取符合国家环境保护标准的防护措施

D. 建设生活垃圾处理设施、场所，应当符合国务院生态环境主管部门和国务院住房城乡建设主管部门规定的环境保护和环境卫生标准

18. 根据《中华人民共和国固体废物污染环境防治法》，下列说法中正确的是（　　）。（2023 年考题）

A. 禁止将危险废物混入非危险废物中贮存

B. 禁止混合收集、贮存、运输、处置性质不相容的危险废物

C. 从事收集、贮存、利用、处置危险废物经营活动的单位，贮存危险废物不得超过三年

D. 收集、贮存危险废物，应当按照危险废物毒性进行分类

二、不定项选择题

1. 根据《中华人民共和国固体废物污染环境防治法》的有关规定，（　　）内禁止建设工业固体废物贮存、处置设施和场所。（2017 年考题）

A. 基本农田　　B. 省级自然保护区

C. 省级风景名胜区　　D. 饮用水水源保护区

2. 根据《中华人民共和国固体废物污染环境防治法》，下列关于危险废物污染环境防治的规定，（　　）危险废物，应当按照危险废物特性分类进行。（2017 年考题）

A. 收集　　B. 贮存　　C. 运输　　D. 处置

3. 根据《中华人民共和国固体废物污染环境防治法》，下列关于危险废物污染环境防治的规定，禁止无许可证或者未按照许可证规定从事危险废物（　　）的经营活动。（2017 年考题）

A. 收集　　B. 贮存　　C. 运输　　D. 处置

4. 根据《中华人民共和国固体废物污染环境防治法》，下列内容中，属于产生危险废物的单位应向所在地生态环境主管部门申报的有（　　）。（2018 年考题）

A. 危险废物的流向　　B. 危险废物的贮存资料

C. 危险废物的利用资料　　D. 危险废物的处置资料

5. 根据《中华人民共和国固体废物污染环境防治法》，产生危险废物的单位，必须按照国家有关规定制定危险废物管理计划，并向所在地生态环境主管部门申报危险废物的（　　）等有关资料。（2019 年考题）

A．种类、产生量　　B．流向　　C．贮存　　D．处置

6．根据《中华人民共和国固体废物污染环境防治法》，下列场所中，属于禁止倾倒、堆放固体废物的有（　　）。（2020年考题）

A．运河　　B．渠道　　C．滩地　　D．水库

7．根据《中华人民共和国固体废物污染环境防治法》，下列禁止堆放固体废物的场所中，错误的有（　　）。（2021年考题）

A．禁止向运河堆放固体废物　　B．禁止向渠道堆放固体废物

C．禁止向滩地堆放固体废物　　D．禁止向岸坡堆放固体废物

8．根据《中华人民共和国固体废物污染环境防治法》，下列关于电器电子产品污染防治的有关规定，错误的有（　　）。（2021年考题）

A．国家建立电器电子产品的使用者责任延伸制度

B．电器电子产品的生产者应当按照规定以自建方式建立与产品销售量相匹配的废旧产品回收体系

C．国家鼓励电器电子产品的生产者开展生态设计，促进资源回收利用

D．国家对废弃电器电子产品等实行多渠道回收和集中处理制度

9．根据《中华人民共和国固体废物污染环境防治法》，固体废物污染防治的原则包括（　　）。（2022年考题）

A．减量化　　B．资源化　　C．无害化　　D．污染担责

10．根据《中华人民共和国固体废物污染环境防治法》，建立工业固体废物管理台账，如实记录产生工业固体废物（　　）等信息。（2023年考题）

A．种类　　B．产生量　　C．流向、贮存　　D．利用、处置

参考答案

一、单项选择题

1．D　【解析】第五十五条："禁止擅自关闭、闲置或者拆除生活垃圾处理设施、场所；确有必要关闭、闲置或者拆除的，应当经所在地的市、县级人民政府环境卫生主管部门商所在地生态环境主管部门同意后核准，并采取防止污染环境的措施。"

2．A　【解析】超期贮存危险废物需要批准，但未规定停止经营。

3．C　【解析】第八十一条："禁止混合收集、贮存、运输、处置性质不相容而未经安全性处置的危险废物。"

4．D　【解析】第二条："固体废物污染海洋环境的防治和放射性固体废物污

染环境的防治不适用本法。”

5. C 【解析】第一百二十四条：“（九）处置，是指将固体废物焚烧和用其他改变固体废物的物理、化学、生物特性的方法，达到减少已产生的固体废物数量、缩小固体废物体积、减少或者消除其危险成分的活动，或者将固体废物最终置于符合环境保护规定要求的填埋场的活动。”C 属于固体废物利用。

6. B 【解析】第四十一条：“对 2005 年 4 月 1 日前已经终止的单位未处置的工业固体废物及其贮存、处置的设施、场所进行安全处置的费用，由有关人民政府承担；但是，该单位享有的土地使用权依法转让的，应当由土地使用权受让人承担处置费用。当事人另有约定的，从其约定；但是，不得免除当事人的污染防治义务。”

7. B 【解析】第六条：“生活垃圾分类坚持政府推动、全民参与、城乡统筹、因地制宜、简便易行的原则。”

8. A 【解析】第二十二条：“转移固体废物出省、自治区、直辖市行政区域贮存、处置的，应当向固体废物移出地的省、自治区、直辖市人民政府生态环境主管部门提出申请。”

9. B 【解析】第三十七条：“受托方运输、利用、处置工业固体废物，应当依照有关法律法规的规定和合同约定履行污染防治要求，并将运输、利用、处置情况告知产生工业固体废物的单位”。第三十九条：“产生工业固体废物的单位应当向所在地生态环境主管部门提供工业固体废物的种类、数量、流向、贮存、利用、处置等有关资料。”因此，利用情况应由产生工业固体废物的单位提供。

10. C 【解析】C 选项的正确说法是：禁止擅自关闭、闲置或者拆除生活垃圾处理设施、场所；确有必要关闭、闲置或者拆除的，应当经所在地的市、县级人民政府环境卫生主管部门商所在地生态环境主管部门同意后核准，并采取防止污染环境的措施。

11. A 【解析】A 选项的正确说法是：禁止将危险废物与旅客在同一运输工具上载运。

12. A 【解析】第七十八条：“危险废物管理计划应当包括减少危险废物产生量和降低危险废物危害性的措施以及危险废物贮存、利用、处置措施。”

13. B 【解析】第一百二十四条：“固体废物，是指在生产、生活和其他活动中产生的丧失原有利用价值或者虽未丧失利用价值但被抛弃或者放弃的固态、半固态和置于容器中的气态的物品、物质以及法律、行政法规规定纳入固体废物管理的物品、物质。经无害化加工处理，并且符合强制性国家产品质量标准，不会危害公众健康和生态安全，或者根据固体废物鉴别标准和鉴别程序认定为不属于固体废物的除外”。

14. C 【解析】第三十七条：“产生工业固体废物的单位委托他人运输、利用、处置工业固体废物的，应当对受托方的主体资格和技术能力进行核实，依法签订书面合同，在合同中约定污染防治要求”。

15. A 【解析】A 选项的正确说法是：从事收集、贮存、利用、处置危险废物经营活动的单位，贮存危险废物不得超过一年。

16. D 【解析】第一百二十四条：“固体废物，是指在生产、生活和其他活动中产生的丧失原有利用价值或者虽未丧失利用价值但被抛弃或者放弃的固态、半固态和置于容器中的气态的物品、物质以及法律、行政法规规定纳入固体废物管理的物品、物质。经无害化加工处理，并且符合强制性国家产品质量标准，不会危害公众健康和生态安全，或者根据固体废物鉴别标准和鉴别程序认定为不属于固体废物的除外”。物料周转包装桶未丧失利用价值，也未被抛弃或者放弃，所以不是固体废物。

17. A 【解析】第四十条：“产生工业固体废物的单位应当根据经济、技术条件对工业固体废物加以利用；对暂时不利用或者不能利用的，应当按照国务院生态环境等主管部门的规定建设贮存设施、场所，安全分类存放，或者采取无害化处置措施。贮存工业固体废物应当采取符合国家环境保护标准的防护措施。建设工业固体废物贮存、处置的设施、场所，应当符合国家环境保护标准。”第五十五条：“建设生活垃圾处理设施、场所，应当符合国务院生态环境主管部门和国务院住房城乡建设主管部门规定的环境保护和环境卫生标准。”

18. A【解析】第八十一条：“收集、贮存危险废物，应当按照危险废物特性分类进行。禁止混合收集、贮存、运输、处置性质不相容而未经安全性处置的危险废物。贮存危险废物应当采取符合国家环境保护标准的防护措施。禁止将危险废物混入非危险废物中贮存。从事收集、贮存、利用、处置危险废物经营活动的单位，贮存危险废物不得超过一年；确需延长期限的，应当报经颁发许可证的生态环境主管部门批准；法律、行政法规另有规定的除外。”

二、不定项选择题

1. BCD 【解析】第二十一条：“在生态保护红线区域、永久基本农田集中区域和其他需要特别保护的区域内，禁止建设工业固体废物、危险废物集中贮存、利用、处置的设施、场所和生活垃圾填埋场。”

2. AB 【解析】第八十一条：“收集、贮存危险废物，应当按照危险废物特性分类进行。”

3. ABD 【解析】第八十条：“禁止无许可证或者未按照许可证规定从事危险废物收集、贮存、利用、处置的经营活动。”

4. ABD 【解析】第七十八条：“产生危险废物的单位，应当按照国家有关规定制定危险废物管理计划；建立危险废物管理台账，如实记录有关信息，并通过国家危险废物信息管理系统向所在地生态环境主管部门申报危险废物的种类、产生量、流向、贮存、处置等有关资料。”

5. ABCD 【解析】第七十八条：“产生危险废物的单位，应当按照国家有关规定制定危险废物管理计划；建立危险废物管理台账，如实记录有关信息，并通过国家危险废物信息管理系统向所在地生态环境主管部门申报危险废物的种类、产生量、流向、贮存、处置等有关资料。”

6. ABD 【解析】第二十条：“禁止任何单位或者个人向江河、湖泊、运河、渠道、水库及其最高水位线以下的滩地和岸坡以及法律法规规定的其他地点倾倒、堆放、贮存固体废物。”

7. CD 【解析】第二十条：“禁止任何单位或者个人向江河、湖泊、运河、渠道、水库及其最高水位线以下的滩地和岸坡以及法律法规规定的其他地点倾倒、堆放、贮存固体废物。”

8. AB 【解析】第六十六条：“国家建立电器电子、铅蓄电池、车用动力电池等产品的生产者责任延伸制度。电器电子、铅蓄电池、车用动力电池等产品的生产者应当按照规定以自建或者委托等方式建立与产品销售量相匹配的废旧产品回收体系，并向社会公开，实现有效回收和利用。”

9. ABCD 【解析】第四条：“固体废物污染环境防治坚持减量化、资源化和无害化原则”；第五条：“固体废物污染环境防治坚持污染担责的原则”。

10. ACD 【解析】第三十六条：“产生工业固体废物的单位应当建立健全工业固体废物产生、收集、贮存、运输、利用、处置全过程的污染环境防治责任制度，建立工业固体废物管理台账，如实记录产生工业固体废物的种类、数量、流向、贮存、利用、处置等信息，实现工业固体废物可追溯、可查询，并采取防治工业固体废物污染环境的措施”。B“产生量”是危险废物台账的内容，工业固废管理台账的内容是“数量”。

（五）《中华人民共和国土壤污染防治法》

一、单项选择题

1. 根据《中华人民共和国土壤污染防治法》，下列关于土壤污染责任人的说法，错误的是（　　）。（2019 年考题）

A. 土壤污染责任人无法认定的，土地所有权人和使用权人应当共同承担土壤污染风险管控和修复义务

B. 土壤污染责任人不明确或者存在争议的，农用地由地方人民政府农业农村、林业草原主管部门会同生态环境、自然资源主管部门认定

C. 土壤污染责任人变更的，由变更后承继其债权、债务的单位或者个人履行相关土壤污染风险管控和修复义务并承担相关费用

D. 土壤污染责任人不明确或者存在争议的，建设用地由地方人民政府生态环境主管部门会同自然资源主管部门认定

2. 根据《中华人民共和国土壤污染防治法》，下列说法中正确的是（　　）。（2019 年考题）

A. 列入建设用地土壤污染风险管控和修复名录的地块，严格控制作为住宅、公共管理与公共服务用地

B. 省级人民政府生态环境主管部门应当会同自然资源等主管部门按照国务院生态环境主管部门的规定，对土壤污染风险评估报告组织评审

C. 用途变更为住宅、公共管理与公共服务用地的，变更前或变更后应当按照规定进行土壤污染状况调查

D. 对土壤污染状况调查报告评审表明污染物含量超过土壤污染风险管控标准的建设用地地块，土地所有权人应当按照国务院生态环境主管部门的规定进行土壤污染风险评估

3. 根据《中华人民共和国土壤污染防治法》，关于实施风险管控、修复活动和修复施工单位管理的有关规定，下列说法中错误的是（　　）。（2019 年考题）

A. 实施风险管控、修复活动中产生的固体废物以及拆除的设施、设备或者建筑物、构筑物属于危险废物的，应当依照法律法规和相关标准的要求进行处置

B. 修复施工期间，应当设立公告牌，公开相关情况和环境保护措施

C. 修复施工单位转运污染土壤的，应当制定转运计划，将运输时间、方式、线路和污染土壤数量、去向、最终处置措施等，提前报所在地和接收地生态环境主

管部门

D. 转运的污染土壤属于危险废物的，建设单位应当依照法律法规和相关标准的要求进行处置

4. 根据《中华人民共和国土壤污染防治法》，下列关于土壤污染的含义的说法，正确的是（　　）。（2019 年考题）

A. 土壤污染是指因人为因素导致某种物质进入陆地表层土壤，引起土壤化学、物理、生物等方面特性的改变，影响土壤功能和有效利用，危害公众健康或者破坏生态环境的现象

B. 土壤污染是指因自然因素导致某种物质进入陆地表层土壤，引起土壤化学、物理、生物等方面特性的改变，影响土壤功能和有效利用，危害公众健康或者破坏生态环境的现象

C. 土壤污染是指因自然及人为因素导致某种物质进入陆地表层土壤，引起土壤化学、物理、生物等方面特性的改变，影响土壤功能和有效利用，危害公众健康或者破坏生态环境的现象

D. 土壤污染是指因人为因素导致某种物质进入陆地表层土壤，引起土壤化学、物理、生物等方面特性的改变，影响土壤功能和有效利用，危害公众健康的现象

5. 根据《中华人民共和国土壤污染防治法》，对安全利用类农用地地块，地方人民政府农业农村、林业草原主管部门，应当结合主要作物品种和种植习惯等情况，制定并实施安全利用方案。下列不属于安全利用方案应当包括的内容的是（　　）。（2019 年考题）

A. 农艺调控、替代种植

B. 定期开展土壤和农产品协同监测与评价

C. 土壤安全利用评估

D. 其他风险管控措施

6. 根据《中华人民共和国土壤污染防治法》，对严格管控类农用地地块，以下不属于地方人民政府农业农村、林业草原主管部门应当采取的风险管控措施的是（　　）。（2019 年考题）

A. 提出划定特定农产品禁止生产区域的建议，报本级人民政府批准后实施

B. 按照规定开展土壤和农产品协同监测与评价

C. 对农民、农民专业合作社及其他农业生产经营主体进行技术指导和培训

D. 农艺调控、替代种植

7. 根据《中华人民共和国土壤污染防治法》，为保护农用地土壤环境，以下不属于国家鼓励和支持农业生产者采取的措施的是（　　）。（2019 年考题）

A. 使用生物可降解农用薄膜

B．采用测土配方施肥技术、生物防治等病虫害绿色防控技术

C．使用符合标准的有机肥、高效肥

D．按照规定对碱性土壤等进行改良

8．根据《中华人民共和国土壤污染防治法》，下列原则中，不属于土壤污染防治应当坚持的是（　　）。（2020年考题）

A．预防为主、统筹规划　　B．风险管控、污染担责

C．分类管理、公众参与　　D．保护优先、风险管控

9．根据《中华人民共和国土壤污染防治法》，下列地块中，不属于地方人民政府生态环境主管部门应当会同自然资源主管部门进行重点监测的建设用地地块范围的是（　　）。（2020年考题）

A．曾发生过严重洪水灾害的地块　　B．曾用于固体废物堆放的地块

C．曾发生过重大污染事故的地块　　D．曾用于生产有毒物质的地块

10．根据《中华人民共和国土壤污染防治法》，下列关于矿产资源开发区域土壤污染防治监督管理要求的说法，错误的是（　　）。（2020年考题）

A．排土场运营、管理单位应当进行土壤污染状况监测和定期评估

B．尾矿库运营、管理单位应当加强尾矿库的安全管理，采取措施防止土壤污染

C．各级人民政府生态环境、自然资源主管部门应当严格控制可能造成土壤污染的重点污染物排放

D．需要重点监管的尾矿库的运营、管理单位应进行土壤污染状况监测和定期评估

11．根据《中华人民共和国土壤污染防治法》，下列关于土壤污染责任人义务的说法，错误的是（　　）。（2020年考题）

A．土壤污染责任人负有实施土壤污染风险管控和修复的义务

B．国家鼓励和支持有关当事人自愿实施土壤污染风险管控和修复

C．土壤污染责任人无法认定的，土地使用权人应当实施土壤污染风险管控和修复

D．地方人民政府及其有关部门可以根据实际情况组织实施土壤污染风险管控和修复，并承担相应费用

12．根据《中华人民共和国土壤污染防治法》，下列说法中不属于土壤污染防治应当坚持的原则的是（　　）。（2021年考题）

A．预防为主、统筹规划　　B．保护优先、分类管理

C．风险管控、污染担责　　D．公众参与

13．根据《中华人民共和国土壤污染防治法》，下列说法中正确的是（　　）。（2021年考题）

A．土壤污染，是指因人为因素导致某种物质进入陆地表层土壤，引起土壤化学、物理、生物等方面特性的改变，影响土壤功能和有效利用，危害公众健康或者

破坏生态环境的现象

B. 土地所有者从事土地开发利用活动，企业事业单位和其他生产经营者从事生产经营活动，应当采取有效措施，防止、减少土壤污染，对所造成的土壤污染依法承担责任

C. 国务院自然资源主管部门应当会同国务院生态环境、农业农村、住房城乡建设、水利、卫生健康、林业草原等主管部门建立土壤环境基础数据库，构建全国土壤环境信息平台，实行数据动态更新和信息共享

D. 地方各级人民政府生态环境主管部门应当对本行政区域土壤污染防治和安全利用负责

14. 根据《中华人民共和国土壤污染防治法》，下列关于土壤环境预防和保护的说法，错误的是（　　）。（2021 年考题）

A. 各类涉及土地利用的规划应当依法进行环境影响评价

B. 各类建设项目环境影响评价文件应当包括对土壤可能造成的不良影响及应当采取的相应预防措施等内容

C. 设区的市级以上地方人民政府生态环境主管部门应当定期对土壤污染重点监管单位周边土壤进行监测

D. 土壤污染重点监管单位应当建立土壤污染隐患排查制度

15. 根据《中华人民共和国土壤污染防治法》，下列关于尾矿库土壤污染防治的说法，错误的是（　　）。（2021 年考题）

A. 尾矿库运营、管理单位应当按照规定，加强尾矿库的安全管理，采取措施防止土壤污染

B. 尾矿库运营、管理单位应当按照规定，进行土壤污染状况监测和定期评估

C. 地方人民政府安全生产监督管理部门应当监督尾矿库运营、管理单位履行防治土壤污染的法定义务，防止其发生可能污染土壤的事故

D. 地方人民政府生态环境主管部门应当加强对尾矿库土壤污染防治情况的监督检查和定期评估

16. 根据《中华人民共和国土壤污染防治法》，下列关于农用地土壤污染防治的说法，错误的是（　　）。（2021 年考题）

A. 有土壤污染风险的农用地地块，地方人民政府农业农村、林业草原主管部门应当会同生态环境、自然资源主管部门进行土壤污染状况调查

B. 对产出的农产品污染物含量超标，需要实施修复的农用地地块，土壤污染责任人应当编制修复方案

C. 对安全利用类农用地地块，地方人民政府农业农村、林业草原主管部门，应当制定安全利用方案

D．禁止向农用地排放重金属或者含有其他有毒有害物质的污水

17．根据《中华人民共和国土壤污染防治法》，下列关于土壤污染状况调查的说法，错误的是（　　）。（2021 年考题）

A．实施土壤污染状况调查活动，应当编制土壤污染状况调查报告

B．土壤污染状况调查报告应当主要包括地块基本信息、污染类型、污染来源以及地下水是否受到污染等内容

C．土壤污染重点监管单位生产经营用地的用途变更或者在其土地使用权收回、转让前，应当由土地使用权人按照规定进行土壤污染状况调查

D．从事土壤污染状况调查的单位，应当具备相应的专业能力

18．根据《中华人民共和国土壤污染防治法》，以下关于永久基本农田土壤污染防治的说法，错误的是（　　）。（2021 年考题）

A．县级以上地方人民政府应当依法将符合条件的优先保护类耕地划为永久基本农田

B．永久基本农田应实行严格保护

C．在永久基本农田集中区域，严格控制建设可能造成土壤污染的建设项目

D．在永久基本农田集中区域，已经建成的可能造成土壤污染的建设项目应当限期关闭拆除

19．根据《中华人民共和国土壤污染防治法》，以下关于建设用地用途变更的说法，正确的是（　　）。（2021 年考题）

A．用途变更为住宅用地的，变更前应当按照规定进行土壤污染状况调查

B．用途变更为住宅用地的，土壤污染状况调查报告应由地方人民政府生态环境主管部门组织评审

C．列入建设用地土壤污染风险管控和修复名录的地块，可以有条件作为公共管理用地

D．工业企业生产经营用地的用途变更前，应当由土地使用权人按照规定进行土壤污染状况调查

20．根据《中华人民共和国土壤污染防治法》，土壤污染是指因（　　）进入陆地表层土壤，引起土壤化学、物理、生物等方面特性的改变，影响土壤功能和有效利用，危害公众健康或者破坏生态环境的现象。（2022 年考题）

A．地震导致多种物质　　B．洪水导致某种物质

C．自然因素导致多种物质　　D．人为因素导致某种物质

21．根据《中华人民共和国土壤污染防治法》，下列地块中，属于应重点监测的建设用地地块是（　　）。（2022 年考题）

A．用于或者曾用于农业规模化养殖的地块

B．曾用于使用、回收有毒有害物质的地块

C．有毒有害物质利用、处置设施周边的地块

D．有毒有害物质生产、贮存设施周边的地块

22．根据《中华人民共和国土壤污染防治法》，矿产资源开发运营单位应进行土壤污染状况定期评估的对象不包括（ ）。（2022 年考题）

A．病库 B．危库 C．险库 D．工业场地

23．根据《中华人民共和国土壤污染防治法》，防止土壤污染应采取的措施不包括（ ）。（2022 年考题）

A．应统筹规划，建设城乡生活垃圾处置设施

B．应统筹规划、建设城乡生活污水处理设施

C．应定期对设施农业生产用地周边土壤进行监测

D．应定期对固体废物处置设施周边土壤进行监测

24．根据《中华人民共和国土壤污染防治法》，下列关于相关行业企业布局选址规定的说法，正确的是（ ）。（2022 年考题）

A．禁止在医院周边扩建游乐设施

B．禁止在居民区周边新建大型超市

C．禁止在养老院周边扩建蔬菜大棚

D．禁止在学校周边改建电镀厂

25．根据《中华人民共和国土壤污染防治法》，下列关于实施风险管控、修复活动和修复施工单位管理的说法，错误的是（ ）。（2022 年考题）

A．实施风险管控活动，不得对土壤和周边环境造成新的污染

B．实施风险修复活动，应当因地制宜，提高针对性和有效性

C．修复施工单位实施转运污染土壤工作时，应至少将转运计划上报至接受地生态环境主管部门

D．转运的污染土壤属于危险废物的，修复施工单位应依法依规处置

26．根据《中华人民共和国土壤污染防治法》，下列关于污水集中处理设施、固体废物处置设施防止土壤污染的有关规定的说法，错误的是（ ）。（2023 年考题）

A．污水集中处理设施运营单位采取相应改进措施

B．固体废物处置设施运营单位采取相应改进措施

C．城乡生活污水处理设施主管部门应当定期对处理设施周边土壤进行监测

D．地方人民政府生态环境主管部门应当定期对处理设施周边土壤进行监测

27．根据《中华人民共和国土壤污染防治法》，土壤污染防治应当坚持的原则是（ ）。（2023 年考题）

A．预防为主、保护优先、风险管控、污染担责

B．分类管控、风险管理、污染担责、公众参与

C．预防优先、保护为主、风险管控、污染担责

D．预防为主、统筹规划、风险管控、污染担责

28．根据《中华人民共和国土壤污染防治法》，以下关于矿产资源开发区域土壤污染防治的监督管理要求，正确的是（　　）。（2023年考题）

A．按照相关标准和总量控制要求，严格控制可能造成土壤污染的重点污染物的排放

B．排土场运营、管理单位应当进行土壤污染状况监测和定期评估

C．危库管理单位应当定期进行土壤污染风险评估，编制风险评估报告

D．尾矿库的运营、管理单位应当按照规定，进行土壤污染状况监测和定期评估

29．根据《中华人民共和国土壤污染防治法》，禁止向农用地排放（　　）。（2023年考题）

A．有毒物质含量超标的污泥

B．重金属或者其他含有毒有害物质的污水

C．清淤底泥、尾矿、矿渣

D．污水、污泥

二、不定项选择题

1．根据《中华人民共和国土壤污染防治法》，县级以上地方人民政府及其有关部门应当按照土地利用总体规划和城乡规划，严格执行相关行业企业布局选址要求，禁止在（　　）等单位周边新建、改建、扩建可能造成土壤污染的建设项目。（2019年考题）

A．居民区　　B．学校　　C．医院、疗养院、养老院　　D．大型商业区

2．根据《中华人民共和国土壤污染防治法》，土壤污染风险管控和修复包括（　　）等活动。（2019年考题）

A．土壤污染状况调查　　B．土壤污染风险评估

C．风险管控效果评估　　D．后期管理

3．根据《中华人民共和国土壤污染防治法》，以下关于农用地土壤环境保护的有关规定，下列说法正确的有（　　）。（2019年考题）

A．禁止向农用地排放可能造成土壤污染的清淤底泥、尾矿、矿渣

B．禁止将重金属或者其他有毒有害物质含量超标的污染土壤用于土地复垦

C．禁止生产、销售、使用国家明令禁止的农业投入品

D．禁止向农用地排放重金属或者其他有毒有害物质含量超标的污水、污泥

4．根据《中华人民共和国土壤污染防治法》，地方人民政府生态环境主管部门应当会同自然资源主管部门对下列（　　）建设用地地块进行重点监测。（2019 年考题）

A．曾用于回收、处置有毒有害物质的

B．曾用于固体废物堆放的

C．曾发生过重大污染事故的

D．曾用于食品加工企业厂房用地的

5．根据《中华人民共和国土壤污染防治法》，尾矿库运营、管理单位应当按照规定，加强尾矿库的安全管理，采取措施防止土壤污染。（　　）以及其他需要重点监管的尾矿库的运营、管理单位应当按照规定，进行土壤污染状况监测和定期评估。（2019 年考题）

A．危库　B．险库　C．病库　D．废库

6．根据《中华人民共和国土壤污染防治法》，土壤污染防治应当坚持的原则包括（　　）。（2020 年考题）

A．保护优先　B．分区管理　C．风险管控　D．公众参与

7．根据《中华人民共和国土壤污染防治法》，地方人民政府生态环境主管部门应当会同自然资源主管部门对（　　）建设用地地块进行重点监测。（2021 年考题）

A．曾用于铁路枢纽建设的　B．曾用于固体废物填埋的

C．曾发生过特大污染事故的　D．曾用于城市建设用地的

8．根据《中华人民共和国土壤污染防治法》，以下关于效果评估报告的说法，正确的有（　　）。（2021 年考题）

A．实施风险管控效果评估、修复效果评估活动，应当编制效果评估报告

B．效果评估报告应当主要包括是否达到土壤污染风险评估报告确定的风险管控、修复目标等内容

C．农用地效果评估报告应报地方人民政府农业农村、生态环境主管部门备案

D．从事土壤风险管控效果评估的单位，应当具备相应的专业能力，并对其出具的效果评估报告的真实性、准确性、完整性负责

9．根据《中华人民共和国土壤污染防治法》，以下关于风险管控和修复的说法，错误的有（　　）。（2021 年考题）

A．实施修复活动中产生的废水、废气和固体废物，应当按照规定进行处理、处置，并达到相关环境保护标准

B．修复施工期间，应当设立公告牌，公开相关情况和环境保护措施

C．修复施工单位转运污染土壤的，应当制定转运计划，转运工作完成后及时报所在地和接收地生态环境主管部门备案

D．实施风险管控、修复活动前，地方人民政府有关部门有权根据实际情况，要求修复施工单位采取移除污染源、防止污染扩散等措施

10．根据《中华人民共和国土壤污染防治法》，排放有毒有害的单位和个人，应当采取有效措施，避免土壤受到污染的防治措施包括（　　）。（2022 年考题）

A．采取先进技术提产　　　　B．使用先进设备提高效率

C．防止有毒有害物质流失　　D．防止有毒有害物质渗漏

11．根据《中华人民共和国土壤污染防治法》，下列关于永久基本农田保护的说法，错误的有（　　）。（2022 年考题）

A．县级以上地方人民政府应依法将严格管控类耕地划为永久基本农田

B．县级以上地方人民政府应依法将安全利用类耕地划为永久基本农田

C．在永久基本农田集中区域，不得新建可能造成土壤污染的建设项目

D．在永久基本农田集中区域，应当消减已有污染土壤企业的排污总量

12．根据《中华人民共和国土壤污染防治法》，修复施工单位污染土壤转运计划内容不包括（　　）。（2023 年考题）

A．运输时间　　B．运输线路

C．运输方式　　D．运输内容

13．根据《中华人民共和国土壤污染防治法》，地方人民政府生态环境主管部门应当会同自然资源主管部门进行重点监测的建设用地地块是（　　）。（2023 年考题）

A．曾发生过重大污染事故的

B．曾发生过特大污染事故的

C．曾用于生产有毒有害物质的

D．曾用于堆放固体废物的

参考答案

一、单项选择题

1．A 【解析】第四十五条：“土壤污染责任人负有实施土壤污染风险管控和修复的义务。土壤污染责任人无法认定的，土地使用权人应当实施土壤污染风险管控和修复。”

2．B 【解析】第六十一条：“省级人民政府生态环境主管部门应当会同自然资源等主管部门按照国务院生态环境主管部门的规定，对土壤污染风险评估报告组织评审，及时将需要实施风险管控、修复的地块纳入建设用地土壤污染风险管控和

修复名录，并定期向国务院生态环境主管部门报告。列入建设用地土壤污染风险管控和修复名录的地块，不得作为住宅、公共管理与公共服务用地。”第五十九条：“用途变更为住宅、公共管理与公共服务用地的，变更前应当按照规定进行土壤污染状况调查。”第六十条：“对土壤污染状况调查报告评审表明污染物含量超过土壤污染风险管控标准的建设用地地块，土壤污染责任人、土地使用权人应当按照国务院生态环境主管部门的规定进行土壤污染风险评估，并将土壤污染风险评估报告报省级人民政府生态环境主管部门。”

3. D 【解析】第四十一条：“转运的污染土壤属于危险废物的，修复施工单位应当依照法律法规和相关标准的要求进行处置。”

4. A 【解析】第二条：“本法所称土壤污染，是指因人为因素导致某种物质进入陆地表层土壤，引起土壤化学、物理、生物等方面特性的改变，影响土壤功能和有效利用，危害公众健康或者破坏生态环境的现象。”

5. C 【解析】第五十三条：“对安全利用类农用地地块，地方人民政府农业农村、林业草原主管部门，应当结合主要作物品种和种植习惯等情况，制定并实施安全利用方案。安全利用方案应当包括下列内容：（一）农艺调控、替代种植；（二）定期开展土壤和农产品协同监测与评价；（三）对农民、农民专业合作社及其他农业生产经营主体进行技术指导和培训；（四）其他风险管控措施。”

6. D 【解析】第五十四条：“对严格管控类农用地地块，地方人民政府农业农村、林业草原主管部门应当采取下列风险管控措施：（一）提出划定特定农产品禁止生产区域的建议，报本级人民政府批准后实施；（二）按照规定开展土壤和农产品协同监测与评价；（三）对农民、农民专业合作社及其他农业生产经营主体进行技术指导和培训；（四）其他风险管控措施。”

7. D 【解析】第二十九条：“国家鼓励和支持农业生产者采取下列措施：（一）使用低毒、低残留农药以及先进喷施技术；（二）使用符合标准的有机肥、高效肥；（三）采用测土配方施肥技术、生物防治等病虫害绿色防控技术；（四）使用生物可降解农用薄膜；（五）综合利用秸秆、移出高富集污染物秸秆；（六）按照规定对酸性土壤等进行改良。”

8. A 【解析】第三条：“土壤污染防治应当坚持预防为主、保护优先、分类管理、风险管控、污染担责、公众参与的原则。”

9. A 【解析】第十七条：“地方人民政府生态环境主管部门应当会同自然资源主管部门对下列建设用地地块进行重点监测：（一）曾用于生产、使用、贮存、回收、处置有毒有害物质的；（二）曾用于固体废物堆放、填埋的；（三）曾发生过重大、特大污染事故的；（四）国务院生态环境、自然资源主管部门规定的其他情形。”

10. A 【解析】第二十三条："各级人民政府生态环境、自然资源主管部门应当依法加强对矿产资源开发区域土壤污染防治的监督管理，按照相关标准和总量控制的要求，严格控制可能造成土壤污染的重点污染物排放。尾矿库运营、管理单位应当按照规定，加强尾矿库的安全管理，采取措施防止土壤污染。危库、险库、病库以及其他需要重点监管的尾矿库的运营、管理单位应当按照规定，进行土壤污染状况监测和定期评估。"

11. D 【解析】第四十五条："土壤污染责任人负有实施土壤污染风险管控和修复的义务。土壤污染责任人无法认定的，土地使用权人应当实施土壤污染风险管控和修复。地方人民政府及其有关部门可以根据实际情况组织实施土壤污染风险管控和修复。国家鼓励和支持有关当事人自愿实施土壤污染风险管控和修复。"第四十六条："因实施或者组织实施土壤污染状况调查和土壤污染风险评估、风险管控、修复、风险管控效果评估、修复效果评估、后期管理等活动所支出的费用，由土壤污染责任人承担。"

12. A 【解析】第三条："土壤污染防治应当坚持预防为主、保护优先、分类管理、风险管控、污染担责、公众参与的原则。"

13. A 【解析】B选项的正确说法是：土地使用权人从事……；C选项的正确说法是：国务院生态环境主管部门应当会同国务院农业农村、自然资源……；D选项的正确说法是：地方各级人民政府应当对本行政区域土壤污染防治和安全利用负责。

14. B 【解析】B选项的正确说法是：各类涉及土地利用的规划和可能造成土壤污染的建设项目，应当依法进行环境影响评价。环境影响评价文件应当包括对土壤可能造成的不良影响及应当采取的相应预防措施等内容。注意前提是可能造成土壤污染的建设项目。

15. B 【解析】B选项的正确说法是：危库、险库、病库以及其他需要重点监管的尾矿库的运营、管理单位应当按照规定，进行土壤污染状况监测和定期评估。

16. D 【解析】D选项的正确说法是：禁止向农用地排放重金属或者其他有毒有害物质含量超标的污水。注意前提是含量超标。

17. B 【解析】B选项的正确说法是：土壤污染状况调查报告应当主要包括地块基本信息、污染物含量是否超过土壤污染风险管控标准等内容。污染物含量超过土壤污染风险管控标准的，土壤污染状况调查报告还应当包括污染类型、污染来源以及地下水是否受到污染等内容。注意后续包括内容的前提是污染物含量超过土壤污染风险管控标准。

18. C 【解析】C选项的正确说法是：在永久基本农田集中区域，不得新建可能造成土壤污染的建设项目。

19. A 【解析】B 选项的正确说法是：由地方人民政府生态环境主管部门会同自然资源主管部门组织评审。C 选项的正确说法是：列入建设用地土壤污染风险管控和修复名录的地块，不得作为住宅、公共管理与公共服务用地。D 选项的正确说法是：土壤污染重点监管单位生产经营用地的用途变更前，应当由土地使用权人按照规定进行土壤污染状况调查。

20. D 【解析】第二条："土壤污染，是指因人为因素导致某种物质进入陆地表层土壤，引起土壤化学、物理、生物等方面特性的改变，影响土壤功能和有效利用，危害公众健康或者破坏生态环境的现象"。

21. B 【解析】第十七条："地方人民政府生态环境主管部门应当会同自然资源主管部门对下列建设用地地块进行重点监测：（一）曾用于生产、使用、贮存、回收、处置有毒有害物质的；（二）曾用于固体废物堆放、填埋的；（三）曾发生过重大、特大污染事故的；（四）国务院生态环境、自然资源主管部门规定的其他情形。"

22. D 【解析】第二十三条："危库、险库、病库以及其他需要重点监管的尾矿库的运营、管理单位应当按照规定，进行土壤污染状况监测和定期评估"。

23. C 【解析】第二十五条："地方人民政府生态环境主管部门应当定期对污水集中处理设施、固体废物处置设施周边土壤进行监测"；"地方各级人民政府应当统筹规划、建设城乡生活污水和生活垃圾处理、处置设施，并保障其正常运行，防止土壤污染"。C 未提到。

24. D 【解析】第三十二条："禁止在居民区和学校、医院、疗养院、养老院等单位周边新建、改建、扩建可能造成土壤污染的建设项目"。

25. C 【解析】C 选项的正确说法是：修复施工单位转运污染土壤的，应当制定转运计划，将运输时间、方式、线路和污染土壤数量、去向、最终处置措施等，提前报所在地和接收地生态环境主管部门。

26. C 【解析】第二十五条："地方人民政府生态环境主管部门应当定期对污水集中处理设施、固体废物处置设施周边土壤进行监测；对不符合法律法规和相关标准要求的，应当根据监测结果，要求污水集中处理设施、固体废物处置设施运营单位采取相应改进措施"。监测周边土壤的是地方人民政府生态环境主管部门。

27. A 【解析】第三条："土壤污染防治应当坚持预防为主、保护优先、分类管理、风险管控、污染担责、公众参与的原则。"

28. A【解析】第二十三条："各级人民政府生态环境、自然资源主管部门应当依法加强对矿产资源开发区域土壤污染防治的监督管理，按照相关标准和总量控制的要求，严格控制可能造成土壤污染的重点污染物排放。尾矿库运营、管理单位应当按照规定，加强尾矿库的安全管理，采取措施防止土壤污染。危库、险库、病库以及其他需要重点监管的尾矿库的运营、管理单位应当按照规定，进行土壤污染状况监测和定期评估。”

29．A【解析】第二十八条：“禁止向农用地排放重金属或者其他有毒有害物质含量超标的污水、污泥，以及可能造成土壤污染的清淤底泥、尾矿、矿渣等。”

二、不定项选择题

1．ABC 【解析】第三十二条：“县级以上地方人民政府及其有关部门应当按照土地利用总体规划和城乡规划，严格执行相关行业企业布局选址要求，禁止在居民区和学校、医院、疗养院、养老院等单位周边新建、改建、扩建可能造成土壤污染的建设项目。”

2．ABCD 【解析】第三十五条：“土壤污染风险管控和修复，包括土壤污染状况调查和土壤污染风险评估、风险管控、修复、风险管控效果评估、修复效果评估、后期管理等活动。”

3．ABCD 【解析】第二十八条：“禁止向农用地排放重金属或者其他有毒有害物质含量超标的污水、污泥，以及可能造成土壤污染的清淤底泥、尾矿、矿渣等。”第三十条：“禁止生产、销售、使用国家明令禁止的农业投入品。”第三十三条：“禁止将重金属或者其他有毒有害物质含量超标的工业固体废物、生活垃圾或者污染土壤用于土地复垦。”

4．ABC 【解析】第十七条：“地方人民政府生态环境主管部门应当会同自然资源主管部门对下列建设用地地块进行重点监测：（一）曾用于生产、使用、贮存、回收、处置有毒有害物质的；（二）曾用于固体废物堆放、填埋的；（三）曾发生过重大、特大污染事故的；（四）国务院生态环境、自然资源主管部门规定的其他情形。”

5．ABC 【解析】第二十三条：“尾矿库运营、管理单位应当按照规定，加强尾矿库的安全管理，采取措施防止土壤污染。危库、险库、病库以及其他需要重点监管的尾矿库的运营、管理单位应当按照规定，进行土壤污染状况监测和定期评估。”

6．ACD 【解析】第三条：“土壤污染防治应当坚持预防为主、保护优先、分类管理、风险管控、污染担责、公众参与的原则。”

7．BC 【解析】第十七条：“地方人民政府生态环境主管部门应当会同自然资源主管部门对下列建设用地地块进行重点监测：（一）曾用于生产、使用、贮存、回收、处置有毒有害物质的；（二）曾用于固体废物堆放、填埋的；（三）曾发生过重大、特大污染事故的；（四）国务院生态环境、自然资源主管部门规定的其他情形。”

8．ABD 【解析】C 的正确说法是：效果评估报告报地方人民政府农业农村、林业草原主管部门备案。

9．CD 【解析】C 选项的正确说法是第四十一条："修复施工单位转运污染土壤的，应当制定转运计划，将运输时间、方式、线路和污染土壤数量、去向、最终处置措施等，提前报所在地和接收地生态环境主管部门。" D 选项的正确说法是第三十九条："实施风险管控、修复活动前，地方人民政府有关部门有权根据实际情况，要求土壤污染责任人、土地使用权人采取移除污染源、防止污染扩散等措施。"

10．CD 【解析】第十九条："生产、使用、贮存、运输、回收、处置、排放有毒有害物质的单位和个人，应当采取有效措施，防止有毒有害物质渗漏、流失、扬散，避免土壤受到污染。"

11．ABD 【解析】第五十条："县级以上地方人民政府应当依法将符合条件的优先保护类耕地划为永久基本农田，实行严格保护；在永久基本农田集中区域，不得新建可能造成土壤污染的建设项目；已经建成的，应当限期关闭拆除。"

12．ABC 【解析】第四十一条："修复施工单位转运污染土壤的，应当制定转运计划，将运输时间、方式、线路和污染土壤数量、去向、最终处置措施等，提前报所在地和接收地生态环境主管部门。"

13．ABCD 【解析】第十七条："地方人民政府生态环境主管部门应当会同自然资源主管部门对下列建设用地地块进行重点监测：（一）曾用于生产、使用、贮存、回收、处置有毒有害物质的；（二）曾用于固体废物堆放、填埋的；（三）曾发生过重大、特大污染事故的；（四）国务院生态环境、自然资源主管部门规定的其他情形。"

（六）《中华人民共和国海洋环境保护法》

编者注：《中华人民共和国海洋环境保护法》于2023年10月24日修订，因此在本书修编时仅保留了与修订后法律条文总体一致的题目，并结合法律修订情况对以往考题的部分文字进行了适当修改，请读者阅读时注意。

一、单项选择题

1．根据《中华人民共和国海洋环境保护法》，下列说法中正确的是（　　）。（2017年考题）

A．禁止生活污水向海湾排放

B．严格控制生活污水向自净能力较差的海域排放

C．严格限制含营养物质的生活污水向半封闭海排放

D．禁止含有机物和营养物质的工业废水向半封闭海排放

2．根据《中华人民共和国海洋环境保护法》，下列区域中，不属于滨海湿地的是（　　）。（2018年考题）

A．潮间带　　B．洪泛地带

C．沿海低地　　D．水深不超过6 m的水域

3．根据《中华人民共和国海洋环境保护法》，下列关于海洋生态保护有关规定的说法，错误的是（　　）。（2018年考题）

A．国家建立健全海洋生态保护补偿制度

B．禁止毁坏海岸防护设施、沿海防护林、沿海城镇园林和绿地

C．海水养殖应当合理投饵、施肥，禁止使用药物，防止造成海洋环境污染

D．引进海洋动植物物种，应当进行科学论证，避免对海洋生态系统造成危害

4．根据《中华人民共和国海洋环境保护法》在沿海陆域内建设工业生产项目的有关规定，下列说法中，正确的是（　　）。（2019年考题）

A．禁止在沿海陆域新建化学制浆造纸、化工、印染、制革、电镀、酿造、炼油、岸边冲滩拆船等工业生产项目

B．禁止在沿海陆域新建除化学制浆造纸、化工、印染、制革、电镀、酿造、炼油、岸边冲滩拆船以外的其他严重污染海洋环境的工业生产项目

C．禁止在沿海陆域新建不符合国家产业政策的化学制浆造纸、化工、印染、制革、电镀、酿造、炼油、岸边冲滩拆船及其他严重污染海洋环境的生产项目

D．禁止在沿海陆域新建不具备有效治理措施的污染海洋环境的工业生产项目

5．根据《中华人民共和国海洋环境保护法》，下列说法中，错误的是（　　）。（2019 年考题）

A．禁止向海域排放含有不易降解的有机物和重金属的废水

B．禁止向海域排放油类、酸液、碱液、剧毒废液

C．禁止向海域排放污染海洋环境、破坏海洋生态的放射性废水

D．应当严格控制向海湾排放含有机物和营养物质的工业废水、生活污水

6．根据《中华人民共和国海洋环境保护法》，下列海域中，不得新设工业排污口的是（　　）。（2020 年考题）

A．海滨风景区　　B．渔业水域

C．入海河口　　D．重要贝、藻类养殖场

7．根据《中华人民共和国海洋环境保护法》，下列关于入海排污要求的说法，错误的是（　　）。（2020 年考题）

A．排放放射性废水，必须严格执行国家辐射防护规定

B．禁止向海域排放酸液、碱液

C．排放工业废水应当经过处理，符合国家和地方有关排放标准后，方可排入海域

D．严格控制向海域排放含有不易降解的有机物和重金属的废水

8．某沿海电厂向海域排放冷却水，根据《中华人民共和国海洋环境保护法》，下列关于该电厂冷却水入海排污的说法，正确的是（　　）。（2020 年考题）

A．应降温满足国家海洋环境质量标准后排放

B．应保证排放海域邻近海滨浴场的水温符合国家海洋环境质量标准

C．应保证排放海域邻近海洋特别保护区的水温符合国家海洋环境质量标准

D．应保证排放海域邻近渔业水域的水温符合国家海洋环境质量标准

9．根据《中华人民共和国海洋环境保护法》，以下区域可以新设工业排污口的是（　　）。（2021 年考题）

A．海洋自然保护地　　B．重要渔业水域

C．海水浴场　　D．港口、码头水域

10．根据《中华人民共和国海洋环境保护法》，下列关于海洋生态保护的说法，错误的是（　　）。（2022 年考题）

A．海水养殖应当合理施肥，不得使用药物

B．引进海洋动植物物种，应当进行科学论证

C．国家推广多种生态渔业生产方式

D．禁止毁坏海岸防护设施、沿海城镇园林

11．根据《中华人民共和国海洋环境保护法》，下列关于防治海岸工程建设项目对海洋环境污染损害的说法，正确的是（　　）。（2022 年考题）

A．禁止在沿海陆域新建不符合国家产业政策的化学制浆造纸项目

B．允许在沿海陆域新建不具备有效治理措施的化学制浆造纸项目

C．严格限制在沿海陆域新建不具备有效治理措施的化学制浆造纸项目

D．严格控制在沿海陆域新建不具备有效治理措施的化学制浆造纸项目

12．根据《中华人民共和国海洋环境保护法》，应当严格控制向海湾、半封闭海及其他自净能力较差的海域排放（　　）。（2023年考题）

A．含有机物和营养物质的工业废水

B．含有不易降解的有机物和重金属的废水

C．含病原体的医疗污水

D．油类、酸液、碱液、剧毒废液

二、不定项选择题

1．根据《中华人民共和国海洋环境保护法》，禁止在沿海陆域新建不符合国家产业政策的（　　），以及其他严重污染海洋环境的生产项目。（2017年考题）

A．化工　　B．印染

C．电厂　　D．岸边冲滩拆船

2．根据《中华人民共和国海洋环境保护法》，下列海洋生态系统中，属于国务院和沿海地方各级人民政府应当采取有效措施，重点保护的有（　　）。（2018年考题）

A．海岛、海湾　　B．红树林、珊瑚礁

C．滨海湿地、入海河口　　D．重要渔业水域，海产品养殖水域

3．根据《中华人民共和国海洋环境保护法》，下列关于向海域排放废液或废水有关规定的说法，错误的有（　　）。（2018年考题）

A．禁止向海域排放含有不易降解的有机物和重金属的废水

B．严格限制向海域排放油类、酸液、碱液、剧毒废液和放射性废水

C．严格限制向海域排放放射性废水，确需排放的，必须严格执行国家水污染物排放标准的要求

D．向海域排放含热废水，应当采取有效措施，保证邻近自然保护地、渔业水域的水温符合国家和地方海洋环境质量标准

4．根据《中华人民共和国海洋环境保护法》，禁止向海域排放的废水包括（　　）。（2022年考题）

A．含热废水　　B．剧毒废液

C．含汞废水　　D．含有机物工业废水

5．根据《中华人民共和国海洋环境保护法》，海洋石油钻井船产生的废水废液

经处理可以排海的有（　　）。（2023 年考题）

A. 残油　　B. 废油

C. 含油污水　　D. 油性混合物

参考答案

一、单项选择题

1. B 【解析】第五十三条："含有机物和营养物质的工业废水、生活污水，应当严格控制向海湾、半封闭海及其他自净能力较差的海域排放。"

2. D 【解析】第一百二十条："（四）滨海湿地，是指低潮时水深不超过六米的水域及其沿岸浸湿地带，包括水深不超过六米的永久性水域、潮间带（或者洪泛地带）和沿海低地等，但是用于养殖的人工的水域和滩涂除外。"

3. C 【解析】C 的正确说法是第四十五条："从事海水养殖活动应当保护海域环境，科学确定养殖规模和养殖密度，合理投饵、投肥，正确使用药物，及时规范收集处理固体废物，防止造成海洋生态环境的损害。"

4. C 【解析】第六十三条："禁止在沿海陆域新建不符合国家产业政策的化学制浆造纸、化工、印染、制革、电镀、酿造、炼油、岸边冲滩拆船及其他严重污染海洋环境的生产项目。"

5. A 【解析】A 的正确说法是第五十一条："严格控制向海域排放含有不易降解的有机物和重金属的废水。"

6. D 【解析】第四十八条："禁止在自然保护地、重要渔业水域、海水浴场、生态保护红线区域及其他需要特别保护的区域，新设工业排污口和城镇污水处理厂排污口；法律、行政法规另有规定的除外。"

7. A 【解析】A 的正确说法是第五十一条："禁止向海域排放污染海洋环境、破坏海洋生态的放射性废水。"

8. D 【解析】第五十四条："向海域排放含热废水，应当采取有效措施，保证邻近自然保护地、渔业水域的水温符合国家和地方海洋环境质量标准，避免热污染对珍稀濒危海洋生物、海洋水产资源造成危害。"

9. D 【解析】第四十八条："禁止在自然保护地、重要渔业水域、海水浴场、生态保护红线区域及其他需要特别保护的区域，新设工业排污口和城镇污水处理厂排污口；法律、行政法规另有规定的除外。"

10. A 【解析】A 的正确说法是第四十五条："从事海水养殖活动应当保护海域环境，科学确定养殖规模和养殖密度，合理投饵、投肥，正确使用药物，及时规范收集处理固体废物，防止造成海洋生态环境的损害。”

11．A 【解析】第六十三条：“禁止在沿海陆域新建不符合国家产业政策的化学制浆造纸、化工、印染、制革、电镀、酿造、炼油、岸边冲滩拆船及其他严重污染海洋环境的生产项目。”

12．A 【解析】第五十三条：“含有机物和营养物质的工业废水、生活污水，应当严格控制向海湾、半封闭海及其他自净能力较差的海域排放。”

二、不定项选择题

1．ABD 【解析】第六十三条：“禁止在沿海陆域新建不符合国家产业政策的化学制浆造纸、化工、印染、制革、电镀、酿造、炼油、岸边冲滩拆船及其他严重污染海洋环境的生产项目。”“岸边冲滩拆船”容易被忽视。

2．ABC 【解析】第三十三条：“国务院和沿海地方各级人民政府应当采取有效措施，重点保护红树林、珊瑚礁、海藻场、海草床、滨海湿地、海岛、海湾、入海河口、重要渔业水域等具有典型性、代表性的海洋生态系统，珍稀濒危海洋生物的天然集中分布区，具有重要经济价值的海洋生物生存区域及有重大科学文化价值的海洋自然遗迹和自然景观。”

3．ABC 【解析】第五十一条：“禁止向海域排放油类、酸液、碱液、剧毒废液。禁止向海域排放污染海洋环境、破坏海洋生态的放射性废水。严格控制向海域排放含有不易降解的有机物和重金属的废水。”

第三十六条：“向海域排放含热废水，必须采取有效措施，保证邻近渔业水域的水温符合国家海洋环境质量标准，避免热污染对水产资源的危害。”

4．B 【解析】第五十一条：“禁止向海域排放油类、酸液、碱液、剧毒废液。禁止向海域排放污染海洋环境、破坏海洋生态的放射性废水。严格控制向海域排放含有不易降解的有机物和重金属的废水”。

5．CD 【解析】第六十七条：“海洋油气钻井平台（船）、生产生活平台、生产储卸装置等海洋油气装备的含油污水和油性混合物，应当经过处理达标后排放；残油、废油应当予以回收，不得排放入海”。

（七）《中华人民共和国放射性污染防治法》

一、单项选择题

1. 根据《中华人民共和国放射性污染防治法》核设施进行环境影响评价的有关规定，下列说法中，正确的是（　　）。（2017 年考题）

A. 在办理核设施选址审批手续后，应当编制环境影响报告书，报国务院环境保护行政主管部门审查批准

B. 核设施营运单位应在办理核设施退役审批手续前编制环境影响报告书，并报国务院环境保护行政主管部门审查批准

C. 核设施营运单位应在申请领取运行许可证前编制环境影响报告书，报省级以上人民政府环境保护行政主管部门审查批准

D. 核设施营运单位应在领取核设施建造许可证前编制环境影响报告书，报省级以上人民政府环境保护行政主管部门审查批准

2. 根据《中华人民共和国放射性污染防治法》，下列关于产生放射性废液的单位排放或者处理、贮存放射性废液有关规定的说法，错误的是（　　）。（2018 年考题）

A. 禁止向海洋排放放射性废液

B. 禁止利用溶洞排放放射性废液

C. 禁止利用天然裂隙排放放射性废液

D. 产生放射性废液的单位，必须按照国家放射性污染防治标准的要求，对不得向环境排放的放射性废液进行处理或者贮存

3. 根据《中华人民共和国放射性污染防治法》，下列关于编制和实施放射性固体废物处置场所选址规划的说法，正确的是（　　）。（2018 年考题）

A. 国务院核设施主管部门会同省级人民政府根据地质条件和放射性固体废物处置的需要，在环境影响评价的基础上编制，报国务院批准后实施

B. 国务院核设施主管部门会同省级人民政府根据土地利用规划和放射性固体废物处置的需要，在环境影响评价的基础上编制，报国务院批准后实施

C. 国务院核设施主管部门会同国务院生态环境主管部门根据地质条件和放射性固体废物处置的需要，在环境影响评价的基础上编制，报国务院批准后实施

D. 国务院核设施主管部门会同国务院生态环境主管部门根据土地利用规划和放射性固体废物处置的需要，在环境影响评价的基础上重编制报国务院批准后实施

4. 根据《中华人民共和国放射性污染防治法》，下列放射性固体废物处置方式

的说法，错误的有（　　）。（2019年考题）

A．α放射性固体废物实行近地表处置

B．高水平放射性固体废物实行集中的深地质处置

C．低、中水平放射性固体废物在符合国家规定的区域实行近地表处置

D．禁止在内河水域和海洋上处置放射性固体废物

5．根据《中华人民共和国放射性污染防治法》，下列关于放射性固体废物处置的说法，正确的是（　　）。（2019年考题）

A．产生放射性固体废物的单位，可将其产生的放射性固体废物直接送交放射性固体废物处置单位处置

B．放射性固体废物处置单位处置放射性固体废物需要产生放射性固体废物的单位承担处置费用

C．产生放射性固体废物的单位，将其产生的放射性固体废物送交放射性固体废物处置单位处置前，必要的话要进行处理

D．产生放射性固体废物的单位，将其产生的放射性固体废物送交放射性固体废物处置单位处置前进行处理的，可不必承担处置费用

6．根据《中华人民共和国放射性污染防治法》开发利用或关闭铀（钍）矿前进行环境影响评价的有关规定，下列说法中，错误的是（　　）。（2019年考题）

A．关闭铀（钍）矿的单位，应当在办理退役审批手续前编制环境影响报告书，报国务院生态环境主管部门审查批准

B．开发利用伴生放射性矿的单位，应当在办理退役审批手续前编制环境影响报告书，报国务院生态环境主管部门审查批准

C．开发利用伴生放射性矿的单位，应当在申请领取采矿许可证前编制环境影响报告书，报省级以上人民政府生态环境主管部门审查批准

D．开发利用铀（钍）矿的单位，应当在申请领取采矿许可证前编制环境影响报告书，报国务院生态环境主管部门审查批准

7．根据《中华人民共和国放射性污染防治法》，下列关于放射性固体废物处置方式的说法，错误的是（　　）。（2020年考题）

A．禁止在海洋上处置放射性固体废物

B．中水平放射性固体废物在符合国家规定的区域实行近地表处置

C．高放射性固体废物实行集中的深地质处置

D．α放射性固体废物在符合国家规定的区域实行近地表处置

8．根据《中华人民共和国放射性污染防治法》，下列关于放射性废液的说法，错误的是（　　）。（2021年考题）

A．产生放射性废液的单位，必须按照国家放射性污染防治标准的要求，对不得向

环境排放的放射性废液进行处理或者贮存

B．禁止利用渗井、渗坑、天然裂隙、溶洞或者国家禁止的其他方式排放放射性废液

C．放射性废液排放，必须采用符合国务院生态环境主管部门规定的排放方式

D．向环境排放符合国家放射性污染防治标准的放射性废液，应当向省级生态环境主管部门申请放射性核素排放量，并定期报告排放计量结果

9．根据《中华人民共和国放射性污染防治法》，下列关于放射性固体废物处置的说法，错误的是（　　）。（2021 年考题）

A．低水平放射性固体废物在符合国家规定的区域实行近地表处置

B．中、高水平放射性固体废物实行集中的深地质处置

C．α 放射性固体废物依照前款规定处置

D．禁止在内河水域和海洋上处置放射性固体废物

10．根据《中华人民共和国放射性污染防治法》，下列关于开发利用伴生放射性矿进行环境影响评价的说法，正确的是 （　　）。（2022 年考题）

A．应在申领采矿许可证前编制环境影响报告表

B．应在申领采矿许可证后编制环境影响报告表

C．应在申领采矿许可证前编制环境影响报告书

D．应在申领采矿许可证后编制环境影响报告书

11．根据《中华人民共和国放射性污染防治法》，下列关于放射性固体废物处置方式的说法，错误的是（　　）。（2022 年考题）

A．α放射性固体废物实行集中的深地质处置

B．在海洋上处置放射性固体废物应进行深海排放

C．高水平放射性固体废物实行集中的深地质处置

D．低水平放射性固体废物在规定区域实行近地表处置

12．根据《中华人民共和国放射性污染防治法》，下列关于核设施环境影响评价说法，错误的是（　　）。（2023 年考题）

A．应在办理退役审批手续后，编制环境影响后评价报告书

B．应在申请领取核设施建造审批手续前，编制环境影响报告书

C．应在办理运行许可证审批手续前，编制环境影响报告书

D．应在办理退役审批手续前，编制环境影响报告书

13．根据《中华人民共和国放射性污染防治法》，本法不适用于（　　）。（2023 年考题）

A．中华人民共和国领域和管辖的其他海域在核设施选址、建造、运行、退役过程中发生的放射性污染的防治活动

B．中华人民共和国领域和管辖的其他海域在核技术、铀（钍）矿、伴生放射性矿

开发利用过程中发生的放射性污染的防治活动

C．医疗放射源建造过程中发生的放射性污染的防治活动

D．含有较低水平天然放射性核素浓度的稀土矿

二、不定项选择题

1．根据《中华人民共和国放射性污染防治法》，下列关于放射性固体废物处置方式的说法，正确的有（　　）。（2017 年考题）

A．低水平放射性固体废物实行近地表处置

B．高水平放射性固体废物实行集中的深地质处置

C．中、低水平放射性固体废物禁止在内河水域进行处置

D．高水平放射性固体废物可以在符合国家规定的区域进行近地表处置

2．根据《中华人民共和国放射性污染防治法》，下列行为中，属于该法适用范围的有（　　）。（2018 年考题）

A．核设施选址

B．核技术开发利用

C．含有天然放射性核素浓度稀土矿的开发利用

D．含有天然放射性核素浓度稀土矿和磷酸盐矿的开发利用

3．根据《中华人民共和国放射性污染防治法》，下列禁止排放放射性废液的行为，正确的有（　　）。（2021 年考题）

A．禁止利用水库排放　　　　B．禁止利用渗坑排放

C．禁止利用自然水体排放　　D．禁止利用天然裂隙排放

4．根据《中华人民共和国放射性污染防治法》，下列关于核设施进行环境影响评价的说法，错误的有（　　）。（2022 年考题）

A．应在办理选址审批手续后编制环境影响报告书

B．应在办理退役审批手续后编制环境影响报告书

C．应在申领核设施建设许可证前编制环境影响报告书

D．应在申领核设施运行许可证前编制环境影响报告书

5．根据《中华人民共和国放射性污染防治法》，下列关于放射性固体废物的处置，正确的是（　　）。（2023 年考题）

A．禁止在内河水域处置放射性固体废物

B．α 放射性固体废物实行集中的深地质处置

C．高水平放射性固体废物实行集中的深地质处置

D．中水平放射性固体废物实行集中的深地质处置

参考答案

一、单项选择题

1. B 【解析】第十八条："在办理核设施选址审批手续前，应当编制环境影响报告书，报国务院环境保护行政主管部门审查批准；未经批准，有关部门不得办理核设施选址批准文件"。第二十条："核设施营运单位应当在申请领取核设施建造、运行许可证和办理退役审批手续前编制环境影响报告书，报国务院环境保护行政主管部门审查批准；未经批准，有关部门不得颁发许可证和办理批准文件。"

2. A 【解析】第四十二条："产生放射性废液的单位，必须按照国家放射性污染防治标准的要求，对不得向环境排放的放射性废液进行处理或者贮存。产生放射性废液的单位，向环境排放符合国家放射性污染防治标准的放射性废液，必须采用符合国务院环境保护行政主管部门规定的排放方式。禁止利用渗井、渗坑、天然裂隙、溶洞或者国家禁止的其他方式排放放射性废液。"

3. C 【解析】根据第四十四条："国务院核设施主管部门会同国务院环境保护行政主管部门根据地质条件和放射性固体废物处置的需要，在环境影响评价的基础上编制放射性固体废物处置场所选址规划，报国务院批准后实施"。

4. A 【解析】第四十三条："低、中水平放射性固体废物在符合国家规定的区域实行近地表处置。高水平放射性固体废物实行集中的深地质处置。α放射性固体废物依照前款规定处置。禁止在内河水域和海洋上处置放射性固体废物。"

5. B 【解析】第四十五条："产生放射性固体废物的单位，应当按照国务院环境保护行政主管部门的规定，对其产生的放射性固体废物进行处理后，送交放射性固体废物处置单位处置，并承担处置费用"。

6. B 【解析】第三十四条："开发利用或者关闭铀（钍）矿的单位，应当在申请领取采矿许可证或者办理退役审批手续前编制环境影响报告书，报国务院环境保护行政主管部门审查批准。开发利用伴生放射性矿的单位，应当在申请领取采矿许可证前编制环境影响报告书，报省级以上人民政府环境保护行政主管部门审查批准。"

7. D 【解析】第四十三条："低、中水平放射性固体废物在符合国家规定的区域实行近地表处置。高水平放射性固体废物实行集中的深地质处置。α放射性固体废物依照前款规定处置。禁止在内河水域和海洋上处置放射性固体废物。"

8. D 【解析】D选项正确的说法是应当向审批环境影响评价文件的生态环境主管部门申请。

9. B 【解析】第四十三条："低、中水平放射性固体废物在符合国家规定的区域实行近地表处置。高水平放射性固体废物实行集中的深地质处置。α放射性固体废物依照前款规定处置。禁止在内河水域和海洋上处置放射性固体废物。”

10．C 【解析】第三十四条：“开发利用伴生放射性矿的单位，应当在申请领取采矿许可证前编制环境影响报告书，报省级以上人民政府环境保护行政主管部门审查批准”。

11．B 【解析】B 选项正确的说法是：禁止在内河水域和海洋上处置放射性固体废物。

12．A 【解析】第二十条：“核设施营运单位应当在申请领取核设施建造、运行许可证和办理退役审批手续前编制环境影响报告书，报国务院环境保护行政主管部门审查批准；未经批准，有关部门不得颁发许可证和办理批准文件。”

13．D 【解析】第六十二条：“（七）伴生放射性矿，是指含有较高水平天然放射性核素浓度的非铀矿（如稀土矿和磷酸盐矿等）。”

二、不定项选择题

1．BC 【解析】第四十三条：“低、中水平放射性固体废物在符合国家规定的区域实行近地表处置。高水平放射性固体废物实行集中的深地质处置。α放射性固体废物依照前款规定处置。禁止在内河水域和海洋上处置放射性固体废物。”

2．AB 【解析】第二条：“本法适用于中华人民共和国领域和管辖的其他海域在核设施选址、建造、运行、退役和核技术、铀（钍）矿、伴生放射性矿开发利用过程中发生的放射性污染的防治活动。”第六十二条：“（七）伴生放射性矿，是指含有较高水平天然放射性核素浓度的非铀矿（如稀土矿和磷酸盐矿等）”。注意“较高水平”是前提条件。

3．BD 【解析】第四十二条：“禁止利用渗井、渗坑、天然裂隙、溶洞或者国家禁止的其他方式排放放射性废液”。

4．AB 【解析】第二十条：“核设施营运单位应当在申请领取核设施建造、运行许可证和办理退役审批手续前编制环境影响报告书，报环境保护行政主管部门审查批准”。

5．ABC 【解析】第四十三条：“低、中水平放射性固体废物在符合国家规定的区域实行近地表处置。高水平放射性固体废物实行集中的深地质处置。α放射性固体废物依照前款规定处置。禁止在内河水域和海洋上处置放射性固体废物。”

（八）《中华人民共和国清洁生产促进法》

一、单项选择题

1. 根据《中华人民共和国清洁生产促进法》，下列措施中，属于企业技术改造过程中应当采取的清洁生产措施的是（　　）。（2018 年考题）

A. 为提高产品质量改造生产工艺

B. 为提高矿石开采量引进先进采矿工艺

C. 为减少废气污染物排放量采用替代能源

D. 为大幅度增加产品产量调整产品生产工序

2. 根据《中华人民共和国清洁生产促进法》，下列关于企业在进行技术改造中应当采取清洁生产措施的规定，不符合相关规定的是（　　）。（2019 年考题）

A. 企业污染防治技术升级，满足达标排放和总量控制要求

B. 企业生产废水处理后回用

C. 企业把单效蒸发升级改造为三效蒸发

D. 企业采用产量高但资源利用率低、污染物产生量多的工艺和设备

3. 根据《中华人民共和国清洁生产促进法》，下列措施中，不属于企业应当在技术改造过程中采取的清洁生产措施的是（　　）。（2020 年考题）

A. 某铅锌冶炼企业更换除尘器破损布袋

B. 某电镀企业有氰化电镀工艺改为无氰电镀工艺

C. 某铅锌矿山对废水处理回用系统进行改造，使废水全部回用

D. 某矿山开采企业引进先进采矿工艺减少粉尘排放量

4. 根据《中华人民共和国清洁生产促进法》，下列关于清洁生产实施的说法，错误的是（　　）。（2021 年考题）

A. 不得使用毒性大、危害严重的原料

B. 禁止将有毒、有害废物用作肥料或者用于造田

C. 企业应当对生产和服务过程中的资源消耗以及废物的产生情况进行监测，并根据需要对生产和服务实施清洁生产审核

D. 禁止使用有毒、有害物质超过国家标准的装修材料

5. 根据《中华人民共和国清洁生产促进法》，企业在进行技术改造时采取的污染防治技术应达到的标准或指标不包括（　　）。（2022 年考题）

A. 环境质量标准

B．地方污染物排放标准

C．国家污染物排放标准

D．污染物排放总量控制指标

6．根据《中华人民共和国清洁生产促进法》，下列不属于清洁生产的是（　　）。（2023 年考题）

A．医疗器械厂通过洁净车间清洁验证

B．某化工企业采用低毒原料、替代高毒原料

C．某铅锌矿山对废水处理回用系统进行改造，使废水全部回用

D．某铜冶炼企业对生产过程中产生的废物和余热等进行综合利用

参考答案

一、单项选择题

1．C　2．D　3．A

4．A　【解析】根据第二十七条，使用有毒、有害原料进行生产或者在生产中排放有毒、有害物质的企业，应当实施强制性清洁生产审核，并未禁止使用毒性大、危害严重的原料。

5．A　【解析】第十九条：“（四）采用能够达到国家或者地方规定的污染物排放标准和污染物排放总量控制指标的污染防治技术。”

6．A　【解析】第十九条：“企业在进行技术改造过程中，应当采取以下清洁生产措施：（一）采用无毒、无害或者低毒、低害的原料，替代毒性大、危害严重的原料；（二）采用资源利用率高、污染物产生量少的工艺和设备，替代资源利用率低、污染物产生量多的工艺和设备；（三）对生产过程中产生的废物、废水和余热等进行综合利用或者循环使用；（四）采用能够达到国家或者地方规定的污染物排放标准和污染物排放总量控制指标的污染防治技术。”

（九）《中华人民共和国水法》

一、单项选择题

1．根据《中华人民共和国水法》，下列关于水资源开发利用中生态环境保护有关规定的说法，错误的是（　　）。（2018 年考题）

A．在干旱、半干旱地区开发、利用水资源，应当充分考虑生态环境用水需要

B．建设水力发电站，应当保护生态环境，兼顾防洪、供水、灌溉、航运、竹木流放和渔业等方面的需要

C．开发、利用水资源，应当首先满足生态环境用水，并兼顾农业、工业、城市居民生活用水以及航运等需要

D．跨流域调水，应当进行全面规划和科学论证，统筹兼顾调出和调入流域的用水需求，防止对生态环境造成破坏

2．根据《中华人民共和国水法》，下列关于新建排污口有关规定的说法，正确的是（　　）。（2018 年考题）

A．在江河、湖泊新建排污口应该经过河道管理机关同意

B．在江河、湖泊新建排污口应该经过县级以上水行政主管部门同意

C．在江河、湖泊新建排污口应该经过市级以上水行政主管部门同意

D．在江河、湖泊新建排污口应该经过有管辖权的水行政主管部门或流域管理机构同意

3．根据《中华人民共和国水法》，（　　）应当划定饮用水水源保护区。（2019 年考题）

A．省级人民政府　　B．县级以上人民政府

C．县级以上人民政府水行政主管部门　　D．国务院水行政主管部门

4．根据《中华人民共和国水法》，下列说法中错误的是（　　）。（2019 年考题）

A．禁止围湖造地

B．在水工程保护范围内，禁止从事影响水工程运行和危害水工程安全的采石、取土等活动

C．单位和个人不得侵占、毁坏堤防、护岸、防汛、水文监测、水文地质监测等工程设施

D．确需围垦河道的，应当经过科学论证，经县级以上人民政府水行政主管部门同

意后，报本级人民政府批准

5．根据《中华人民共和国水法》，下列说法中错误的是（　　）。（2019 年考题）

A．禁止在江河、湖泊、水库、运河、渠道内种植阻碍行洪的高秆作物

B．禁止在河道管理范围内从事影响河势稳定、危害河岸堤防安全和其他妨碍河道行洪的活动

C．国家实行河道采砂许可制度

D．在河道管理范围内采砂，影响河势稳定或者危及堤防安全的，有关县级以上人民政府应当划定禁采区和规定禁采期

6．根据《中华人民共和国水法》，下列关于水资源开发利用中生态环境保护的说法，正确的是（　　）。（2020 年考题）

A．在湿润地区开发水资源，应当充分考虑生态环境用水需要

B．开发、利用水资源，应当首先满足生活用水，兼顾农业、工业等用水需要

C．开发、利用水资源，应当首先满足生活、生态环境用水，兼顾生产用水需要

D．在干旱和半干旱地区开发、利用水资源，应当首先考虑生态环境用水需要

7．根据《中华人民共和国水法》，下列关于水功能区的说法，正确的是（　　）。（2021 年考题）

A．国家确定的重要江河、湖泊的水功能区划，应报国务院水行政主管部门批准

B．跨省的其他江河、湖泊的水功能区划，应首先报有关省级水行政主管部门审查

C．县级以上地方人民政府生态环境主管部门应当对水功能区的水质状况进行监测

D．县级以上人民政府水行政主管部门或者流域管理机构应当按照水功能区对水质的要求和水体的自然净化能力，核定该水域的纳污能力

8．根据《中华人民共和国水法》，下列关于水域保护的说法，正确的是（　　）。（2021 年考题）

A．围垦河道前，应当经过科学论证，报所在地人民政府批准

B．禁止围湖造地。已经围垦的，应当按照国家规定的防洪标准有计划地退地还湖

C．国家实行河道采砂许可制度。河道采砂许可制度实施办法，由国务院水行政主管部门规定

D．在河道管理范围内采砂，有关县级以上人民政府生态环境主管部门应当划定禁采区和规定禁采期

9．根据《中华人民共和国水法》，水资源开发利用生态环境保护要求正确的是（　　）。（2022 年考题）

A．应首先满足生态环境用水，并兼顾农业、工业等用水需要

B．应首先满足城乡居民生活用水，并兼顾工业、生态环境等用水需要

C．应首先满足工业用水，并兼顾城乡居民生活、生态环境等用水需要

D．应首先满足工业和城乡居民生活用水，并充分考虑生态环境等用水需要

10．根据《中华人民共和国水法》，下列在水生生物洄游通道建设的设施，属于需要同时修建过鱼设施的是（　　）。（2022 年考题）

A．临时性施工围堰

B．永久性拦河闸坝

C．临时性施工桥梁

D．永久性通航设施

11．根据《中华人民共和国水法》，在干旱和半干旱地区开发、利用水资源，应当充分考虑（　　）。（2023 年考题）

A．城乡居民生活用水

B．生态环境用水需要

C．农业环境用水需要

D．工业环境用水需要

12．根据《中华人民共和国水法》，县级以上人民政府水行政主管部门或者流域管理机构应当按照（　　）核定水域纳污能力。（2023 年考题）

A．排污许可证的要求

B．水功能区对水质的要求或水体的自然净化能力

C．水功能区对水质的要求和水体的自然净化能力

D．流域综合规划、水资源保护规划和经济社会发展要求

二、不定项选择题

1．根据《中华人民共和国水法》，禁止在（　　）内弃置、堆放阻碍行洪的物品和种植阻碍行洪的林木及高秆作物。（2017 年考题）

A．江河　　B．水库　　C．运河　　D．渠道

2．根据《中华人民共和国水法》，下列关于建立饮用水水源保护区制度及设置、新建、改建或者扩大排污口有关规定的说法，错误的有（　　）。（2018 年考题）

A．国家建立饮用水水源保护区制度

B．禁止在饮用水水源保护区内设置排污口

C．在江河新建排污口，应该经过有管辖权的水行政主管部门或者流域管理机构同意

D．省级人民政府应当划定饮用水水源保护区，并采取措施，防止水源枯竭和水体污染，保证生产、生活、生态用水需要

3．根据《中华人民共和国水法》《中华人民共和国渔业法》，水力发电站项目

在水生生物洄游通道、通航或者竹木流放的河流上修建永久性拦河闸坝，建设单位应当同时修建（　　）。（2019 年考题）

A．过鱼设施　B．过船设施　C．过木设施　D．防洪设施

4．根据《中华人民共和国水法》，下列关于水电站建设生态环境保护要求的说法，正确的有（　　）。（2020 年考题）

A．应当兼顾防洪的需要　　B．应当保护生态环境

C．应当兼顾水上旅游的需要　　D．应当兼顾竹木流放的需要

5．根据《中华人民共和国水法》，拟定国家确定的重要江河、湖泊的水功能区划时，应按照的依据有（　　）。（2021 年考题）

A．流域综合规划　　B．水资源保护规划

C．水资源开发利用规划　　D．经济社会发展要求

6．根据《中华人民共和国水法》，水资源开发利用中符合生态环境保护要求的原则有（　　）。（2022 年考题）

A．以需定供原则　　B．节流优先原则

C．污水处理再利用原则　　D．开源与节流相结合原则

参考答案

一、单项选择题

1．C　【解析】第二十一条：“开发、利用水资源，应当首先满足城乡居民生活用水，并兼顾农业、工业、生态环境用水以及航运等需要。”

2．D　【解析】第三十四条：“在江河、湖泊新建、改建或者扩大排污口，应当经过有管辖权的水行政主管部门或者流域管理机构同意，由环境保护行政主管部门负责对该建设项目的环境影响报告书进行审批。”

3．A　【解析】第三十三条：“国家建立饮用水水源保护区制度。省、自治区、直辖市人民政府应当划定饮用水水源保护区，并采取措施，防止水源枯竭和水体污染，保证城乡居民饮用水安全。”

4．D　【解析】第四十条：“禁止围垦河道。确需围垦的，应当经过科学论证，经省、自治区、直辖市人民政府水行政主管部门或者国务院水行政主管部门同意后，报本级人民政府批准。”

5．D　【解析】第三十九条：“在河道管理范围内采砂，影响河势稳定或者危及堤防安全的，有关县级以上人民政府水行政主管部门应当划定禁采区和规定禁采期，并予以公告。”

6．B 【解析】第二十一条："开发、利用水资源，应当首先满足城乡居民生活用水，并兼顾农业、工业、生态环境用水以及航运等需要。在干旱和半干旱地区开发、利用水资源，应当充分考虑生态环境用水需要。"

7．D 【解析】A 选项正确的说法是：国家确定的重要江河、湖泊的水功能区划，报国务院批准。B 选项正确的说法是：跨省、自治区、直辖市的其他江河、湖泊的水功能区划，分别经有关省、自治区、直辖市人民政府审查提出意见后，由国务院水行政主管部门会同国务院生态环境主管部门审核，报国务院或者其授权的部门批准。C 选项正确的说法是：县级以上地方人民政府水行政主管部门和流域管理机构应当对水功能区的水质状况进行监测。

8．B 【解析】A 选项正确的说法是：禁止围垦河道。确需围垦的，应当经过科学论证，经省、自治区、直辖市人民政府水行政主管部门或者国务院水行政主管部门同意后，报本级人民政府批准。C 选项正确的说法是：河道采砂许可制度实施办法，由国务院规定。D 选项正确的说法是：在河道管理范围内采砂，影响河势稳定或者危及堤防安全的，有关县级以上人民政府水行政主管部门应当划定禁采区和规定禁采期，并予以公告。

9．B 【解析】第二十一条："开发、利用水资源，应当首先满足城乡居民生活用水，并兼顾农业、工业、生态环境用水以及航运等需要。在干旱和半干旱地区开发、利用水资源，应当充分考虑生态环境用水需要。"

10．B 【解析】第二十七条："国家鼓励开发、利用水运资源。在水生生物洄游通道、通航或者竹木流放的河流上修建永久性拦河闸坝，建设单位应当同时修建过鱼、过船、过木设施，或者经国务院授权的部门批准采取其他补救措施，并妥善安排施工和蓄水期间的水生生物保护、航运和竹木流放，所需费用由建设单位承担"。

11．B 【解析】第二十一条："在干旱和半干旱地区开发、利用水资源，应当充分考虑生态环境用水需要。"

12．C 【解析】第三十二条："县级以上人民政府水行政主管部门或者流域管理机构应当按照水功能区对水质的要求和水体的自然净化能力，核定该水域的纳污能力，向环境保护行政主管部门提出该水域的限制排污总量意见。"

二、不定项选择题

1．ABCD 【解析】第三十七条："禁止在江河、湖泊、水库、运河、渠道内弃置、堆放阻碍行洪的物体和种植阻碍行洪的林木及高秆作物。"

2．D 【解析】第三十四条："禁止在饮用水水源保护区内设置排污口。在江河、湖泊新建、改建或者扩大排污口，应当经过有管辖权的水行政主管部门或者流域管理机构同意，由环境保护行政主管部门负责对该建设项目的环境影响报告书进行审批。”第三十三条：“国家建立饮用水水源保护区制度。省、自治区、直辖市人民政府应当划定饮用水水源保护区，并采取措施，防止水源枯竭和水体污染，保证城乡居民饮用水安全。”

3．ABC　【解析】第二十七条：“在水生生物洄游通道、通航或者竹木流放的河流上修建永久性拦河闸坝，建设单位应当同时修建过鱼、过船、过木设施，或者经国务院授权的部门批准采取其他补救措施，并妥善安排施工和蓄水期间的水生生物保护、航运和竹木流放，所需费用由建设单位承担。”

4．ABD　【解析】第二十六条：“建设水力发电站，应当保护生态环境，兼顾防洪、供水、灌溉、航运、竹木流放和渔业等方面的需要。”

5．ABD　【解析】第三十二条：“国务院水行政主管部门会同国务院环境保护行政主管部门、有关部门和有关省、自治区、直辖市人民政府，按照流域综合规划、水资源保护规划和经济社会发展要求，拟定国家确定的重要江河、湖泊的水功能区划”。

6．BCD　【解析】第二十三条：“地方各级人民政府应当结合本地区水资源实际情况，按照地表水与地下水统一调度开发、开源与节流相结合、节流优先和污水处理再利用的原则，合理组织开发，综合利用水资源”。

（十）《中华人民共和国防沙治沙法》

一、单项选择题

1. 根据《中华人民共和国防沙治沙法》所称的土地沙化，是指主要因（　　）所导致的天然沙漠扩张和沙质土壤上植被及覆盖物被破坏，形成流沙及沙土裸露的过程。（2018 年考题）

A. 自然因素　　B. 气候变化　　C. 开发建设活动　　D. 人类不合理活动

2. 根据《中华人民共和国防沙治沙法》，下列说法中，正确的是（　　）。（2019 年考题）

A. 禁止在沙化土地封禁保护区范围内安置移民

B. 不得在沙化土地封禁保护区范围内进行修建铁路、公路等建设活动

C. 对沙化土地封禁保护区范围内的农牧民，沙化土地封禁保护区主管部门应当有计划地组织迁出

D. 沙化土地封禁保护区范围内尚未迁出的农牧民的生产生活，由县级以上地方人民政府妥善安排

3. 根据《中华人民共和国防沙治沙法》，以下关于沙化土地禁止开展的活动，错误的是（　）。（2021 年考题）

A. 禁止在沙化土地上砍挖灌木、药材及其他固沙植物

B. 禁止在沙化土地范围内从事开发建设活动

C. 在沙化土地封禁保护区范围内，禁止一切破坏植被的活动

D. 禁止在沙化土地封禁保护区范围内安置移民

4. 根据《中华人民共和国防沙治沙法》，在沙化土地范围内从事开发建设活动的，必须事先就该项目可能对当地及相关地区生态产生的影响进行（　　）。（2022 年考题）

A. 预期评估　　　　B. 环境规划

C. 环境影响评价　　D. 生态专题评价

5. 根据《中华人民共和国防沙治沙法》，禁止在沙化土地封禁保护区实施的活动是（　　）。（2023 年考题）

A. 露天采矿　　　　B. 封沙育林

C. 迁出牧民　　　　D. 修建公路

二、不定项选择题

1. 根据《中华人民共和国防沙治沙法》，下列说法中，正确的是（　　）。（2017年考题）

A. 严格控制在沙化土地封禁保护区内安置移民

B. 在沙化土地封禁保护区范围内，禁止一切破坏植被的活动

C. 未经国务院或国务院指定部门同意，不得在沙化土地封禁保护区范围内新建铁路、公路

D. 对沙化土地封禁保护区范围内尚未迁出的农牧民，沙化土地封禁保护区主管部门应当有计划地组织迁出

参考答案

一、单项选择题

1. D 【解析】第二条："本法所称土地沙化，是指主要因人类不合理活动所导致的天然沙漠扩张和沙质土壤上植被及覆盖物被破坏，形成流沙及沙土裸露的过程。"

2. A 【解析】第二十二条："在沙化土地封禁保护区范围内，禁止一切破坏植被的活动。禁止在沙化土地封禁保护区范围内安置移民。对沙化土地封禁保护区范围内的农牧民，县级以上地方人民政府应当有计划地组织迁出，并妥善安置。沙化土地封禁保护区范围内尚未迁出的农牧民的生产生活，由沙化土地封禁保护区主管部门妥善安排。未经国务院或者国务院指定的部门同意，不得在沙化土地封禁保护区范围内进行修建铁路、公路等建设活动。"

3. B 【解析】B 选项的正确说法是第二十一条："在沙化土地范围内从事开发建设活动的，必须事先就该项目可能对当地及相关地区生态产生的影响进行环境影响评价，依法提交环境影响报告；环境影响报告应当包括有关防沙治沙的内容。"

4. C 【解析】第二十一条："在沙化土地范围内从事开发建设活动的，必须事先就该项目可能对当地及相关地区生态产生的影响进行环境影响评价，依法提交环境影响报告；环境影响报告应当包括有关防沙治沙的内容。"

5. A 【解析】第二十二条："在沙化土地封禁保护区范围内，禁止一切破坏植被的活动。禁止在沙化土地封禁保护区范围内安置移民。对沙化土地封禁保护区范围内的农牧民，县级以上地方人民政府应当有计划地组织迁出，并妥善安置。沙化土地封禁保护区范围内尚未迁出的农牧民的生产生活，由沙化土地封禁保护区主

管部门妥善安排。未经国务院或者国务院指定的部门同意，不得在沙化土地封禁保护区范围内进行修建铁路、公路等建设活动。”

二、不定项选择题

1. BC 【解析】第二十二条：“在沙化土地封禁保护区范围内，禁止一切破坏植被的活动。禁止在沙化土地封禁保护区范围内安置移民。对沙化土地封禁保护区范围内的农牧民，县级以上地方人民政府应当有计划地组织迁出，并妥善安置。沙化土地封禁保护区范围内尚未迁出的农牧民的生产生活，由沙化土地封禁保护区主管部门妥善安排。未经国务院或者国务院指定的部门同意，不得在沙化土地封禁保护区范围内进行修建铁路、公路等建设活动。”

（十一）《中华人民共和国草原法》

一、单项选择题

1. 根据《中华人民共和国草原法》基本草原保护的有关规定，下列说法中，错误的是（　　）。（2017年考题）

A. 国家实行基本草原保护制度

B. 用于畜牧业生产的人工草地应当划为基本草原

C. 基本草原的保护管理办法，应由省级以上人民政府制定

D. 对调节气候、涵养水源、保持水土、防风固沙具有特殊作用的草原，应按基本草原要求实施严格管理

2. 根据《中华人民共和国草原法》，下列草原中，（　　）不属于基本草原。（2018年考题）

A. 放牧场

B. 割草地

C. 作为国家重点保护野生动物生存环境的草原

D. 对调节气候、涵养水源、保持水土、防风固沙具有特殊作用的草原

3. 根据《中华人民共和国草原法》，不应当划为基本草原的是（　　）。（2019年考题）

A. 重要放牧场　　B. 割草地

C. 重要人工草地　　D. 草原科研、教学试验基地

4. 根据《中华人民共和国草原法》，下列草原中，（　　）属于应当划分为基本草原。（2020年考题）

A. 放牧场　　B. 割草地

C. 人工草地　　D. 草本湿地

5. 根据《中华人民共和国草原法》，下列草原中，（　　）不属于应当划分为基本草原。（2021年考题）

A. 割草地　　B. 人工草地

C. 重要放牧场　　D. 草原教学试验基地

6. 根据《中华人民共和国草原法》，下列草原中，应当划为基本草原的是（　　）。（2022年考题）

A. 冬牧场

B. 人工草地

C. 草原教学试验基地

D. 对城市景观具有特殊作用的草地

7. 根据《中华人民共和国草原法》，下列草原中，应当划为基本草原的是（　　）。（2023 年考题）

A. 人工草地　　B. 草种基地

C. 重要放牧场　　D. 退耕还草地

二、不定项选择题

根据《中华人民共和国草原法》禁止开垦草原的有关规定，已造成（　　）的已开垦草原，应当限期治理。（2017 年考题）

A. 沙化　B. 盐碱化　C. 石漠化　D. 水土流失

参考答案

一、单项选择题

1. C　【解析】第四十二条："基本草原的保护管理办法，由国务院制定。"

2. A　【解析】第四十二条："国家实行基本草原保护制度。下列草原应当划为基本草原，实施严格管理：（一）重要放牧场；（二）割草地；（三）用于畜牧业生产的人工草地、退耕还草地以及改良草地、草种基地；（四）对调节气候、涵养水源、保持水土、防风固沙具有特殊作用的草原；（五）作为国家重点保护野生动植物生存环境的草原；（六）草原科研、教学试验基地；（七）国务院规定应当划为基本草原的其他草原。基本草原的保护管理办法，由国务院制定。"

3. C　4. B　5. B　6. C　7. C

二、不定项选择题

ABC　【解析】第四十六条："禁止开垦草原。对水土流失严重、有沙化趋势、需要改善生态环境的已垦草原，应当有计划、有步骤地退耕还草；已造成沙化、盐碱化、石漠化的，应当限期治理。"

（十二）《中华人民共和国文物保护法》

一、单项选择题

1. 根据《中华人民共和国文物保护法》，建设工程选址时因特殊情况不能避开不可移动文物的，对文物保护单位应当尽可能实施（　　）。（2017年考题）

A. 原址保护　　B. 拆除补偿　　C. 迁移保护　　D. 异地重建

2. 根据《中华人民共和国文物保护法》，下列关于文物保护单位保护范围及建设控制地带内不得进行活动有关规定的说法，错误的是（　　）。（2018年考题）

A. 无特殊情况，文物保护单位的保护范围内不得进行爆破、钻探、挖掘等作业

B. 在文物保护单位保护范围和建设控制地带内，对已有的污染文物保护单位及其环境的设施，应当限期治理

C. 因特殊情况需要在全国重点文物保护单位的保护范围内进行爆破、钻探、挖掘等作业的，需经国务院文物行政部门批准

D. 在文物保护单位保护范围和建设控制地带内，不得建设污染文物保护单位及其环境的设施，不得进行可能影响文物保护单位安全及其环境的活动

3. 根据《中华人民共和国文物保护法》，下列关于在文物保护单位的保护范围及建设控制地带内进行相关活动的说法，错误的是（　　）。（2019年考题）

A. 文物保护单位的保护范围内不得进行其他建设工程或者爆破、钻探、挖掘等作业

B. 在文物保护单位的建设控制地带内进行建设工程，不得破坏文物保护单位的历史风貌

C. 在文物保护单位的保护范围和建设控制地带内，不得建设污染文物保护单位及其环境的设施

D. 在文物保护单位的保护范围和建设控制地带内，不得进行可能影响文物保护单位安全及其环境的活动

4. 根据《中华人民共和国文物保护法》，下列关于在文物保护单位的保护范围及建设控制地带内进行相关活动的说法，错误的是（　　）。（2021年考题）

A. 文物保护单位的保护范围内不得进行其他建设工程或者爆破、钻探、挖掘等作业

B. 因特殊情况需要在文物保护单位的保护范围内进行建设工程或者爆破、钻探、挖掘等作业的，必须经核定公布该文物保护单位的人民政府批准

C. 在全国重点文物保护单位的保护范围内进行建设工程，必须经国务院文物行政部门同意

D．在文物保护单位的建设控制地带内进行建设工程，不得破坏文物保护单位的历史风貌

5．根据《中华人民共和国文物保护法》，下列关于文物保护单位保护范围及建设控制地带管理的说法，错误的是（　）。（2022 年考题）

A．在文物保护单位的建设控制地带内进行建设工程，工程设计方案应经相应的文物行政部门同意

B．在文物保护单位建设控制地带内进行建设工程，不得破坏文物保护单位的历史风貌

C．在文物保护单位建设控制地带内，对已有的污染文物保护单位的设施，应限期拆除

D．确需在文物保护单位的保护范围内进行爆破作业的，必须保证文物单位的安全

二、不定项选择题

根据《中华人民共和国文物保护法》，在文物保护单位建设控制地带范围内不得进行（　）。（2017 年考题）

A．爆破、钻探、挖掘等作业

B．与保护文物无关的其他建设工程

C．破坏文物保护单位历史风貌的建设活动

D．可能影响文物保护单位安全及其环境的活动

参考答案

一、单项选择题

1．A　【解析】第二十条：“建设工程选址，应当尽可能避开不可移动文物；因特殊情况不能避开的，对文物保护单位应当尽可能实施原址保护。”

2．C　【解析】第十七条：“文物保护单位的保护范围内不得进行其他建设工程或者爆破、钻探、挖掘等作业。但是，因特殊情况需要在文物保护单位的保护范围内进行其他建设工程或者爆破、钻探、挖掘等作业的，必须保证文物保护单位的安全，并经核定公布该文物保护单位的人民政府批准，在批准前应当征得上一级人民政府文物行政部门同意；在全国重点文物保护单位的保护范围内进行其他建设工程或者爆破、钻探、挖掘等作业的，必须经省、自治区、直辖市人民政府批准，在批准前应当征得国务院文物行政部门同意。”第十九条：“在文物保护单位的保护范围和建设控制地带内，不得建设污染文物保护单位及其环境的设施，不得进行可

能影响文物保护单位安全及其环境的活动。对已有的污染文物保护单位及其环境的设施，应当限期治理。”

3．A

4．C 【解析】C 的正确说法是：在全国重点文物保护单位的保护范围内进行其他建设工程或者爆破、钻探、挖掘等作业的，必须经省、自治区、直辖市人民政府批准，在批准前应当征得国务院文物行政部门同意。

5．C【解析】第十七条：“文物保护单位的保护范围内不得进行其他建设工程或者爆破、钻探、挖掘等作业。但是，因特殊情况需要在文物保护单位的保护范围内进行其他建设工程或者爆破、钻探、挖掘等作业的，必须保证文物保护单位的安全，并经核定公布该文物保护单位的人民政府批准，在批准前应当征得上一级人民政府文物行政部门同意；在全国重点文物保护单位的保护范围内进行其他建设工程或者爆破、钻探、挖掘等作业的，必须经省、自治区、直辖市人民政府批准，在批准前应当征得国务院文物行政部门同意。”第十八条：“在文物保护单位的建设控制地带内进行建设工程，不得破坏文物保护单位的历史风貌；工程设计方案应当根据文物保护单位的级别，经相应的文物行政部门同意后，报城乡建设规划部门批准”。第十九条：“在文物保护单位的保护范围和建设控制地带内，不得建设污染文物保护单位及其环境的设施，不得进行可能影响文物保护单位安全及其环境的活动。对已有的污染文物保护单位及其环境的设施，应当限期治理。”

二、不定项选择题

CD 【解析】第十八条：“在文物保护单位的建设控制地带内进行建设工程，不得破坏文物保护单位的历史风貌。”第十九条：“在文物保护单位的保护范围和建设控制地带内，不得建设污染文物保护单位及其环境的设施，不得进行可能影响文物保护单位安全及其环境的活动。对已有的污染文物保护单位及其环境的设施，应当限期治理。”文物保护单位的保护范围和文物保护单位建设控制地带范围属于两个不同的区域，保护的内容不一样。

（十三）《中华人民共和国森林法》

一、单项选择题

1. 根据《中华人民共和国森林法》，进行勘查、开采矿藏和各项建设工程占用或者征用林地的，用地单位应当依照国务院有关规定缴纳（　　）。（2017 年考题）

A. 林地征用费　　B. 森林植被恢复费

C. 林地赔偿费　　D. 植被补偿和恢复费

2. 根据《中华人民共和国森林法》，下列关于禁止行为的说法，错误的是（　　）。（2021 年考题）

A. 禁止向林地排放可能造成林地污染的清淤底泥

B. 禁止在幼林地放牧

C. 禁止向林地排放含重金属或者其他有毒有害物质的污水

D. 禁止擅自移动森林保护标志

3. 根据《中华人民共和国森林法》，森林保护的规定不包括（　　）。（2022 年考题）

A. 禁止毁林开垦　　B. 禁止矿藏开采

C. 禁止毁林采土　　D. 禁止幼林地放牧

4. 根据《中华人民共和国森林法》，森林内禁止的行为不包括（　　）。（2023 年考题）

A. 在幼林地放牧　　B. 在幼林地砍柴

C. 损坏森林保护标志　　D. 向林地排放清淤底泥

二、不定项选择题

1. 根据《中华人民共和国森林法》，下列说法中正确的是（　　）。（2017 年考题）

A. 禁止毁林开垦

B. 严格控制毁林采石、采砂、采土

C. 严格控制在幼林地和特殊用途林内砍柴、放牧

D. 进入森林和森林边缘地区的人员，不得损坏为林业服务的标志

2. 根据《中华人民共和国森林法》，下列关于禁止毁林开垦、开采行为的说法，正确的是（　　）。（2020 年考题）

A．禁止在幼林地内砍柴　　B．禁止在特种用途林内放牧
C．禁止毁林采石、采砂、采土　　D．禁止移动森林保护标志

参考答案

一、单项选择题

1．B 【解析】第三十七条：占用林地的单位应当缴纳森林植被恢复费。

2．C 【解析】C选项的正确说法是：禁止向林地排放重金属或者其他有毒有害物质含量超标的污水。注意前提条件是“含量超标”。

3．B 【解析】第三十九条：“禁止毁林开垦、采石、采砂、采土以及其他毁坏林木和林地的行为。禁止向林地排放重金属或者其他有毒有害物质含量超标的污水、污泥，以及可能造成林地污染的清淤底泥、尾矿、矿渣等。禁止在幼林地砍柴、毁苗、放牧。禁止擅自移动或者损坏森林保护标志。”

4．D 【解析】第三十九条：“禁止毁林开垦、采石、采砂、采土以及其他毁坏林木和林地的行为。禁止向林地排放重金属或者其他有毒有害物质含量超标的污水、污泥，以及可能造成林地污染的清淤底泥、尾矿、矿渣等。禁止在幼林地砍柴、毁苗、放牧。禁止擅自移动或者损坏森林保护标志。”

二、不定项选择题

1．A 【解析】第三十九条：“禁止毁林开垦、采石、采砂、采土以及其他毁坏林木和林地的行为……禁止在幼林地砍柴、毁苗、放牧。禁止擅自移动或者损坏森林保护标志。”

2．AC 【解析】第三十九条：“禁止毁林开垦、采石、采砂、采土以及其他毁坏林木和林地的行为。禁止向林地排放重金属或者其他有毒有害物质含量超标的污水、污泥，以及可能造成林地污染的清淤底泥、尾矿、矿渣等。禁止在幼林地砍柴、毁苗、放牧。禁止擅自移动或者损坏森林保护标志。”

（十四）《中华人民共和国渔业法》

一、单项选择题

1. 不适用《中华人民共和国渔业法》的生产活动是（　　）。（2017 年考题）

A. 海湾养虾　　B. 水库捕鱼

C. 湖泊驯养鸬鹚　　D. 海湾养殖海带

2. 根据《中华人民共和国渔业法》，在鱼、虾、蟹洄游通道建闸、筑坝，对渔业资源产生严重影响的，建设单位应当（　　）或者采取其他补救措施。（2017 年考题）

A. 设立禁渔区　　B. 建造过鱼设施

C. 定期放养鱼苗　　D. 改善鱼类养殖水域的水体质量

3. 根据《中华人民共和国渔业法》，在中华人民共和国的（　　）以及中华人民共和国管辖的一切其他海域从事养殖和捕捞水生动物、水生植物等渔业生产、活动，都必须遵守此法。（2018 年考题）

A. 内水、滩涂、领海、专属经济区

B. 河流、滩涂、领海、专属经济区

C. 内水、滩涂、领海、大陆架和毗连区

D. 河流、滩涂、领海、大陆架和毗连区

4. 下列不适用于《中华人民共和国渔业法》的生产活动是（　　）。（2019 年考题）

A. 海湾养殖海蟹　　B. 滩涂养海参

C. 水库养鸭　　D. 专属经济区捕鱼

5. 《中华人民共和国渔业法》不适用于（　　）。（2022 年考题）

A. 领海养殖　　B. 内水养殖

C. 池塘养殖　　D. 专属经济区捕鱼

6. 《中华人民共和国渔业法》适用范围不包括（　　）。（2023 年考题）

A. 在中华人民共和国的内水从事养殖水生植物

B. 在中华人民共和国的滩涂从事研究野生水生植物

C. 在中华人民共和国的专属经济区从事捕捞水生植物

D. 在中华人民共和国管辖的一切其他海域从事捕捞水生动物

二、不定项选择题

1．某河流有多种洄游鱼类，在该河道建闸、筑坝期间，渔业资源将受到严重影响。根据《中华人民共和国渔业法》，建设单位的下列做法中，正确的是（　　）。（2015 年考题）

A．建设升鱼机　　　　B．使用集运鱼船

C．建造溢流水池　　　D．施工期避开鱼类洄游期

2．根据《中华人民共和国渔业法》，该法适用于中华人民共和国的（　　）以及中华人民共和国管辖的一切其他海域从事养殖和捕捞水生动物、水生植物等渔业生产活动。（2016 年考题）

A．内水　　B．滩涂　　C．领海　　D．专属经济区

参考答案

一、单项选择题

1．C　【解析】鸬鹚属于鸟类。

2．B

3．A　【解析】第二条：“在中华人民共和国的内水、滩涂、领海、专属经济区以及中华人民共和国管辖的一切其他海域从事养殖和捕捞水生动物、水生植物等渔业生产活动，都必须遵守本法。”

4．C　【解析】养鸭不属于渔业生产活动。

5．C　【解析】第二条：“在中华人民共和国的内水、滩涂、领海、专属经济区以及中华人民共和国管辖的一切其他海域从事养殖和捕捞水生动物、水生植物等渔业生产活动，都必须遵守本法。”

6．B

二、不定项选择题

1．ABD　2．ABCD

（十五）《中华人民共和国矿产资源法》

一、单项选择题

1. 根据《中华人民共和国矿产资源法》关于矿产资源开采环境保护的有关规定，下列说法中，错误的是（　　）。（2017 年考题）

A. 开采矿产资源，应当节约用地

B. 开采矿产资源，必须采用先进的开采方法和选矿工艺

C. 开采矿产资源，必须遵守有关环境保护法律规定，防止污染环境

D. 耕地、草原、林地因采矿受到破坏的，矿山企业应当因地制宜地采取复垦利用、植树种草或者其他利用措施

2. 根据《中华人民共和国矿产资源法》有关矿产资源开采的环境保护的规定，下列说法中错误的是（　　）。（2018 年考题）

A. 非经省、自治区、直辖市人民政府批准，不得压覆重要矿床

B. 在开采主要矿产的同时，对具有工业价值的共生和伴生矿产应当统一规划，综合开采，综合利用，防止浪费

C. 耕地、草原、林地、因采矿受到破坏的，矿山企业应当因地制宜地采取复垦利用、植树种草或者其他利用措施

D. 对暂时不能综合开采或者必须同时采出而暂时还不能综合利用的矿产以及含有有用组分的尾矿，应当采取有效的保护措施，防止损失破坏

3. 根据《中华人民共和国矿产资源法》，非经国务院授权的有关主管部门同意，不得开采矿产资源的地区有（　　）。（2019 年考题）

A. 重要河流、堤坝两侧一定距离以内

B. 铁路、公路两侧一定距离以内

C. 自然保护区、风景区以及不能移动的历史文物和名胜古迹所在地

D. 工业区、城镇市政工程设施附近一定距离以内

4. 根据《中华人民共和国矿产资源法》，下列关于矿产资源开采审批的说法，正确的是（　　）。（2021 年考题）

A. 对国家规定实行保护性开采的特定矿种，限制开采

B. 矿山企业变更矿区范围，必须报请原审批机关批准，并报请省级地质矿产主管部门重新核发采矿许可证

C. 严格限制任何单位和个人进入他人依法设立的国有矿山企业和其他矿山企业矿

区范围内采矿

D．关闭矿山，必须提交矿山闭坑报告及有关采掘工程、安全隐患、土地复垦利用、环境保护的资料，并按照国家规定报请审查批准

5．根据《中华人民共和国矿产资源法》，非经国务院授权的有关主管部门同意，不得在（　　）开采矿产资源。（2022年考题）

A．排洪沟两侧一定距离以内

B．国防工程设施圈定地区以内

C．矿区运输道路两侧一定距离以内

D．中大型水利工程设施附近一定距离以内

二、不定项选择题

1．根据《中华人民共和国矿产资源法》，非经国务院授权的有关主管部门同意，不得开采矿产资源的地区有（　　）。（2017年考题）

A．河流、堤坝两侧一定距离以内

B．铁路、重要公路两侧一定距离以内

C．港口、机场、国防工程设施圈定地区以内

D．重要工业区、大型水利工程设施、城镇市政工程设施附近一定距离以内

2．根据《中华人民共和国矿产资源法》，关闭矿山，必须提交矿山闭坑报告及有关（　　）的资料，并按照国家规定报请审查批准。（2017年考题）

A．采掘工程　　B．环境保护

C．安全隐患　　D．职工职业病档案

3．根据《中华人民共和国矿产资源法》，下列材料中，属于关闭矿山应当提交的有（　　）。（2018年考题）

A．矿山闭坑报告　　B．环境保护资料

C．安全隐患资料　　D．土地复垦利用资料

参考答案

一、单项选择题

1．B

2．A　【解析】第三十三条："非经国务院授权的部门批准，不得压覆重要矿床。"

3．A　【解析】第二十条："非经国务院授权的有关主管部门同意，不得在下列地区开采矿产资源：（一）港口、机场、国防工程设施圈定地区以内；（二）重要

工业区、大型水利工程设施、城镇市政工程设施附近一定距离以内；（三）铁路、重要公路两侧一定距离以内；（四）重要河流、堤坝两侧一定距离以内；（五）国家划定的自然保护区、重要风景区，国家重点保护的不能移动的历史文物和名胜古迹所在地；（六）国家规定不得开采矿产资源的其他地区。”

4．D 【解析】A 选项的正确说法是：国家对国家规划矿区、对国民经济具有重要价值的矿区和国家规定实行保护性开采的特定矿种，实行有计划的开采。B 选项的正确说法是：矿山企业变更矿区范围，必须报请原审批机关批准，并报请原颁发采矿许可证的机关重新核发采矿许可证。C 选项的正确说法是：禁止任何单位和个人进入他人依法设立的国有矿山企业和其他矿山企业矿区范围内采矿。

5．B 【解析】第二十条：“非经国务院授权的有关主管部门同意，不得在下列地区开采矿产资源:（一）港口、机场、国防工程设施圈定地区以内；（二）重要工业区、大型水利工程设施、城镇市政工程设施附近一定距离以内；（三）铁路、重要公路两侧一定距离以内；（四）重要河流、堤坝两侧一定距离以内；（五）国家划定的自然保护区、重要风景区，国家重点保护的不能移动的历史文物和名胜古迹所在地；（六）国家规定不得开采矿产资源的其他地区。”

二、不定项选择题

1．BCD 【解析】第二十条：“非经国务院授权的有关主管部门同意，不得在下列地区开采矿产资源：（一）港口、机场、国防工程设施圈定地区以内；（二）重要工业区、大型水利工程设施、城镇市政工程设施附近一定距离以内；（三）铁路、重要公路两侧一定距离以内；（四）重要河流、堤坝两侧一定距离以内；（五）国家划定的自然保护区、重要风景区，国家重点保护的不能移动的历史文物和名胜古迹所在地；（六）国家规定不得开采矿产资源的其他地区。”

2．ABC 【解析】第二十一条：“关闭矿山，必须提出矿山闭坑报告及有关采掘工程、安全隐患、土地复垦利用、环境保护的资料，并按照国家规定报请审查批准。”

3．ABCD

（十六）《中华人民共和国土地管理法》

一、单项选择题

1．根据《中华人民共和国土地管理法》，属于由国务院批准征用土地的是（　　）。（2017年考题）

A．40 hm^2 林地　　B．40 hm^2 养殖水面

C．40 hm^2 工矿用地　　D．40 hm^2 蔬菜生产基地

2．根据《中华人民共和国土地管理法》，征用下列土地不需经国务院批准的是（　　）。（2019年考题）

A．林地 80 hm^2　　B．永久基本农田

C．中低产农田 40 hm^2　　D．有良好的水利与水土保持设施的耕地

3．根据《中华人民共和国土地管理法》，下列关于土地用途管制的说法，错误的是（　　）。（2020年考题）

A．农用地是指直接用于农业生产的土地

B．严格限制农用地转为建设用地，控制建设用地总量，对农用地实行特殊保护

C．使用土地的单位和个人必须严格按照土地利用总体规划确定的用途使用土地

D．农用地包括养殖水面

4．根据《中华人民共和国土地管理法》，下列土地利用总体规划确定的耕地中，不属于应当划入永久基本农田的是（　　）。（2020年考题）

A．蔬菜生产基地　　B．农业科研试验田

C．农业教学试验田　　D．有良好的水土保持设施的耕地

5．根据《中华人民共和国土地管理法》，下列关于耕地保护的说法，错误的是（　　）。（2021年考题）

A．国家严格控制耕地转为非耕地

B．国家实行占用耕地补偿制度

C．非农业建设经批准占用耕地的，按照“占多少，垦多少”的原则，由省、自治区、直辖市人民政府组织开垦与所占用耕地的数量和质量相当的耕地

D．省、自治区、直辖市人民政府应当严格执行土地利用总体规划和土地利用年度计划，采取措施，确保本行政区域内耕地总量不减少、质量不降低

6．根据《中华人民共和国土地管理法》，以下行为中属于禁止占用耕地的是（　　）。（2021年考题）

A．建设化工厂　　B．建坟

C．发展林果业　　D．挖塘养鱼

7．根据《中华人民共和国土地管理法》，占用耕地单位保护耕地的做法不包括（　　）。（2022 年考题）

A．开垦与所占用耕地的数量和质量相当的耕地

B．因没有条件开垦的，按照规定缴纳耕地开垦费

C．制定开垦耕地计划，按照计划组织开垦耕地

D．将所占用耕地耕作层的土壤用于土壤的改良

二、不定项选择题

1．根据《中华人民共和国土地管理法》，下列关于保护耕地和占用耕地补偿制度的有关规定，错误的是（　　）。（2017 年考题）

A．国家实行土地用途管制制度

B．国家保护耕地，严格控制耕地转为非耕地

C．县级人民政府应当制定开垦耕地计划，监督占用耕地的单位按照计划开垦耕地或者按照计划组织开垦耕地，并进行验收

D．农田水利设施建设经批准占用耕地的，按照“占多少，垦多少”的原则，由占用耕地的单位负责开垦与所占用耕地的数量和质量相当的耕地

2．根据《中华人民共和国土地管理法》，下列土地中，属于应由国务院批准方可征用的有（　　）。（2018 年考题）

A．基本农田小于 35 hm^2 的　　B．基本农田超过 35 hm^2 的

C．军用设施用地超过 35 hm^2 的　　D．基本农田以外的耕地超过 35 hm^2 的

3．根据《中华人民共和国土地管理法》，下列关于保护耕地和占用耕地补偿制度的说法，正确的是（　　）。（2020 年考题）

A．国家保护农用地，严格控制农用地转为非耕地

B．非农业建设经批准占用耕地的，按照“占多少，垦多少”的原则，由占用耕地的单位负责开垦与所占用耕地的数量和质量相当的耕地

C．省、自治区、直辖市人民政府应当制定开垦耕地计划，监督占用耕地的单位按照计划开垦耕地或者按照计划组织开垦耕地，并进行验收

D．没有条件开垦或者开垦的耕地不符合要求的，应当按照省、自治区、直辖市的规定缴纳耕地开垦费，专款用于开垦新的耕地

4．根据《中华人民共和国土地管理法》，下列应当根据土地利用总体规划划为永久基本农田，实行严格保护的有（　　）。（2021 年考题）

A．主要粮食产区内的耕地　　B．蔬菜生产基地

C．重要经济作物生产基地　　　　　D．农业科研、教学试验田

5．根据《中华人民共和国土地管理法》，下列关于永久基本农田的说法，正确的是（　）。（2022年考题）

A．有良好的水利与水土保持设施的中产田应划为基本农田

B．有良好的水利与水土保持设施的低产田应划为基本农田

C．划定的基本农田一般应当占本行政区域内耕地的百分之八十以上

D．永久基本农田经依法划定后，任何单位和个人不得擅自改变其用途

6．根据《中华人民共和国土地管理法》，应划为永久基本农田的土地是（　）。（2023年考题）

A．蔬菜生产基地

B．已建成高标准农田

C．农业科研、教学试验田

D．正在实施改造计划的未利用地

参考答案

一、单项选择题

1．D 【解析】第四十六条："征收下列土地的，由国务院批准：（一）永久基本农田；（二）永久基本农田以外的耕地超过三十五公顷的；（三）其他土地超过七十公顷的。"蔬菜生产基地属于耕地。

2．D 【解析】第四十六条："征收下列土地的，由国务院批准：（一）永久基本农田；（二）永久基本农田以外的耕地超过三十五公顷的；（三）其他土地超过七十公顷的。"

3．B 【解析】第四条："国家实行土地用途管制制度。国家编制土地利用总体规划，规定土地用途，将土地分为农用地、建设用地和未利用地。严格限制农用地转为建设用地，控制建设用地总量，对耕地实行特殊保护。前款所称农用地是指直接用于农业生产的土地，包括耕地、林地、草地、农田水利用地、养殖水面等；建设用地是指建造建筑物、构筑物的土地，包括城乡住宅和公共设施用地、工矿用地、交通水利设施用地、旅游用地、军事设施用地等；未利用地是指农用地和建设用地以外的土地。使用土地的单位和个人必须严格按照土地利用总体规划确定的用途使用土地。"

4．D 【解析】第三十三条："国家实行永久基本农田保护制度。下列耕地应当根据土地利用总体规划划为永久基本农田，实行严格保护：（一）经国务院农业农

村主管部门或者县级以上地方人民政府批准确定的粮、棉、油、糖等重要农产品生产基地内的耕地；（二）有良好的水利与水土保持设施的耕地，正在实施改造计划以及可以改造的中、低产田和已建成的高标准农田；（三）蔬菜生产基地；（四）农业科研、教学试验田；（五）国务院规定应当划为永久基本农田的其他耕地。”

5. C 【解析】C 选项的正确说法是：由占用耕地的单位负责开垦与所占用耕地的数量和质量相当的耕地。

6. B 【解析】第三十七条：“禁止占用耕地建窑、建坟或者擅自在耕地上建房、挖砂、采石、采矿、取土等。禁止占用永久基本农田发展林果业和挖塘养鱼。”

7. C 【解析】第三十条：“国家实行占用耕地补偿制度。非农业建设经批准占用耕地的，按照‘占多少，垦多少’的原则，由占用耕地的单位负责开垦与所占用耕地的数量和质量相当的耕地；没有条件开垦或者开垦的耕地不符合要求的，应当按照省、自治区、直辖市的规定缴纳耕地开垦费，专款用于开垦新的耕地。

省、自治区、直辖市人民政府应当制定开垦耕地计划，监督占用耕地的单位按照计划开垦耕地或者按照计划组织开垦耕地，并进行验收”。

第三十一条：“县级以上地方人民政府可以要求占用耕地的单位将所占用耕地耕作层的土壤用于新开垦耕地、劣质地或者其他耕地的土壤改良。”

二、不定项选择题

1. CD 【解析】第三十条：“国家保护耕地，严格控制耕地转为非耕地。国家实行占用耕地补偿制度。非农业建设经批准占用耕地的，按照‘占多少，垦多少’的原则，由占用耕地的单位负责开垦与所占用耕地的数量和质量相当的耕地；没有条件开垦或者开垦的耕地不符合要求的，应当按照省、自治区、直辖市的规定缴纳耕地开垦费，专款用于开垦新的耕地。省、自治区、直辖市人民政府应当制定开垦耕地计划，监督占用耕地的单位按照计划开垦耕地或者按照计划组织开垦耕地，并进行验收。”D 中农田水利设施不属于非农业建设。

2. ABD 【解析】第四十六条：“征收下列土地的，由国务院批准：（一）永久基本农田；（二）永久基本农田以外的耕地超过三十五公顷的；（三）其他土地超过七十公顷的。”

3. BCD 【解析】第三十条：“国家保护耕地，严格控制耕地转为非耕地。国家实行占用耕地补偿制度。非农业建设经批准占用耕地的，按照‘占多少，垦多少’的原则，由占用耕地的单位负责开垦与所占用耕地的数量和质量相当的耕地；没有条件开垦或者开垦的耕地不符合要求的，应当按照省、自治区、直辖市的规定缴纳耕地开垦费，专款用于开垦新的耕地。省、自治区、直辖市人民政府应当制定开垦耕地计划，监督占用耕地的单位按照计划开垦耕地或者按照计划组织开垦耕地，并进行验收。”

4．BD 【解析】第三十三条：“国家实行永久基本农田保护制度。下列耕地应当根据土地利用总体规划划为永久基本农田，实行严格保护：（一）经国务院农业农村主管部门或者县级以上地方人民政府批准确定的粮、棉、油、糖等重要农产品生产基地内的耕地；（二）有良好的水利与水土保持设施的耕地，正在实施改造计划以及可以改造的中、低产田和已建成的高标准农田；（三）蔬菜生产基地；（四）农业科研、教学试验田；（五）国务院规定应当划为永久基本农田的其他耕地。”

5．CD 【解析】第三十三条：“国家实行永久基本农田保护制度。下列耕地应当根据土地利用总体规划划为永久基本农田，实行严格保护：（一）经国务院农业农村主管部门或者县级以上地方人民政府批准确定的粮、棉、油、糖等重要农产品生产基地内的耕地；（二）有良好的水利与水土保持设施的耕地，正在实施改造计划以及可以改造的中、低产田和已建成的高标准农田；（三）蔬菜生产基地；（四）农业科研、教学试验田；（五）国务院规定应当划为永久基本农田的其他耕地。各省、自治区、直辖市划定的永久基本农田一般应当占本行政区域内耕地的百分之八十以上，具体比例由国务院根据各省、自治区、直辖市耕地实际情况规定。”第三十五条：“永久基本农田经依法划定后，任何单位和个人不得擅自占用或者改变其用途”。

6．ABC

（十七）《中华人民共和国野生动物保护法》

一、单项选择题

1．根据《中华人民共和国野生动物保护法》，下列不属于野生动物及其栖息地状况的调查、监测和评估应当包括的内容是（　　）。（2018 年考题）

A．野生动物种群数量及结构

B．野生动物栖息地的面积、生态状况

C．野生动物野外分布区域的环境质量

D．野生动物及其栖息地的主要威胁因素

2．根据《中华人民共和国野生动物保护法》，建设项目可能对相关自然保护区域、野生动物迁徙洄游通道产生影响的，环境影响评价文件的审批部门在审批环境影响评价文件时，涉及地方重点保护野生动物的，应当征求（　　）意见。（2019 年考题）

A．国务院野生动物保护主管部门

B．省、自治区、直辖市人民政府野生动物保护主管部门

C．县级以上人民政府野生动物保护主管部门

D．设区的市级以上人民政府野生动物保护主管部门

3．根据《中华人民共和国野生动物保护法》，下列关于野生动物分类分级保护的说法，错误的是（　　）。（2021 年考题）

A．国家重点保护的野生动物分为一级、二级和三级保护野生动物

B．国家重点保护野生动物名录，由国务院野生动物保护主管部门制定

C．地方重点保护野生动物名录，由省、自治区、直辖市人民政府制定

D．每五年根据评估情况确定对国家重点保护野生动物名录进行调整

4．根据《中华人民共和国野生动物保护法》，下列关于国家对野生动物实行分类分级保护的说法，错误的是（　　）。（2022 年考题）

A．国家对经济性野生动物实行重点保护

B．国家对濒危的野生动物实行重点保护

C．国家对珍贵的野生动物实行重点保护

D．国家重点保护野生动物名录定期调整

5．根据《中华人民共和国野生动物保护法》，对野生动物及其栖息地状况的调查、监测和评估不包括（　　）。（2023 年考题）

A．栖息地面积

B．野外分布区域

C．人工繁育情况

D．栖息地的人工威胁因素

二、不定项选择题

1．根据《中华人民共和国野生动物保护法》，禁止或者限制在自然保护地内（　　）等人为干扰、威胁野生动物生息繁衍的行为。（2019 年考题）

A．引入外来物种　B．营造单一纯林　C．过量施洒农药　D．人工繁育野生动物

2．根据《中华人民共和国野生动物保护法》，县级以上人民政府野生动物保护主管部门，应当定期组织或者委托有关科学研究机构对野生动物及其栖息地状况进行调查、监测和评估，调查、监测和评估应包括的内容有（　　）。（2019 年考题）

A．野生动物野外分布区域、种群数量及结构

B．野生动物栖息地的面积、生态状况

C．野生动物及其栖息地的主要威胁因素

D．野生动物人工繁育情况

参考答案

一、单项选择题

1．C　【解析】第十一条：“对野生动物及其栖息地状况的调查、监测和评估应当包括下列内容：（一）野生动物野外分布区域、种群数量及结构；（二）野生动物栖息地的面积、生态状况；（三）野生动物及其栖息地的主要威胁因素；（四）野生动物人工繁育情况等其他需要调查、监测和评估的内容。”

2．B　【解析】第十三条：“建设项目可能对相关自然保护区域、野生动物迁徙洄游通道产生影响的，环境影响评价文件的审批部门在审批环境影响评价文件时，涉及国家重点保护野生动物的，应当征求国务院野生动物保护主管部门意见；涉及地方重点保护野生动物的，应当征求省、自治区、直辖市人民政府野生动物保护主管部门意见。”

3．A　【解析】A 选项的正确说法是：国家重点保护的野生动物分为一级保护野生动物和二级保护野生动物。

4．A　【解析】第十条：“国家对珍贵、濒危的野生动物实行重点保护；对本条规定的名录，应当每五年组织科学论证评估，根据论证评估情况进行调整，也可以根据野生动物保护的实际需要及时进行调整。”

5．D 【解析】第十一条："对野生动物及其栖息地状况的调查、监测和评估应当包括下列内容：（一）野生动物野外分布区域、种群数量及结构；（二）野生动物栖息地的面积、生态状况；（三）野生动物及其栖息地的主要威胁因素；（四）野生动物人工繁育情况等其他需要调查、监测和评估的内容。"

二、不定项选择题

1．ABC 【解析】第十二条："禁止或者限制在自然保护地内引入外来物种、营造单一纯林、过量施洒农药等人为干扰、威胁野生动物生息繁衍的行为。"

2．ABCD 【解析】第十一条："对野生动物及其栖息地状况的调查、监测和评估应当包括下列内容：（一）野生动物野外分布区域、种群数量及结构；（二）野生动物栖息地的面积、生态状况；（三）野生动物及其栖息地的主要威胁因素；（四）野生动物人工繁育情况等其他需要调查、监测和评估的内容。"

（十八）《中华人民共和国河道管理条例》

一、单项选择题

1．根据《中华人民共和国河道管理条例》，下列关于修建桥梁、码头和其他设施必须按照防洪和航运标准要求进行的有关规定，正确的是（　　）。（2017年考题）

A．设计洪水位由水行政主管部门根据防洪规划确定

B．跨越河道的管道、线路的净空高度必须符合防洪和航运的要求

C．桥梁和栈桥的梁底必须高于100年一遇的洪水位，并按照防洪和航运的要求留有一定的超高

D．修建桥梁码头和其他设施，应按照国家规定的防洪标准确定河宽，必要时可以缩窄行洪通道宽度

2．根据《中华人民共和国河道管理条例》，下列在河道管理范围内的行为中，属于必须报经河道主管机关批准或由其会同有关部门批准的活动是（　　）。（2018年考题）

A．弃置矿渣　　B．弃置砂石　　C．弃置泥土　　D．种植树木

3．根据《中华人民共和国河道管理条例》，下列在河道管理范围内应禁止的行为中，说法错误的是（　　）。（2021年考题）

A．禁止堆放污染水体的物体　　B．禁止弃置淤泥

C．禁止设置拦河渔具　　D．禁止弃置泥土

4．根据《中华人民共和国河道管理条例》，符合河道管理范围和堤防安全保护区管理规定的生产活动是（　　）。（2022年考题）

A．在河道滩地修建围堤　　B．在河道护堤内考古发掘

C．在河道管理范围内弃置泥土　　D．在堤防安全保护区存放物料

5．根据《中华人民共和国河道管理条例》，在河道管理范围和堤防安全保护区内进行生产活动或排污的不属于禁止的是（　　）（2023年考题）

A．在河道护堤地内晒粮

B．在河道滩地种植高杆农作物

C．在堤防安全保护区内修建厂房

D．在河道管理范围内设置拦河渔具

二、不定项选择题

1. 根据《中华人民共和国河道管理条例》，下列属于在河道管理范围内的堤防和护堤地禁止的有（　）。（2018 年考题）

A. 弃置矿渣　　B. 考古发掘　　C. 修建厂房　　D. 晾晒粮食

2. 根据《中华人民共和国河道管理条例》，下列关于河道管理的说法，正确的是（　）。（2019 年考题）

A. 在河道管理范围内，禁止种植芦苇

B. 禁止在河道内清洗装贮过油类的油罐

C. 在河道管理范围内，禁止种植树木

D. 在河道管理范围内，禁止堆放污染水体的物体

3. 某河道建有堤防工程，下列不属于《中华人民共和国河道管理条例》禁止行为的有（　）。（2020 年考题）

A. 在河滩地种植芦苇　　B. 在护坡地种植玉米

C. 在河堤上晾晒粮食　　D. 在河滩地进行放牧

参考答案

一、单项选择题

1. B 【解析】选项 A 的正确说法是：设计洪水位由河道主管机关根据防洪规划确定。选项 C 的正确说法是：桥梁和栈桥的梁底必须高于设计洪水位，并按照防洪和航运的要求，留有一定的超高。选项 D 的正确说法是：修建桥梁、码头和其他设施，必须按照国家规定的防洪标准所确定的河宽进行，不得缩窄行洪通道。

2. B 【解析】第二十五条："在河道管理范围内进行下列活动，必须报经河道主管机关批准；涉及其他部门的，由河道主管机关会同有关部门批准：（一）采砂、取土、淘金、弃置砂石或者淤泥；（二）爆破、钻探、挖筑鱼塘；（三）在河道滩地存放物料、修建厂房或者其他建筑设施；（四）在河道滩地开采地下资源及进行考古发掘。"

3. B 【解析】根据第二十五条要求，弃置砂石或者淤泥属于必须报经河道主管机关批准的活动。A、C、D 选项属于第二十四条和三十五条规定禁止开展的活动。

4. D 【解析】第二十四条："在河道管理范围内，禁止修建围堤、阻水渠道、阻水道路；种植高秆农作物、芦苇、杞柳、荻柴和树木（堤防防护林除外）；设置拦河渔具；弃置矿渣、石渣、煤灰、泥土、垃圾等。在堤防和护堤地，禁止建房、

放牧、开渠、打井、挖窖、葬坟、晒粮、存放物料、开采地下资源、进行考古发掘以及开展集市贸易活动。”

5．B 【解析】第二十四条：“在河道管理范围内，禁止修建围堤、阻水渠道、阻水道路；种植高杆农作物、芦苇、杞柳、荻柴和树木（堤防防护林除外）；设置拦河渔具；弃置矿渣、石渣、煤灰、泥土、垃圾等。在堤防和护堤地，禁止建房、放牧、开渠、打井、挖窖、葬坟、晒粮、存放物料、开采地下资源、进行考古发掘以及开展集市贸易活动。”第二十六条：“根据堤防的重要程度、堤基土质条件等，河道主管机关报经县级以上人民政府批准，可以在河道管理范围的相连地域划定堤防安全保护区。在堤防安全保护区内，禁止进行打井、钻探、爆破、挖筑鱼塘、采石、取土等危害堤防安全的活动。”

二、不定项选择题

1．BCD 【解析】第二十四条：“在堤防和护堤地，禁止建房、放牧、开渠、打井、挖窖、葬坟、晒粮、存放物料、开采地下资源、进行考古发掘以及开展集市贸易活动。”

2．ABD 【解析】第二十四条：“在河道管理范围内，禁止修建围堤、阻水渠道、阻水道路；种植高秆农作物、芦苇、杞柳、荻柴和树木（堤防防护林除外）；设置拦河渔具；弃置矿渣、石渣、煤灰、泥土、垃圾等。”第三十五条：“在河道管理范围内，禁止堆放、倾倒、掩埋、排放污染水体的物体。禁止在河道内清洗装贮过油类或者有毒污染物的车辆、容器。”

3．ABC 【解析】第二十四条：“在河道管理范围内，禁止修建围堤、阻水渠道、阻水道路；种植高秆农作物、芦苇、杞柳、荻柴和树木（堤防防护林除外）；设置拦河渔具；弃置矿渣、石渣、煤灰、泥土、垃圾等。在堤防和护堤地，禁止建房、放牧、开渠、打井、挖窖、葬坟、晒粮、存放物料、开采地下资源、进行考古发掘以及开展集市贸易活动。”

（十九）《中华人民共和国自然保护区条例》及相关文件

一、单项选择题

1．根据《中华人民共和国自然保护区条例》，下列关于自然保护区内禁止行为的有关规定，错误的是（　　）。（2017 年考题）

A．在自然保护区核心区内，不得建设任何生产设施

B．在自然保护区缓冲区内建设的生产设施，其污染物排放不得超过国家和地方规定的排放标准

C．在自然保护区的实验区内已经建成的设施，其污染物排放超过国家和地方规定的排放标准的，应当限期治理

D．在自然保护区的外围保护地带建设的项目，不得损害自然保护区内的环境质量，已造成损害的，应当限期治理

2．根据《中华人民共和国自然保护区条例》，下列属于自然保护区实验区内禁止行为的是（　　）。（2018 年考题）

A．放牧、采药　　B．开展旅游活动

C．从事科学研究活动　　D．驯化、繁殖珍稀、濒危野生动植物等活动

3．因科学研究的需要，某高校研究人员必须进入国家级自然保护区核心区从事科学研究观测活动，根据《中华人民共和国自然保护区条例》，下列关于该研究人员在自然保护区内禁止行为有关要求的说法，正确的是（　　）。（2018 年考题）

A．应事先向自然保护区管理机构提交申请和活动计划，并经省、自治区、直辖市人民政府批准

B．应事先向自然保护区管理机构提交申请和活动计划，并经省、自治区、直辖市人民政府有关保护区行政主管部门批准

C．应事先向省、自治区、直辖市人民政府有关保护区行政主管部门提交申请和活动计划，并经省、自治区、直辖市人民政府批准

D．应事先向省、自治区、直辖市人民政府提交申请和活动计划，并经省、自治区、直辖市人民政府有关保护区行政主管部门批准

4．根据《中华人民共和国自然保护区条例》，下列不属于自然保护区内禁止行为的是（　　）。（2018 年考题）

A．砍伐　　B．挖沙　　C．捕捞　　D．标本采集

5．根据《中华人民共和国自然保护区条例》，自然保护区的内部未分区的，

依照该条例有关（　　）的规定管理。（2019年考题）

A．核心区　　B．缓冲区

C．核心区和缓冲区　　D．核心区、缓冲区、实验区

6．根据《中华人民共和国自然保护区条例》，下列关于自然保护区的功能区划分的说法，错误的是（　　）。（2019年考题）

A．自然保护区可以分为核心区、缓冲区、实验区和外围保护地带

B．自然保护区内保存完好的天然状态的生态系统以及珍稀、濒危动植物的集中分布地，应当划为核心区

C．核心区外围可以划定一定面积的缓冲区

D．缓冲区外围划为实验区

7．根据《中华人民共和国自然保护区条例》，下列属于在实验区中禁止从事的是（　　）。（2020年考题）

A．驯化珍稀野生动物　　B．采集草药

C．科学试验　　D．旅游

8．根据《关于进一步加强涉及自然保护区开发建设活动监督管理的通知》，下列不符合加强对涉及自然保护区建设项目监督管理规定的是（　　）。（2016年考题）

A．地方各有关部门依据各自职责，切实加强涉及自然保护区建设项目的准入审查

B．保护区管理机构要对项目建设进行全过程跟踪，全面开展环境监测，发现问题应当及时处理和报告

C．确因重大基础设施建设和自然条件等因素限制无法避让自然保护区的，要严格执行环境影响评价制度

D．对经批准同意在自然保护区内开展的建设项目，要加强对项目施工期和运营期的监督管理，确保各项生态保护措施落实到位

9．根据《关于进一步加强涉及自然保护区开发建设活动监督管理的通知》，下列说法中，错误的是（　　）。（2017年考题）

A．建设项目选址（线）应尽可能避让自然保护区

B．地方各有关部门依据各自职责，切实加强涉及自然保护区建设项目的准入审查

C．对经批准同意在自然保护区内开展的建设项目，要加强对项目施工期和运行期的监督管理，确保各项生态保护措施落实到位

D．建设项目选址（线），确因重大基础设施建设和自然条件等因素限制，无法避让而涉及自然保护区的，建设前须征得省级以上自然保护区主管部门同意，并接受监督

10．根据《关于进一步加强涉及自然保护区开发建设活动监督管理的通知》，

下列说法中，错误的是（　　）。（2017 年考题）

A. 严禁在自然保护区内开展不符合功能定位的开发建设活动

B. 禁止在自然保护区核心区开展任何开发建设活动，建设任何生产经营设施

C. 在自然保护区的实验区内限制建设污染环境、破坏自然资源或自然景观的生产设施

D. 对于自然保护区实验区内未批先建、批建不符的项目，要责令停止建设或使用，并恢复原状

11. 根据《关于进一步加强涉及自然保护区开发建设活动监督管理的通知》，下列涉及自然保护区建设项目监督管理的说法，错误的是（　　）。（2018 年考题）

A. 涉及自然保护区建设项目的准入审查由环境保护主管部门负责

B. 禁止在自然保护区内进行开矿、开垦、挖沙、采石等法律明令禁止的活动

C. 禁止社会资本进入自然保护区探矿，保护区内探明的矿产只能作为国家战略储备源

D. 地方各有关部门要认真执行《国家级自然保护区调整管理规定》，从严控制自然保护区调整

12. 根据《中华人民共和国自然保护区条例》，下列关于自然保护区应禁止开展的活动的说法，正确的是（　　）。（2021 年考题）

A. 自然保护区缓冲区禁止开展研究观测、调查活动

B. 自然保护区核心区禁止开展研究观测、调查活动

C. 自然保护区核心区禁止从事标本采集活动

D. 自然保护区实验区禁止开展参观、旅游活动

13. 根据《中华人民共和国自然保护区条例》，自然保护区的内部未分区的，其管理要求说法正确的是（　　）。（2021 年考题）

A. 应尽快组织划定分区后，依照本条例有关分区要求的规定管理

B. 依照本条例有关缓冲区的规定管理

C. 依照本条例有关核心区的规定管理

D. 依照本条例有关核心区和缓冲区的规定管理

14. 根据《中华人民共和国自然保护区条例》，自然保护区内划分的功能区不包括（　　）。（2022 年考题）

A. 实验区　　B. 缓冲区

C. 核心区　　D. 外围保护地带

15. 根据《中华人民共和国自然保护区条例》，下列关于自然保护区内部分未分区区域管理的说法，错误的是（　　）。（2022 年考题）

A. 禁止开展旅游活动　　B. 禁止建设生产设施

C．禁止开展科学研究活动　　　　　　　D．禁止进行生产经营活动

16．根据《中华人民共和国自然保护区条例》，下列关于自然保护区功能区划分说法，正确的是（　　）。（2023年考题）

A．自然保护区内天然状态的生态系统应当划为核心区

B．自然保护区可以分为核心区、缓冲区和外围保护地带

C．自然保护区内核心区外围可以划定一定面积的缓冲区

D．自然保护区缓冲区外围可以划定一定面积的外围保护地带

二、不定项选择题

1．根据《中华人民共和国自然保护区条例》，下列区域中，属于不得建设任何生产设施区域的有（　　）。（2018年考题）

A．自然保护区的核心区　　　　　　　B．自然保护区的缓冲区

C．自然保护区的实验区　　　　　　　D．自然保护区的外围保护地带

2．根据《中华人民共和国自然保护区条例》，下列关于缓冲区的说法，正确的是（　　）。（2019年考题）

A．缓冲区只准进入从事科学研究观测活动

B．禁止在缓冲区开展旅游和生产经营活动

C．在缓冲区内不得建设任何生产设施

D．在缓冲区内不得从事教学实习和标本采集活动

3．根据《中华人民共和国自然保护区条例》，下列关于自然保护区的功能区划分及保护规定的说法，正确的是（　　）。（2020年考题）

A．自然保护区可以分为核心区、缓冲区、实验区以及外围保护地带

B．自然保护区的外围应当划定一定面积的外围保护地带

C．核心区和缓冲区不允许进入从事科学研究观测活动

D．自然保护区内保存完好的天然状态的生态系统，应当划为核心区

4．根据《中华人民共和国自然保护区条例》，某自然保护区是某类濒危野生动物的天然集中分布区域，该野生动物具有较高的参观、旅游价值，自然保护区管理机构已编制了参观、旅游活动方案，根据该方案，现拟在该自然保护区实验区内进行下列活动，其中不属于应禁止行为的是（　　）。（2021年考题）

A．建设儿童游乐场　　　　　　　　　B．按照方案建设旅游设施

C．修建野生动物迁徙通道　　　　　　D．修建该濒危野生动物繁育基地

5．根据《中华人民共和国自然保护区条例》，自然保护区禁止的行为有（　　）。（2021年考题）

A．狩猎　　　　　　　　　　　　　　B．烧荒

C．科学研究考察　　D．旅游活动

6. 根据《中华人民共和国自然保护区条例》，自然保护区禁止的行为有（　）。（2023 年考题）

A．采油　　B．参观

C．放牧　　D．烧荒

参考答案

一、单项选择题

1．B 【解析】第三十二条："在自然保护区的核心区和缓冲区内，不得建设任何生产设施。在自然保护区的实验区内，不得建设污染环境、破坏资源或者景观的生产设施；建设其他项目，其污染物排放不得超过国家和地方规定的污染物排放标准。在自然保护区的实验区内已经建成的设施，其污染物排放超过国家和地方规定的排放标准的，应当限期治理；造成损害的，必须采取补救措施。在自然保护区的外围保护地带建设的项目，不得损害自然保护区内的环境质量；已造成损害的，应当限期治理。"

2．A 【解析】第十八条："缓冲区外围划为实验区，可以进入从事科学试验、教学实习、参观考察、旅游以及驯化、繁殖珍稀、濒危野生动植物等活动。"第二十六条："禁止在自然保护区内进行砍伐、放牧、狩猎、捕捞、采药、开垦、烧荒、开矿、采石、挖沙等活动；但是，法律、行政法规另有规定的除外。"

3．B 【解析】第二十七条："禁止任何人进入自然保护区的核心区。因科学研究的需要，必须进入核心区从事科学研究观测、调查活动的，应当事先向自然保护区管理机构提交申请和活动计划，并经自然保护区管理机构批准；其中，进入国家级自然保护区核心区的，应当经省、自治区、直辖市人民政府有关自然保护区行政主管部门批准。"

4．D 【详解】第二十六条："禁止在自然保护区内进行砍伐、放牧、狩猎、捕捞、采药、开垦、烧荒、开矿、采石、挖沙等活动；但是，法律、行政法规另有规定的除外。"

5．C 【解析】第三十条："自然保护区的内部未分区的，依照本条例有关核心区和缓冲区的规定管理。"

6．A 【解析】第十八条："自然保护区可以分为核心区、缓冲区和实验区。自然保护区内保存完好的天然状态的生态系统以及珍稀、濒危动植物的集中分布地，应当划为核心区，禁止任何单位和个人进入；除依照本条例第二十七条的规定经批准外，也不允许进入从事科学研究活动。核心区外围可以划定一定面积的缓冲区，只准进入从事科学研究观测活动。缓冲区外围划为实验区，可以进入从事科学试验、教学实习、参观考察、旅游以及驯化、繁殖珍稀、濒危野生动植物等活动。原批准建立自然保护区的人民政府认为必要时，可以在自然保护区的外围划定一定面积的外围保护地带。”

7. B 【解析】第十八条：“缓冲区外围划为实验区，可以进入从事科学试验、教学实习、参观考察、旅游以及驯化、繁殖珍稀、濒危野生动植物等活动。”

8. B 【解析】保护区管理机构要对项目建设进行全过程跟踪，开展生态监测，发现问题应当及时处理和报告。

9. D 【解析】D的正确说法是：建设项目选址（线）应尽可能避让自然保护区，确因重大基础设施建设和自然条件等因素限制无法避让的，要严格执行环境影响评价等制度，涉及国家级自然保护区的，建设前须征得省级以上自然保护区主管部门同意，并接受监督。

10. C 【解析】C的正确说法是：在实验区不得建设污染环境、破坏自然资源或自然景观的生产设施。

11. A 【解析】A的正确说法是：地方各有关部门依据各自职责，切实加强涉及自然保护区建设项目的准入审查。

12. C 【解析】第二十七条：“禁止任何人进入自然保护区的核心区。因科学研究的需要，必须进入核心区从事科学研究观测、调查活动的，应当事先向自然保护区管理机构提交申请和活动计划，并经自然保护区管理机构批准。”第二十八条：“禁止在自然保护区的缓冲区开展旅游和生产经营活动。因教学科研的目的，需要进入自然保护区的缓冲区从事非破坏性的科学研究、教学实习和标本采集活动的，应当事先向自然保护区管理机构提交申请和活动计划，经自然保护区管理机构批准。”由此可见，经批准后可以进入核心区从事科学研究观测、调查活动，但不得开展标本采集活动。

13. D 【解析】第三十条：“自然保护区的内部未分区的，依照本条例有关核心区和缓冲区的规定管理。”

14. D 【解析】第十八条：“自然保护区可以分为核心区、缓冲区和实验区”。

15. C 【解析】第三十条：“自然保护区的内部未分区的，依照本条例有关核心区和缓冲区的规定管理。”第二十七条：“禁止任何人进入自然保护区的核心区。因科学研究的需要，必须进入核心区从事科学研究观测、调查活动的，应当事先向自然保护区管理机构提交申请和活动计划，并经自然保护区管理机构批准”。第二十八条：“禁止在自然保护区的缓冲区开展旅游和生产经营活动。因教学科研的目的，需要进入自然保护区的缓冲区从事非破坏性的科学研究、教学实习和标本采集活动的，应当事先向自然保护区管理机构提交申请和活动计划，经自然保护区管理机构批准”。

16. C 【解析】第十八条：“自然保护区可以分为核心区、缓冲区和实验区。自然保护区内保存完好的天然状态的生态系统以及珍稀、濒危动植物的集中分布地，应当划为核心区，……核心区外围可以划定一定面积的缓冲区，……原批准建立自然保护区的人民政府认为必要时，可以在自然保护区的外围划定一定面积的外围保护地带。”

二、不定项选择题

1. AB 【解析】第三十二条：“在自然保护区的核心区和缓冲区内，不得建设任何生产设施。”

2. ABC 【解析】第十八条：“核心区外围可以划定一定面积的缓冲区，只准进入从事科学研究观测活动。”第二十八条：“禁止在自然保护区的缓冲区开展旅游和生产经营活动。因教学科研的目的，需要进入自然保护区的缓冲区从事非破坏性的科学研究、教学实习和标本采集活动的，应当事先向自然保护区管理机构提交申请和活动计划，经自然保护区管理机构批准。”第三十二条：“在自然保护区的核心区和缓冲区内，不得建设任何生产设施。”

3. D 【解析】根据第十八条，自然保护区分区不包括外围保护地带；外围保护地带是可以划定，不是应当划定；缓冲区只准进入从事科学研究观测活动。

4. BCD 【解析】第二十九条：“严禁开设与自然保护区保护方向不一致的参观、旅游项目。”因此A选项是错误的。

5. AB 【解析】第二十六条：“禁止在自然保护区内进行砍伐、放牧、狩猎、捕捞、采药、开垦、烧荒、开矿、采石、挖沙等活动；但是，法律、行政法规另有规定的除外。”

6. ACD 【解析】第二十六条：“禁止在自然保护区内进行砍伐、放牧、狩猎、捕捞、采药、开垦、烧荒、开矿、采石、挖沙等活动；但是，法律、行政法规另有规定的除外。”

（二十）《风景名胜区条例》

一、单项选择题

1. 下列关于风景名胜区保护的说法，符合《风景名胜区条例》规定的是（　　）。（2019年考题）

A. 禁止在风景名胜区内的核心景区内建设宾馆、招待所、培训中心、疗养院

B. 在风景名胜区内修建缆车、索道的选址方案应当报国务院建设主管部门核准

C. 风景名胜区内的建设项目应当符合当地旅游发展规划，并与景观相协调，不得破坏景观、污染环境、妨碍游览

D. 风景名胜区内的景观和自然环境，应当根据可持续发展的原则，严格保护，不得破坏或者随意改变

2. 根据《风景名胜区条例》，下列活动中，不属于风景名胜区内禁止的是（　　）。（2020年考题）

A. 修坟立碑　　B. 乱扔垃圾

C. 举办大型游乐活动　　D. 在景物或设施上刻划

3. 根据《风景名胜区条例》，下列活动中，不属于风景名胜区内禁止的是（　　）。（2021年考题）

A. 在风景名胜区核心景区内建设宾馆　B. 开荒等破坏植被的活动

C. 修建景区车辆加油储罐　　D. 在景物上涂污

4. 根据《风景名胜区条例》，风景名胜区内可以从事的活动是（　　）。（2022年考题）

A. 修建索道　　B. 露天采矿　　C. 修炸药库　　D. 修坟立碑

5. 根据《风景名胜区条例》，在风景名胜区内禁止的活动为（　　）。（2023年考题）

A. 建设疗养院　　B. 设置弃土场

C. 张贴公益广告　　D. 修建观光电梯

二、不定项选择题

1. 根据《风景名胜区条例》，在风景名胜区内进行（　　）活动，应当经风景名胜区管理机构审核后，依照有关法律、法规的规定报有关主管部门批准。（2019年考题）

A．开山、采石、开矿　　B．举办大型游乐活动
C．设置、张贴商业广告　　D．改变水资源、水环境自然状态的活动

参考答案

一、单项选择题

1．D 【解析】第二十七条：“禁止违反风景名胜区规划，在风景名胜区内设立各类开发区和在核心景区内建设宾馆、招待所、培训中心、疗养院以及与风景名胜资源保护无关的其他建筑物；已经建设的，应当按照风景名胜区规划，逐步迁出。”第二十八条：“在国家级风景名胜区内修建缆车、索道等重大建设工程，项目的选址方案应当报省、自治区人民政府建设主管部门和直辖市人民政府风景名胜区主管部门核准。”第三十条：“风景名胜区内的建设项目应当符合风景名胜区规划，并与景观相协调，不得破坏景观、污染环境、妨碍游览。”

2．C 【解析】第二十六条：“在风景名胜区内禁止进行下列活动：（一）开山、采石、开矿、开荒、修坟立碑等破坏景观、植被和地形地貌的活动；（二）修建储存爆炸性、易燃性、放射性、毒害性、腐蚀性物品的设施；（三）在景物或者设施上刻划、涂污；（四）乱扔垃圾。”

3．A 【解析】A选项的正确说法是第二十七条：“禁止违反风景名胜区规划，在风景名胜区内设立各类开发区和在核心景区内建设宾馆、招待所、培训中心、疗养院以及与风景名胜资源保护无关的其他建筑物。”前提是违反风景名胜区规划。其余选项都是第二十六条规定的禁止进行的活动。

4．A 【解析】第二十六条：“在风景名胜区内禁止进行下列活动：（一）开山、采石、开矿、开荒、修坟立碑等破坏景观、植被和地形地貌的活动；（二）修建储存爆炸性、易燃性、放射性、毒害性、腐蚀性物品的设施；（三）在景物或者设施上刻划、涂污；（四）乱扔垃圾。”

5．B

二、不定项选择题

1．BCD 【解析】第二十九条：“在风景名胜区内进行下列活动，应当经风景名胜区管理机构审核后，依照有关法律、法规的规定报有关主管部门批准：（一）设置、张贴商业广告；（二）举办大型游乐等活动；（三）改变水资源、水环境自然状态的活动；（四）其他影响生态和景观的活动。”选项A是第二十六条在风景名胜区内禁止进行的活动。

（二十一）《土地复垦条例》

一、单项选择题

1. 根据《土地复垦条例》中土地复垦义务人应当保护土壤质量与生态环境、避免污染土壤和地下水的有关规定，下列说法中，正确的是（　　）。（2019年考题）

A. 县级以上人民政府应当建立土地复垦质量控制制度

B. 重金属污染物或者其他有毒有害物质达到国家有关标准的，可以用作土地复垦回填或者充填材料

C. 受重金属污染物或者其他有毒有害物质污染的土地复垦后，达不到国家或地方有关标准的，不得用于种植食用农作物

D. 土地复垦义务人应当首先对拟损毁的耕地、林地、牧草地进行表土剥离，剥离的表土用于被损毁土地的复垦

2. 根据《土地复垦条例》，下列说法中，错误的是（　　）。（2019年考题）

A. 生产建设活动损毁的土地，按照"谁损毁，谁复垦"的原则，由生产建设单位负责复垦

B. 生产建设活动损毁的土地，按照"谁损毁，谁复垦"的原则，由土地复垦义务人负责复垦

C. 历史遗留损毁土地，由县级以上人民政府负责组织复垦

D. 自然灾害损毁的土地，由县级以上人民政府负责组织复垦

3. 根据《土地复垦条例》，下列关于损毁土地复垦原则的说法，错误的是（　　）。（2020年考题）

A. 复垦的土地应当优先用于农业

B. 自然灾害损毁的土地，由县级以上人民政府负责组织复垦

C. 土地复垦应当坚持科学规划、因地制宜、综合治理、经济可行、合理利用的原则

D. 生产建设活动损毁的土地，按照"谁使用，谁复垦"的原则，由生产建设单位或者个人负责复垦

4. 根据《土地复垦条例》，以下关于损毁土地复垦的说法，错误的是（　　）。（2021年考题）

A. 土地复垦义务人应当建立土地复垦质量控制制度

B. 应当首先对拟损毁的耕地进行表土剥离，剥离的表土用于农用地土壤改良

C．受重金属污染物或者其他有毒有害物质污染的土地复垦后，达不到国家有关标准的，不得用于种植食用农作物

D．土地复垦义务人不复垦，或者复垦验收中经整改仍不合格的，应当缴纳土地复垦费

5．根据《土地复垦条例》，土地复垦义务人应负责复垦的土地不包括（　　）。（2022 年考题）

A．露天采矿坑　　　　　　　　　　B．地震损毁区

C．矸石周转场　　　　　　　　　　D．临时弃土场

6．根据《土地复垦条例》，以下关于生产建设活动损毁土地复垦的原则说法，错误的是（　　）。（2023 年考题）

A．谁损毁、谁复垦

B．科学规划、因地制宜

C．综合治理、经济可行

D．创新统筹、合理利用

二、不定项选择题

1．根据《土地复垦条例》，下列损毁土地中，属于由土地复垦义务人负责复垦的有（　　）。（2018 年考题）

A．历史遗留损毁土地

B．地下采矿造成地表塌陷的土地

C．露天采矿地表挖掘所损毁的土地

D．道路施工临时占用所损毁的土地

2．根据《土地复垦条例》，下列土地类别中，属于土地复垦义务人负责复垦的有（　　）。（2020 年考题）

A．历史遗留损毁土地

B．堆放废石压占的土地

C．地下采矿造成地表塌陷的土地

D．交通设施建设活动临时占用所损毁的土地

参考答案

一、单项选择题

1．D　【解析】第十六条：“土地复垦义务人应当建立土地复垦质量控制制度，

遵守土地复垦标准和环境保护标准，保护土壤质量与生态环境，避免污染土壤和地下水。土地复垦义务人应当首先对拟损毁的耕地、林地、牧草地进行表土剥离，剥离的表土用于被损毁土地的复垦。禁止将重金属污染物或者其他有毒有害物质用作回填或者充填材料。受重金属污染物或者其他有毒有害物质污染的土地复垦后，达不到国家有关标准的，不得用于种植食用农作物。”

2．A 【解析】第三条：“生产建设活动损毁的土地，按照‘谁损毁，谁复垦’的原则，由生产建设单位或者个人（以下称土地复垦义务人）负责复垦。但是，由于历史原因无法确定土地复垦义务人的生产建设活动损毁的土地（以下称历史遗留损毁土地），由县级以上人民政府负责组织复垦。自然灾害损毁的土地，由县级以上人民政府负责组织复垦。”

3．D 【解析】D的正确说法应该是第三条：“生产建设活动损毁的土地，按照‘谁损毁，谁复垦’的原则，由生产建设单位或者个人（以下称土地复垦义务人）负责复垦。”

4．B 【解析】B的正确说法应该是：剥离的表土用于被损毁土地的复垦。

5．B 【解析】第十条：“下列损毁土地由土地复垦义务人负责复垦：（一）露天采矿、烧制砖瓦、挖沙取土等地表挖掘所损毁的土地；（二）地下采矿等造成地表塌陷的土地；（三）堆放采矿剥离物、废石、矿渣、粉煤灰等固体废弃物压占的土地；（四）能源、交通、水利等基础设施建设和其他生产建设活动临时占用所损毁的土地。”

6．D 【解析】第三条：“生产建设活动损毁的土地，按照‘谁损毁，谁复垦’的原则，由生产建设单位或者个人（以下称土地复垦义务人）负责复垦。但是，由于历史原因无法确定土地复垦义务人的生产建设活动损毁的土地（以下称历史遗留损毁土地），由县级以上人民政府负责组织复垦。自然灾害损毁的土地，由县级以上人民政府负责组织复垦。”第四条：“土地复垦应当坚持科学规划、因地制宜、综合治理、经济可行、合理利用的原则。复垦的土地应当优先用于农业。”

二、不定项选择题

1．BCD 【解析】第三条：“生产建设活动损毁的土地，按照‘谁损毁，谁复垦’的原则，由生产建设单位或者个人（以下称土地复垦义务人）负责复垦。但是，由于历史原因无法确定土地复垦义务人的生产建设活动损毁的土地（以下称历史遗留损毁土地），由县级以上人民政府负责组织复垦。自然灾害损毁的土地，由县级以上人民政府负责组织复垦。”

2．BCD 【解析】第十条：“下列损毁土地由土地复垦义务人负责复垦：（一）露天采矿、烧制砖瓦、挖沙取土等地表挖掘所损毁的土地；（二）地下采矿等造成地表塌陷的土地；（三）堆放采矿剥离物、废石、矿渣、粉煤灰等固体废弃物压占的土地；（四）能源、交通、水利等基础设施建设和其他生产建设活动临时占用所损毁的土地。”历史遗留损毁土地是指由于历史原因无法确定土地复垦义务人的生产建设活动损毁的土地，由县级以上人民政府负责组织复垦。

（二十二）《医疗废物管理条例》

一、单项选择题

1．根据《医疗废物管理条例》，下列关于医疗废物集中贮存、处置设施选址的说法，错误的是（　　）。（2018年考题）

A．医疗废物集中处置单位的贮存、处置设施，应当远离交通干道

B．医疗废物集中处置单位的贮存、处置设施，应当远离大中型河流

C．医疗废物集中处置单位的贮存、处置设施，应当远离居（村）民居住区

D．医疗废物集中处置单位的贮存、处置设施，应当与工厂、企业等工作场所有适当的安全防护距离

2．根据《医疗废物管理条例》，医疗废物集中处置单位的贮存、处置设施的选址应当远离（　　），并符合国务院环境保护行政主管部门的规定。（2019年考题）

A．交通干道　　B．封闭式湖泊　　C．水厂　　D．中小学校

3．根据《医疗废物管理条例》，下列关于医疗卫生机构对医疗废物管理要求的说法，错误的是（　　）。（2020年考题）

A．医疗废物暂时贮存的时间不得超过2天

B．医疗废物的暂时贮存设施、设备应当定期消毒和清洁

C．医疗废物在交医疗废物集中处置单位处置前应当就地消毒

D．医疗废物专用包装物、容器，应当有明显的警示标识和警示说明

4．根据《医疗废物管理条例》，下列关于医疗废物集中处置单位的贮存、处置设施选址的说法，正确的是（　　）。（2021年考题）

A．不得位于水源保护区上游　　B．应当远离工厂、企业等工作场所

C．应当远离居（村）民居住区　　D．应当和交通干道有适当的安全防护距离

5．根据《医疗废物管理条例》，下列关于医疗卫生机构医疗废物管理的说法，错误的是（　　）。（2022年考题）

A．医疗废物暂时贮存的时间不得超过3天

B．医疗废物的暂时贮存设施应当定期消毒和清洁

C．病原体标本暂时贮存设施应远离生活垃圾存放场所

D．病原体标本应就地消毒后交医疗废物集中处置单位处置

6．根据《医疗废物管理条例》，下列关于医疗废物运输有关规定的说法，错误的是（　　）。（2023年考题）

A．禁止邮寄医疗废物

B．禁止通过水路运输医疗废物

C．禁止通过铁路、航空运输医疗废物

D．禁止在饮用水源保护区的水体上运输医疗废物

二、不定项选择题

1．根据《医疗废物管理条例》，医疗废物集中处置单位的贮存、处置设施的选址应当远离（　　）。（2016 年考题）

A．交通干道　B．水源保护区　C．居（村）民居住区　D．城市生活垃圾焚烧厂

参考答案

一、单项选择题

1．B　【解析】第二十四条："医疗废物集中处置单位的贮存、处置设施，应当远离居（村）民居住区、水源保护区和交通干道，与工厂、企业等工作场所有适当的安全防护距离，并符合国务院环境保护行政主管部门的规定。"

2．A

3．C　【解析】选项 C 的正确说法是第十九条："医疗废物中病原体的培养基、标本和菌种、毒种保存液等高危险废物，在交医疗废物集中处置单位处置前应当就地消毒。"并非所有的医疗废物都要就地消毒。

4．C　【解析】第二十四条："医疗废物集中处置单位的贮存、处置设施，应当远离居（村）民居住区、水源保护区和交通干道，与工厂、企业等工作场所有适当的安全防护距离，并符合国务院环境保护行政主管部门的规定。"

5．A　【解析】第十七条："医疗卫生机构应当建立医疗废物的暂时贮存设施、设备，不得露天存放医疗废物；医疗废物暂时贮存的时间不得超过 2 天。医疗废物的暂时贮存设施、设备，应当远离医疗区、食品加工区和人员活动区以及生活垃圾存放场所，并设置明显的警示标识和防渗漏、防鼠、防蚊蝇、防蟑螂、防盗以及预防儿童接触等安全措施。医疗废物的暂时贮存设施、设备应当定期消毒和清洁。"第十九条："医疗卫生机构应当根据就近集中处置的原则，及时将医疗废物交由医疗废物集中处置单位处置。医疗废物中病原体的培养基、标本和菌种、毒种保存液等高危险废物，在交医疗废物集中处置单位处置前应当就地消毒。"

6．B　【解析】第十五条："禁止邮寄医疗废物。禁止通过铁路、航空运输医疗废物。有路陆通道的，禁止通过水路运输医疗废物；没有陆路运输通道必需经水

路运输医疗废物的，应当经设区的市级以上人民政府环境保护行政主管部门批准，并采取严格的环境保护措施后，方可通过水路运输。禁止将医疗废物与旅客放在同一运输工具上载运。禁止在饮用水源保护区水体运输医疗废物。”

二、不定项选择题

1．ABC

（二十三）《危险化学品安全管理条例》

一、单项选择题

1. 根据《危险化学品安全管理条例》，（　　）与饮用水水源、水厂及水源保护区的距离应当符合国家有关规定。（2017 年考题）

A. 运输工具加油站　　B. 运输工具加气站

C. 危险化学品储存设施　　D. 危险化学品生产装置

2. 根据《危险化学品安全管理条例》，下列关于国家对危险化学品的生产、储存实行统筹规划，合理布局的说法，错误的是（　　）。（2018 年考题）

A. 危险化学品目录可根据化学品危险特性的分类标准适时调整

B. 城乡规划中应规划适当区域专门用于危险化学品的生产、储存

C. 危险化学品生产、储存的行业布局由国务院环境保护主管部门负责

D. 危险化学品生产、储存的行业规划由国务院工业和信息化主管部门以及国务院其他有关部门依据各自职责负责

3. 根据《危险化学品安全管理条例》，以下两者之间距离应当符合国家有关规定的是（　　）。（2021 年考题）

A. 危险化学品储存设施与饮用水水源保护区

B. 危险化学品储存设施与居住区

C. 危险化学品生产装置与居住区

D. 加油站、加气站与军事管理区

4. 根据《危险化学品安全管理条例》，危险化学品所具备的特性不包括（　　）。（2022 年考题）

A. 腐蚀性　　B. 助燃性　　C. 放射性　　D. 毒害性

5. 根据《危险化学品安全管理条例》，危险化学品性质不包括（　　）。（2022 年考题）

A. 爆炸　　B. 腐蚀　　C. 放射　　D. 助燃

二、不定项选择题

1. 《危险化学品安全管理条例》所称危险化学品，是指具有（　　）等性质，对人体、设施、环境具有危害的剧毒化学品和其他化学品。（2017 年考题）

A. 毒害　　B. 腐蚀　　C. 爆炸　　D. 燃烧、助燃

2．根据《危险化学品安全管理条例》，国家对危险化学品的（　　）实行统筹规划、合理布局。（2017 年考题）

A．生产　　B．储存　　C．销售　　D．使用

3．根据《危险化学品安全管理条例》，储存数量构成重大危险源的危险化学品储存设施与（　　）的距离应当符合国家有关规定。（2018 年考题）

A．影剧院　　B．商业中心

C．铁路线路　　D．水产苗种生产基地

4．根据《危险化学品安全管理条例》，危险化学品生产装置或者储存数量构成重大危险源的危险化学品储存设施（运输工具加油站、加气站除外），与（　　）的距离应当符合国家有关规定。（2019 年考题）

A．科研中心　　B．畜禽规模化养殖场

C．电视塔　　D．地铁风亭

5. 根据《危险化学品安全管理条例》，下列化学品中属于危险化学品的有（　　）。（2020 年考题）

A．具有腐蚀性质，对设施具有危害的化学品

B．具有毒害性质，对人体具有危害的剧毒化学品

C．具有助燃性质，对人体、环境具有危害的化学品

D．具有爆炸性质，对人体、设施、环境具有危害的化学品

参考答案

一、单项选择题

1．C 【解析】第十九条："危险化学品生产装置或者储存数量构成重大危险源的危险化学品储存设施（运输工具加油站、加气站除外），与下列场所、设施、区域的距离应当符合国家有关规定：（三）饮用水源、水厂以及水源保护区。"

2．C 【解析】第三条："危险化学品目录，由国务院安全生产监督管理部门会同国务院工业和信息化、公安、环境保护、卫生、质量监督检验检疫、交通运输、铁路、民用航空、农业主管部门，根据化学品危险特性的鉴别和分类标准确定、公布，并适时调整。"第十一条："国家对危险化学品的生产、储存实行统筹规划、合理布局。国务院工业和信息化主管部门以及国务院其他有关部门依据各自职责，负责危险化学品生产、储存的行业规划和布局。地方人民政府组织编制城乡规划，应当根据本地区的实际情况，按照确保安全的原则，规划适当区域专门用于危险化学品的生产、储存。"

3．C 【解析】第十九条："危险化学品生产装置或者储存数量构成重大危险源的危险化学品储存设施（运输工具加油站、加气站除外），与下列场所、设施、区域的距离应当符合国家有关规定：（一）居住区以及商业中心、公园等人员密集场所；（三）饮用水源、水厂以及水源保护区。危险化学品储存设施的前提是储存数量构成重大危险源，且加油站、加气站除外。"

4．C 【解析】第三条："本条例所称危险化学品，是指具有毒害、腐蚀、爆炸、燃烧、助燃等性质，对人体、设施、环境具有危害的剧毒化学品和其他化学品。"

5．C

二、不定项选择题

1．ABCD 【解析】第三条："本条例所称危险化学品，是指具有毒害、腐蚀、爆炸、燃烧、助燃等性质，对人体、设施、环境具有危害的剧毒化学品和其他化学品。"

2．AB 【解析】第十一条："国家对危险化学品的生产、储存实行统筹规划、合理布局。"

3．ABCD 4．BD

5．ABCD 【解析】第三条："本条例所称危险化学品，是指具有毒害、腐蚀、爆炸、燃烧、助燃等性质，对人体、设施、环境具有危害的剧毒化学品和其他化学品。"

（二十四）《畜禽规模养殖污染防治条例》及相关文件

一、单项选择题

1．根据《关于做好畜禽规模养殖项目环境影响评价管理工作的通知》（环办环评〔2018〕31 号），下列关于畜禽规模养殖项目环境影响评价的有关要求的说法，错误的是（　　）。（2019 年考题）

A．鼓励采取干清粪方式，禁止采取水泡粪工艺

B．畜禽尸体无害化处理设施，应位于养殖场区主导风向的下风向位置

C．采取粪便垫料回用、异位发酵床等模式处理利用畜禽粪污

D．畜禽粪污贮存池应采取有效的防雨、防渗和防溢流措施

2．根据《畜禽规模养殖污染防治条例》，下列区域内不属于禁止建设畜禽养殖场、养殖小区的是（　　）。（2021 年考题）

A．农产品主产区　　B．自然保护区的缓冲区

C．风景名胜区　　D．人口集中区域

3．根据《畜禽规模养殖污染防治条例》，禁止建设畜禽养殖场的区域不包括（　　）。（2022 年考题）

A．城镇居民区　　B．风景名胜区

C．饮用水水源地二级保护区　　D．自然保护区外围保护地带

4．根据《畜禽规模养殖污染防治条例》，染疫畜禽排泄物应采取的处置方式是（　　）。（2022 年考题）

A．还田处理　　B．深埋处理

C．制取沼气　　D．制造肥料

5．根据《畜禽规模养殖污染防治条例》，禁止建设畜禽养殖场、养殖小区的是（　　）。（2023 年考题）

A．饮用水源地准保护区　　B．自然保护区的实验区

C．村庄　　D．城镇居民区

6．根据《畜禽规模养殖污染防治条例》，染疫畜禽及其排泄物无害化处理方式不包括（　　）。（2023 年考题）

A．深埋　　B．还田

C．化制　　D．焚烧

二、不定项选择题

1. 根据《畜禽规模养殖污染防治条例》，禁止在下列（　　）区域内建设畜禽养殖场、养殖小区。（2019 年考题）

A. 饮用水水源准保护区　　B. 自然保护区的实验区

C. 农村村庄外围　　D. 文化教育科学研究区

2. 根据《畜禽规模养殖污染防治条例》，下列区域中，属于禁止建设畜禽养殖场、养殖小区的有（　　）。（2020 年考题）

A. 城镇居民区　　B. 风景名胜区

C. 饮用水水源准保护区　　D. 水土流失重点预防区

3. 根据《畜禽规模养殖污染防治条例》，下列关于综合利用与治理的说法，正确的有（　　）。（2021 年考题）

A. 国家鼓励和支持沼渣沼液输送和施用等相关配套设施建设

B. 将沼渣、沼液等用作肥料的，应当与土地的消纳能力相适应

C. 国家鼓励和支持采取制取沼气等方法，对畜禽养殖废弃物进行综合利用

D. 畜禽粪便、污水等废弃物应采取种植和养殖相结合的方式，实现就地就近利用

4. 根据《畜禽规模养殖污染防治条例》，向环境排放经过处理的畜禽养殖废弃物的说法中正确的有（　　）。（2023 年考题）

A. 应符合总量控制指标

B. 应符合环境质量标准

C. 应符合环境卫生标准

D. 应符合污染物排放标准

参考答案

一

一、单项选择题

1. A 【解析】A 的正确说法为：鼓励采取干清粪方式，采取水泡粪工艺的应最大限度降低用水量。

2. A 【解析】第十一条：“禁止在下列区域内建设畜禽养殖场、养殖小区：（一）饮用水水源保护区，风景名胜区；（二）自然保护区的核心区和缓冲区；（三）城镇居民区、文化教育科学研究区等人口集中区域；（四）法律、法规规定的其他禁止养殖区域。”

3. D 【解析】第十一条：“禁止在下列区域内建设畜禽养殖场、养殖小区：

（一）饮用水水源保护区，风景名胜区；（二）自然保护区的核心区和缓冲区；（三）城镇居民区、文化教育科学研究区等人口集中区域；（四）法律、法规规定的其他禁止养殖区域。”

4. B 【解析】第二十一条：“染疫畜禽以及染疫畜禽排泄物、染疫畜禽产品、病死或者死因不明的畜禽尸体等病害畜禽养殖废弃物，应当按照有关法律、法规和国务院农牧主管部门的规定，进行深埋、化制、焚烧等无害化处理，不得随意处置。”

5. D 【解析】第十一条：“禁止在下列区域内建设畜禽养殖场、养殖小区：（一）饮用水水源保护区，风景名胜区；（二）自然保护区的核心区和缓冲区；（三）城镇居民区、文化教育科学研究区等人口集中区域；（四）法律、法规规定的其他禁止养殖区域。”

6. B 【解析】第二十一条：“染疫畜禽以及染疫畜禽排泄物、染疫畜禽产品、病死或者死因不明的畜禽尸体等病害畜禽养殖废弃物，应当按照有关法律、法规和国务院农牧主管部门的规定，进行深埋、化制、焚烧等无害化处理，不得随意处置。”

二、不定项选择题

1. D 【解析】第十一条：“禁止在下列区域内建设畜禽养殖场、养殖小区：（一）饮用水水源保护区，风景名胜区；（二）自然保护区的核心区和缓冲区；（三）城镇居民区、文化教育科学研究区等人口集中区域；（四）法律、法规规定的其他禁止养殖区域。”

2. AB

3. ABC 【解析】D的正确说法是第十六条：“国家鼓励和支持采取种植和养殖相结合的方式消纳利用畜禽养殖废弃物，促进畜禽粪便、污水等废弃物就地就近利用。”

4. AD 【解析】第二十条：“向环境排放经过处理的畜禽养殖废弃物，应当符合国家和地方的污染物排放标准和总量控制指标。”

（二十五）《消耗臭氧层物质管理条例》及相关文件

一、单项选择题

1．根据《消耗臭氧层物质管理条例》，下列说法中正确的是（　　）。（2019年考题）

A．本条例所称使用，是指利用消耗臭氧层物质进行的生产经营等活动，包括使用含消耗臭氧层物质的产品的活动

B．从事消耗臭氧层物质回收、再生利用、销毁等经营活动的单位，对消耗臭氧层物质进行无害化处置后，剩余的无法处置的消耗臭氧层物质，可以直接排放

C．从事含消耗臭氧层物质的制冷设备维修单位，应当按规定将消耗臭氧层物质交由从事消耗臭氧层物质回收、再生利用、销毁等经营活动的单位进行无害化处置

D．消耗臭氧层物质的生产、使用单位，应当按规定采取必要的措施，防止或者减少消耗臭氧层物质的泄漏和排放

2．根据《消耗臭氧层物质管理条例》，下列关于消耗臭氧层物质生产、销售和使用的说法，错误的是（　　）。（2021年考题）

A．从事含消耗臭氧层物质的制冷设备报废处理经营活动的单位，应当向所在地设区的市级人民政府生态环境主管部门备案

B．从事含消耗臭氧层物质的制冷设备报废处理经营活动的单位，应当对消耗臭氧层物质进行回收、无害化处置

C．从事消耗臭氧层物质再生利用经营活动的单位，应当对消耗臭氧层物质进行无害化处置

D．从事消耗臭氧层物质再生利用经营活动的单位，应当完整保存有关生产经营活动的原始资料至少3年

3．《消耗臭氧层物质管理条例》不适用（　　）。（2022年考题）

A．制造消耗臭氧层物质的活动

B．销售消耗臭氧层物质产品的活动

C．使用消耗臭氧层物质的产品的活动

D．利用消耗臭氧层物质进行的生产经营活动

4．根据《消耗臭氧层物质管理条例》，下列关于适用范围说法，错误的是（　　）。（2023年考题）

A．生产，是指制造消耗臭氧层物质的活动

B．使用，是指利用消耗臭氧层物质进行的生产经营活动

C．使用，包括使用含消耗臭氧层物质的产品的活动

D．在中华人民共和国境内从事消耗臭氧层物质的生产、销售、使用和进出口等活动

二、不定项选择题

1．根据《关于生产和使用消耗臭氧层物质建设项目管理有关工作的通知》，下列关于生产和使用消耗臭氧层物质建设项目管理的说法，正确的有（　　）。（2020年考题）

A．禁止新建、扩建生产和使用受控用途的消耗臭氧层物质的建设项目

B．新建、改建、扩建副产四氯化碳的建设项目，应当配套建设四氯化碳处置设施

C．改建、异址建设生产受控用途的消耗臭氧层物质的建设项目，禁止增加消耗臭氧层物质生产能力

D．新建、改建、扩建生产化工原料用途的消耗臭氧层物质的建设项目，生产的消耗臭氧层物质仅用于企业自身下游化工产品的专用原料用途，不得对外销售

参考答案

一、单项选择题

1．D　【解析】第三条："在中华人民共和国境内从事消耗臭氧层物质的生产、销售、使用和进出口等活动，适用本条例。前款所称生产，是指制造消耗臭氧层物质的活动。前款所称使用，是指利用消耗臭氧层物质进行的生产经营等活动，不包括使用含消耗臭氧层物质的产品的活动。"第十九条："消耗臭氧层物质的生产、使用单位，应当按照国务院生态环境主管部门的规定采取必要的措施，防止或者减少消耗臭氧层物质的泄漏和排放。从事含消耗臭氧层物质的制冷设备、制冷系统或者灭火系统的维修、报废处理等经营活动的单位，应当按照国务院生态环境主管部门的规定对消耗臭氧层物质进行回收、循环利用或者交由从事消耗臭氧层物质回收、再生利用、销毁等经营活动的单位进行无害化处置。从事消耗臭氧层物质回收、再生利用、销毁等经营活动的单位，以及生产过程中附带产生消耗臭氧层物质的单位，应当按照国务院生态环境主管部门的规定对消耗臭氧层物质进行无害化处置，不得直接排放。"

2．B　【解析】B选项的正确说法是："从事含消耗臭氧层物质的制冷设备、制冷系统或者灭火系统的维修、报废处理等经营活动的单位，应当按照国务院生态环境主管部门的规定对消耗臭氧层物质进行回收、循环利用或者交由从事消耗臭氧层物质回收、再生利用、销毁等经营活动的单位进行无害化处置。"

3．C 【解析】第三条：“在中华人民共和国境内从事消耗臭氧层物质的生产、销售、使用和进出口等活动，适用本条例。前款所称生产，是指制造消耗臭氧层物质的活动。前款所称使用，是指利用消耗臭氧层物质进行的生产经营等活动，不包括使用含消耗臭氧层物质的产品的活动。”

4．C

二、不定项选择题

1．ABCD

（二十六）《中华人民共和国长江保护法》

一、单项选择题

1．根据《中华人民共和国长江保护法》，生态环境分区管控方案和生态环境准入清单的规定不包括（　　）。（2022 年考题）

A．禁止重污染企业和项目向长江中上游地区转移

B．禁止重污染企业和项目向经济不发达地区转移

C．生态环境准入清单应当与国土空间规划相衔接

D．生态环境分区管控方案应当与国土空间规划相衔接

2．根据《中华人民共和国长江保护法》，长江流域应划为禁止航行的区域是（　　）。（2022 年考题）

A．自然保护地水域

B．生态保护红线水域

C．水生生物洄游通道

D．水生生物重要栖息地

3．根据《中华人民共和国长江保护法》，长江重要支流岸线 1 km 内可建项目为（　　）。（2023 年考题）

A．新建尾矿库

B．扩建尾矿库

C．扩建化工项目

D．改建化工项目

4．根据《中华人民共和国长江保护法》，生态环境分区管控方案和生态环境准入清单应当与（　　）相衔接。（2023 年考题）

A．国土空间规划

B．土地利用规划

C．生态环境保护规划

D．水生生物重要栖息地

二、不定项选择题

1．根据《中华人民共和国长江保护法》，长江流域严格限制的航道整治工程区域包括（　　）。（2022 年考题）

A．自然保护地

B．规划采砂河道

C．生态保护红线

D．水生生物重要栖息地水域

2．根据《中华人民共和国长江保护法》，禁止采砂区和禁止采砂期严格控制（　）。（2023 年考题）

A．采砂区域　　B．采砂方式

C．采砂船吨位　　D．采砂船数量

3. 根据《中华人民共和国长江保护法》，长江保护应坚持的原则（　）。（2023 年考题）

A．统筹协调　　B．科学规划

C．创新驱动　　D．系统治理

参考答案

一、单项选择题

1．B 【解析】第二十二条："长江流域省级人民政府根据本行政区域的生态环境和资源利用状况，制定生态环境分区管控方案和生态环境准入清单，报国务院生态环境主管部门备案后实施。生态环境分区管控方案和生态环境准入清单应当与国土空间规划相衔接。长江流域产业结构和布局应当与长江流域生态系统和资源环境承载能力相适应。禁止在长江流域重点生态功能区布局对生态系统有严重影响的产业。禁止重污染企业和项目向长江中上游转移。"

2．D 【解析】第二十七条："国务院交通运输主管部门会同国务院自然资源、水行政、生态环境、农业农村、林业和草原主管部门在长江流域水生生物重要栖息地科学划定禁止航行区域和限制航行区域"。

3．D 【解析】第二十六条："禁止在长江干支流岸线一公里范围内新建、扩建化工园区和化工项目。禁止在长江干流岸线三公里范围内和重要支流岸线一公里范围内新建、改建、扩建尾矿库；但是以提升安全、生态环境保护水平为目的的改建除外"。

4．A 【解析】第二十二条："生态环境分区管控方案和生态环境准入清单应当与国土空间规划相衔接。"

二、不定项选择题

1．ACD 【解析】第二十七条：“严格限制在长江流域生态保护红线、自然保护地、水生生物重要栖息地水域实施航道整治工程；确需整治的，应当经科学论证，并依法办理相关手续”。

2．AD 【解析】第二十八条：“国务院水行政主管部门有关流域管理机构和长江流域县级以上地方人民政府依法划定禁止采砂区和禁止采砂期，严格控制采砂区域、采砂总量和采砂区域内的采砂船数量。禁止在长江流域禁止采砂区和禁止采砂期从事采砂活动。”

3．ABCD 【解析】第三条：“长江流域经济社会发展，应当坚持生态优先、绿色发展、共抓大保护，不搞大开发；长江保护应当坚持统筹协调、科学规划、创新驱动、系统治理。”

（二十七）《中华人民共和国湿地保护法》

一、单项选择题

1. 根据《中华人民共和国湿地保护法》，下列应直接纳入重要湿地名录进行保护的是（　　）。（2022 年考题）

A. 高山湿地　　B. 泻湖湿地　　C. 红树林湿地　　D. 泥炭沼泽湿地

2. 根据《中华人民共和国湿地保护法》，某国家重大项目需要占用湿地，下列说法中错误的是（　　）。（2023 年考题）

A. 应当尽量减少占用

B. 国家严格控制占用湿地

C. 采取必要措施减轻对湿地生态功能的不利影响

D. 涉及国家湿地的，应当征求国务院林业草原主管部门的意见

二、不定项选择题

1. 根据《中华人民共和国湿地保护法》，下列行为中，属于被禁止的湿地利用行为有（　　）。（2022 年考题）

A. 开垦自然湿地　　B. 排干自然湿地

C. 利用自然湿地堆放固体废物　　D. 利用自然湿地净化达标尾水

参考答案

一、单项选择题

1. C 【解析】第三十四条："红树林湿地应当列入重要湿地名录；符合国家重要湿地标准的，应当优先列入国家重要湿地名录"。

2. C 【解析】第十九条："国家严格控制占用湿地。禁止占用国家重要湿地，国家重大项目、防灾减灾项目、重要水利及保护设施项目、湿地保护项目等除外。建设项目选址、选线应当避让湿地，无法避让的应当尽量减少占用，并采取必要措施减轻对湿地生态功能的不利影响。建设项目规划选址、选线审批或者核准时，涉及国家重要湿地的，应当征求国务院林业草原主管部门的意见；涉及省级重要湿地或者一般湿地的，应当按照管理权限，征求县级以上地方人民政府授权的部门的意见"。

二、不定项选择题

1. ABC 【解析】第二十八条："禁止下列破坏湿地及其生态功能的行为：（一）开（围）垦、排干自然湿地，永久性截断自然湿地水源；（二）擅自填埋自然湿地，擅自采砂、采矿、取土；（三）排放不符合水污染物排放标准的工业废水、生活污水及其他污染湿地的废水、污水，倾倒、堆放、丢弃、遗撒固体废物；（四）过度放牧或者滥采野生植物，过度捕捞或者灭绝式捕捞，过度施肥、投药、投放饵料等污染湿地的种植养殖行为；（五）其他破坏湿地及其生态功能的行为。"

（二十八）《地下水管理条例》

一、单项选择题

1．根据《地下水管理条例》，地下水污染防治的规定不包括（　　）。（2022年考题）

A．化学品经营企业应当采取防渗漏等措施，并进行地下水监测

B．工业聚集区运营单位应当采取防渗漏等措施，并进行地下水监测

C．矿山开采区运营单位应当采取防渗漏等措施，并进行地下水监测

D．危险废物处置场运营单位应当采取防渗漏等措施，并进行地下水监测

2．根据《地下水管理条例》，可能造成地下水污染的建设项目不得建在（　　）。（2023年考题）

A．裂缝发育区域

B．岩溶强发育区域

C．地下水禁止开发区

D．地下水限制开采区

参考答案

一、单项选择题

1．A 【解析】第四十一条：“（二）化学品生产企业以及工业集聚区、矿山开采区、尾矿库、危险废物处置场、垃圾填埋场等的运营、管理单位，应当采取防渗漏等措施，并建设地下水水质监测井进行监测”。

2．B 【解析】第四十二条：“在泉域保护范围以及岩溶强发育、存在较多落水洞和岩溶漏斗的区域内，不得新建、改建、扩建可能造成地下水污染的建设项目”。

六、环境政策

编者注：2024年版考试大纲新增了《空气质量持续改善行动计划》《尾矿污染环境防治管理办法》《深入打好重污染天气消除、臭氧污染防治和柴油货车污染治理攻坚战行动方案》《国务院办公厅关于加强入河入海排污口监督管理工作的实施意见》《生态保护红线生态环境监督办法（试行）》《国家公园管理暂行办法》6项政策，尚无真题收录，有需要的读者可参考《环境影响评价相关法律法规基础过关800题（2024年版）》进行学习。

（一）《全国主体功能区规划》

一、单项选择题

1．根据《全国主体功能区规划》，下列不属于按开发内容划分的主体功能区是（　　）。（2017年考题）

A．城市化地区　　B．农产品主产区

C．重点生态功能区　　D．自然文化资源保护区

2．根据《全国主体功能区规划》，下列不属于禁止开发区域的是（　　）。（2017年考题）

A．农产品主产区

B．世界文化自然遗产

C．依法设立的各级各类自然文化资源保护区域

D．禁止进行工业化城镇化开发、需要特殊保护的重点生态功能区

3．根据《全国主体功能区规划》，下列开发原则中关于保护自然的有关要求，错误的是（　　）。（2017年考题）

A．严格控制各类破坏生态环境的开发活动

B．在农业用水严重超出区域水资源承载能力的地区实行退耕还水

C．在确保省域内耕地和基本农田面积不减少的前提下，继续在适宜的地区退耕还

林、退牧还草、退田还湖

D．交通、输电等基础设施建设要尽量避免对重要自然景观和生态系统的分割，从严控制穿越禁止开发区域

4．根据《全国主体功能区规划》，国家层面限制开发区域，重点生态功能区的类型不包括（　　）。（2017 年考题）

A．水源涵养型　　B．防风固沙型

C．洪水调蓄型　　D．生物多样性维护型

5．根据《全国主体功能区规划》，下列不属于国家层面禁止开发区域功能定位的是（　　）。（2017 年考题）

A．珍稀动物物种分布区　　B．保护文化资源的重要区域

C．保护自然资源的重要区域　　D．珍稀动植物基因资源保护地

6．根据《全国主体功能区规划》，下列关于国家层面禁止开发区域管制原则的说法，错误的是（　　）。（2017 年考题）

A．实现污染物“零排放”，提高环境质量

B．严格控制不符合主体功能定位的各类开发活动

C．依据法律法规规定和相关规划实施强制性保护

D．严格控制人为因素对自然生态和文化自然遗产原真性、完整性的干扰

7．根据《全国主体功能区规划》，下列关于国家层面禁止开发区域管制原则的说法，错误的是（　　）。（2018 年考题）

A．严格控制国家级风景名胜区内人工景观建设

B．新建公路、铁路和其他基础设施不得穿越自然保护区的核心区

C．严格控制在风景名胜区从事与风景名胜资源无关的生产建设活动

D．加强对世界文化自然遗产完整性的保护，保持遗产未被人为扰动过的原始状态

8．根据《全国主体功能区规划》，下列关于国家层面限制开发的农产品主产区发展方向与开发原则的说法，错误的是（　　）。（2018 年考题）

A．鼓励和支持农民开展小型农田水利设施建设、小流域综合治理

B．控制农产品主产区开发强度，优化开发方式，发展循环农业，促进农业资源的永续利用

C．国家支持农产品主产区加强农产品加工、流通、储运设施建设，引导农产品加工、流通、储运企业向主产区聚集

D．农产品主产区应严禁不符合主体功能区定位的各类开发活动，引导人口逐步有序转移，实现污染物“零排放”，提高环境质量

9．根据《全国主体功能区规划》，今后新设立的（　　），自动进入国家禁止开发区域名录。（2019 年考题）

A．省级自然保护区　　B．国家级文化自然遗产

C．省级风景名胜区　　D．国家地质公园

10．根据《全国主体功能区规划》，下列关于排污许可证发放的说法，正确的是（　　）。（2019年考题）

A．优化开发区域要从严控制排污许可证发放

B．重点开发区域要合理控制排污许可证的增发

C．限制开发区域要严格限制排污许可证的增发

D．禁止开发区域除重大基础设施外不发放排污许可证

11．根据《关于贯彻实施国家主体功能区环境政策的若干意见》，下列国家主体功能区中，属于应当推行环保负面清单制度的是（　　）。（2020年考题）

A．优化开发区域　　B．重点开发区域

C．农产品主产区　　D．重点生态功能区

12．根据《全国主体功能区规划》，国家禁止开发区域的管制原则不包括（　　）。（2021年考题）

A．严格控制人为因素对自然生态和文化自然遗产原真性、完整性的干扰

B．严禁不符合主体功能定位的各类开发活动

C．对各类开发活动进行严格管制，尽可能减少对自然生态系统的干扰

D．引导人口逐步有序转移，实现污染物“零排放”，提高环境质量

13．根据《全国主体功能区规划》，开发原则中保护自然的要求不包括（　　）。（2022年考题）

A．加强对河流原始生态的保护

B．大力推进退耕还林、退牧还草

C．保护天然草地、冰川等自然空间

D．严禁各类破坏生态环境的开发活动

14．根据《全国主体功能区规划》，下列开发原则中关于保护自然的要求，错误的是（　　）。（2023年考题）

A．把保护耕地放在首要位置，同时保护水面、湿地、林地和草地

B．工业化城镇化开发必须建立在对所在区域资源环境承载能力综合评价的基础上，严格控制在水资源承载能力和环境容量允许的范围内

C．农业开发要充分考虑对自然生态系统的影响，积极发挥农业的生态、景观和间隔功能

D．在农业用水严重超出区域水资源承载能力的地区实行退耕还水

二、不定项选择题

1. 根据《全国主体功能区规划》，下列关于国家层面限制开发的重点生态功能区功能定位和发展方向的说法，错误的有（　　）。（2018 年考题）

A. 国家重点生态功能区要以保护和修复生态环境、提供生态产品为首要任务

B. 国家重点生态功能区分为水源涵养型、水土保持型和防风固沙型三种类型

C. 国家重点生态功能区是保障国家生态安全的重要区域，人与自然和谐相处的示范区

D. 国家重点生态功能区应积极推进农业的规模化、产业化，发展农产品深加工，拓展农村就业和增收空间

2. 根据《全国主体功能区规划》，禁止开发区域中国家森林公园的管制原则包括（　　）。（2022 年考题）

A. 建设旅游基础设施必须符合森林资源规划，逐步拆除违反规划建设的设施

B. 根据资源状况和环境容量对旅游规模进行有效控制，不得对森林及其他野生动植物资源等造成损害

C. 森林公园内以及可能对森林公园造成影响的周边地区，禁止进行采伐活动

D. 除必要的保护设施和附属设施外，禁止从事与资源保护无关的任何生产建设活动

3. 根据《全国主体功能区规划》，国家层面重点开发区域发展方向和开发原则不包括（　　）。（2023 年考题）

A. 优化产业结构　　　　B. 完善基础设施

C. 优化空间结构　　　　D. 保护生态环境

参考答案

一、单项选择题

1. D 【解析】按开发内容，分为城市化地区、农产品主产区和重点生态功能区。

2. A 【解析】禁止开发区域是依法设立的各级各类自然文化资源保护区域，以及其他禁止进行工业化城镇化开发、需要特殊保护的重点生态功能区。国家层面禁止开发区域，包括国家级自然保护区、世界文化自然遗产、国家级风景名胜区、国家森林公园和国家地质公园。省级层面的禁止开发区域，包括省级及以下各级各类自然文化资源保护区域、重要水源地以及其他省级人民政府根据需要确定的禁止

开发区域。

3．A 【解析】选项 A 应为“严禁”。

4．C 【解析】国家重点生态功能区分为水源涵养型、水土保持型、防风固沙型和生物多样性维护型四种类型。

5．A 【解析】“国家禁止开发区域的功能定位是：我国保护自然文化资源的重要区域，珍稀动植物基因资源保护地。”

6．B 【解析】“国家禁止开发区域要依据法律法规规定和相关规划实施强制性保护，严格控制人为因素对自然生态和文化自然遗产原真性、完整性的干扰，严禁不符合主体功能定位的各类开发活动，引导人口逐步有序转移，实现污染物“零排放”，提高环境质量。”

7．C 【解析】“要依据《风景名胜区条例》及本规划确定的原则和风景名胜区规划进行管理：严格控制人工景观建设；禁止在风景名胜区从事与风景名胜资源无关的生产建设活动。新建公路、铁路和其他基础设施不得穿越自然保护区核心区，尽量避免穿越缓冲区。”世界文化自然遗产：“加强对遗产完整性的保护，保持遗产未被人为扰动过的原始状态。”

8．D 【解析】D 是禁止开发区的要求。“国家禁止开发区域要依据法律法规规定和相关规划实施强制性保护，严格控制人为因素对自然生态和文化自然遗产原真性、完整性的干扰，严禁不符合主体功能定位的各类开发活动，引导人口逐步有序转移，实现污染物‘零排放’，提高环境质量。”

9．D 【解析】“今后新设立的国家级自然保护区、世界文化自然遗产、国家级风景名胜区、国家森林公园、国家地质公园，自动进入国家禁止开发区域名录。”

10．B 【解析】“优化开发区域要严格限制排污许可证的增发，完善排污权交易制度，制定较高的排污权有偿取得价格。重点开发区域要合理控制排污许可证的增发，积极推进排污权制度改革，制定合理的排污权有偿取得价格，鼓励新建项目通过排污权交易获得排污权。限制开发区域要从严控制排污许可证发放。禁止开发区域不发放排污许可证。”

11．A 【解析】《关于贯彻实施国家主体功能区环境政策的若干意见》七、优化开发区域环境政策（三）推行环保负面清单制度。

12．C 【解析】C 选项是限制开发区域的管制原则。

13．B 【解析】根据《全国主体功能区规划》规划开发原则，“在确保省域内耕地和基本农田面积不减少的前提下，继续在适宜的地区实行退耕还林、退牧还草、退田还湖”。

14．A 【解析】根据《全国主体功能区规划》，“把保护水面、湿地、林地和草地放到与保护耕地同等重要位置。”

二、不定项选择题

1．BD 【解析】《全国主体功能区规划》规定，国家重点生态功能区要以保护和修复生态环境、提供生态产品为首要任务；国家重点生态功能区分为水源涵养型、水土保持型、防风固沙型和生物多样性维护型四种类型；重点生态功能区功能定位：保障国家生态安全的重要区域，人与自然和谐相处的示范区。积极推进农业的规模化、产业化，发展农产品深加工，拓展农村就业和增收空间，是国家层面限制开发的农产品主产区的发展方向之一。

2．ABD 【解析】选项 C 的正确说法是：“在森林公园内以及可能对森林公园造成影响的周边地区，禁止进行采石、取土、开矿、放牧以及非抚育和更新性采伐等活动”。

3．AC 【解析】重点开发发展方向：统筹规划国土空间；健全城市规模结构；促进人口加快集聚；形成现代产业体系；提高发展质量；完善基础设施；保护生态环境；把握开发时序。BD 是国家优化开发区域的发展方向和开发原则。

（二）《国家危险废物名录》及相关文件

一、单项选择题

1．根据《国家危险废物名录》，下列说法中，错误的是（　　）。（2017 年考题）

A．经鉴别具有危险特性的固体废物，属于危险废物

B．经鉴别不具有危险特性的液态废物，不属于危险废物

C．对不明确是否具有危险特性的固体废物，按危险废物进行管理

D．对不明确是否具有危险特性的液态废物，应当按照国家的危险废物鉴别标准和鉴别方法予以认定

2．根据《国家危险废物名录》，某化工企业产生的危险废物中包括 HW11 精（蒸）馏残渣，该危险废物的废物代码可能是（　　）。（2021 年考题）

A．261-011-10　　B．261-012-11

C．261-041-21　　D．无法确定

3．根据《国家危险废物名录（2021 年版）》，危险废物不包括（　　）。（2022 年专题）

A．感染性固体废物　　B．剧毒危险化学品

C．易燃性固体废物　　D．腐蚀性液态废物

4．根据《危险废物转移管理办法》，下列关于危险废物转移相关责任的说法，错误的是（　　）。（2022 年考题）

A．危险废物移出人应开展危险废物鉴别工作

B．危险废物承运人应制定危险废物管理计划

C．危险废物接收人应填写危险废物转移联单信息

D．危险废物承运人应制定突发环境事件应急预案

5．根据《国家危险废物名录（2021 年版）》，危险废物不包括（　　）。（2023 年专题）

A．腐蚀性废液　　B．易燃性气体

C．传染性医疗废物　　D．具有毒性的固废

6．根据《危险废物转移管理办法》，下列危险废物转移相关方责任的有关规定说法，正确的是（　　）。（2023 年考题）

A．移出人应当制定危险废物管理计划

B. 托运人应当按照国家有关要求开展危险废物鉴别

C. 承运人应将危险废物接受情况、利用或者处置结果及时告知委托人

D. 承运人对接受人的主体资格和技术能力进行核实

二、不定项选择题

1. 根据《国家危险废物名录》，下列关于危险废物类别和鉴别认定的说法，错误的有（　　）。（2018 年考题）

A. 对不明确是否具有危险特性的固体废物，可通过全组分分析予以认定

B. 经鉴别具有危险特性的，属于危险废物，应当根据其主要有害成分进行归类管理

C. 不明确是否具有危险特性的固体废物，经鉴别不具有危险特性的，不属于危险废物

D. 不排除具有危险特性，可能对环境或者人体健康造成有害影响的，需按照危险废物进行管理

2. 根据《国家危险废物名录》，危险废物的危险特性包括（　　）。（2021 年考题）

A. 毒性　　B. 腐蚀性

C. 反应性　　D. 放射性

参考答案

一、单项选择题

1. C 【解析】第六条：“对不明确是否具有危险特性的固体废物，应当按照国家规定的危险废物鉴别标准和鉴别方法予以认定。”

2. B 【解析】第五条：“废物代码，是指危险废物的唯一代码，为 8 位数字。其中，第 1-3 位为危险废物产生行业代码［依据《国民经济行业分类》（GB/T 4754—2017）确定］，第 4-6 位为危险废物顺序代码，第 7-8 位为危险废物类别代码。”因此，废物代码的最后两位应和危险废物类别代码保持一致，即 11。

3. B 【解析】根据《国家危险废物名录（2021 年版）》，列入名录的危险废物是具有毒性、腐蚀性、易燃性、反应性或者感染性的一种或几种危险特性的固体废物（包括液态废物），剧毒危险化学品不属于固体废弃物。

4. B 【解析】第九条：“移出人、承运人、接受人应当依法制定突发环境事件的防范措施和应急预案，并报有关部门备案”；第十条：“移出人应当履行以下义务：……（二）制定危险废物管理计划……移出人应当按照国家有关要求开展危

险废物鉴别”。

5. B 【解析】易燃性气体不是固体废物。

6. A【解析】根据《危险废物转移管理办法》第十条，移出人应履行以下义务：（一）对承运人或者接受人的主体资格和技术能力进行核实；（二）制定危险废物管理计划，明确拟转移危险废物的种类、重量（数量）和流向等信息。移出人应当按照国家有关要求开展危险废物鉴别。

二、不定项选择题

1. AB 【解析】第六条：“对不明确是否具有危险特性的固体废物，应当按照国家规定的危险废物鉴别标准和鉴别方法予以认定。经鉴别具有危险特性的，属于危险废物，应当根据其主要有害成分和危险特性确定所属废物类别，并按代码“900—000—××”（××为危险废物类别代码）进行归类管理。经鉴别不具有危险特性的，不属于危险废物。”第二条：“具有下列情形之一的固体废物（包括液态废物），列入本名录：（一）具有毒性、腐蚀性、易燃性、反应性或者感染性一种或者几种危险特性的；（二）不排除具有危险特性，可能对生态环境或者人体健康造成有害影响，需要按照危险废物进行管理的。”

2. ABC 【解析】第五条：“（四）危险特性，是指对生态环境和人体健康具有有害影响的毒性（Toxicity，T）、腐蚀性（Corrosivity，C）、易燃性（Ignitability，I）、反应性（Reactivity，R）和感染性（Infectivity，In）。”

（三）《农用地土壤环境管理办法（试行）》

一、单项选择题

1. 根据《农用地土壤环境管理办法（试行）》农用地土壤污染预防的有关规定，下列说法中错误的是（　　）。（2019 年考题）

A. 禁止在农用地排放、倾倒、使用污泥、清淤底泥、尾矿（渣）等可能对土壤造成污染的固体废物

B. 向农田灌溉渠道排放工业废水或者医疗污水的，要符合废水相关排放标准并保证其下游最近的灌溉取水点的水质符合农田灌溉水质标准

C. 向农田灌溉渠道排放城镇污水以及未综合利用的畜禽养殖废水、农产品加工废水的，应当保证其下游最近的灌溉取水点的水质符合农田灌溉水质标准

D. 农田灌溉用水应当符合相应的水质标准，防止污染土壤、地下水和农产品

2. 根据《农用地土壤环境管理办法（试行）》农用地土壤污染预防的有关规定，下列说法中正确的是（　　）。（2021 年考题）

A. 县级以上地方环境保护主管部门应当根据本行政区域内工矿企业分布和污染排放情况，确定土壤环境重点监管企业名单

B. 农业生产者应采取种养结合、轮作等良好农业生产措施

C. 禁止向农田灌溉渠道排放不符合标准要求的工业废水或者医疗污水

D. 禁止在农用地排放、倾倒、使用清淤底泥等可能对土壤造成污染的固体废物

二、不定项选择题

1. 根据《农用地土壤环境管理办法（试行）》，在保证下游最近灌溉取水点的水质符合农田灌溉水质标准的前提下，下列废水中，允许向农田灌溉渠道排放的有（　　）。（2020 年、2022 年考题）

A. 工业废水　　B. 医疗污水

C. 畜禽养殖废水　　D. 农产品加工废水

2. 根据《农用地土壤环境管理办法（试行）》，禁止向农田灌溉排放污水包括（　　）。（2023 年考题）

A. 工业废水　　B. 医疗污水

C. 城镇生活污水　　D. 畜禽养殖废水

参考答案

一、单项选择题

1. B 【解析】第十二条："禁止在农用地排放、倾倒、使用污泥、清淤底泥、尾矿（渣）等可能对土壤造成污染的固体废物。农田灌溉用水应当符合相应的水质标准，防止污染土壤、地下水和农产品。禁止向农田灌溉渠道排放工业废水或者医疗污水。向农田灌溉渠道排放城镇污水以及未综合利用的畜禽养殖废水、农产品加工废水的，应当保证其下游最近的灌溉取水点的水质符合农田灌溉水质标准。"

2. D 【解析】A选项的正确说法是：设区的市级以上地方环境保护主管部门应当根据本行政区域内工矿企业分布和污染排放情况，确定土壤环境重点监管企业名单。B选项的正确说法是：鼓励采取种养结合、轮作等良好农业生产措施。C选项的正确说法是：禁止向农田灌溉渠道排放工业废水或者医疗污水。

二、不定项选择题

1. CD 【解析】第十二条："禁止向农田灌溉渠道排放工业废水或者医疗污水。向农田灌溉渠道排放城镇污水以及未综合利用的畜禽养殖废水、农产品加工废水的，应当保证其下游最近的灌溉取水点的水质符合农田灌溉水质标准。"

2. AB

（四）《工矿用地土壤环境管理办法（试行）》

一、单项选择题

1. 根据《工矿用地土壤环境管理办法（试行）》，下列关于地下储罐储存有毒有害物质的说法，错误的是（　　）。（2021 年考题）

A. 地下储罐储存有毒有害物质的，应当按照国家有关标准和规范的要求，设计、建设和安装泄漏监测装置

B. 重点单位现有地下储罐储存有毒有害物质的，应当在本办法公布后一年之内，将地下储罐的信息报所在地设区的市级生态环境主管部门备案

C. 新、改、扩建项目地下储罐储存有毒有害物质的，应当在项目投入生产或者使用之后，将地下储罐的信息报所在地设区的市级生态环境主管部门备案

D. 地下储罐的信息包括地下储罐的使用年限、类型、规格、位置和使用情况等

二、不定项选择题

1. 根据《工矿用地土壤环境管理办法（试行）》，土壤环境污染重点监管单位包括（　　）。（2019 年考题）

A. 焦化行业中应当纳入排污许可重点管理的企业

B. 电镀行业中应当纳入排污许可重点管理的企业

C. 有色金属冶炼行业中应当纳入排污许可重点管理的企业

D. 有色金属矿采选行业规模以上企业

2. 根据《工矿用地土壤环境管理办法（试行）》，重点单位应当建立土壤和地下水污染隐患排查治理制度，定期对重点区域、重点设施开展隐患排查。某重点单位原材料、固体废弃物均涉及有毒有害物质，其应开展隐患排查的重点区域包括（　　）。（2021 年考题）

A. 生产区　　　　B. 污水收集区

C. 原材料转运区　　　　D. 固体废物堆存区

参考答案

一、单项选择题

1. C 【解析】C 选项的正确说法是："重点单位新、改、扩建项目地下储罐储存有毒有害物质的，应当在项目投入生产或者使用之前，将地下储罐的信息报所在地设区的市级生态环境主管部门备案。"

二、不定项选择题

1. ABCD 【解析】第三条："土壤环境污染重点监管单位（以下简称重点单位）包括：（一）有色金属冶炼、石油加工、化工、焦化、电镀、制革等行业中应当纳入排污许可重点管理的企业；（二）有色金属矿采选、石油开采行业规模以上企业；（三）其他根据有关规定纳入土壤环境污染重点监管单位名录的企事业单位。"

2. ACD 【解析】第十一条："重点区域包括涉及有毒有害物质的生产区，原材料及固体废物的堆存区、储放区和转运区等；重点设施包括涉及有毒有害物质的地下储罐、地下管线，以及污染治理设施等。"

（五）《污染地块土壤环境管理办法（试行）》

一、单项选择题

1. 根据《污染地块土壤环境管理办法（试行）》，责任主体灭失或者责任主体不明确的污染地块，下列机构中，属于应依法承担相关责任的主体是（　　）。（2020 年考题）

A. 所在地县级人民政府

B. 原土地使用权人

C. 所在地设区的市级人民政府

D. 现有土地使用权人

2. 根据《污染地块土壤环境管理办法（试行）》，某地块使用权人为企业 A，因经营不善被企业 B 收购后，将该地块租赁给企业 C 作为生产用地。后在调查中发现，企业 C 在生产经营过程中因管理不善，造成了土壤环境污染，则该地块土壤治理及修复的责任主体是（　　）。（2021 年考题）

A. 企业 A　　　　B. 企业 B

C. 企业 C　　　　D. 县级人民政府

3. 根据《污染地块土壤环境管理办法（试行）》，下列关于治理与修复责任主体的说法，正确的是（　　）。（2022 年考题）

A. 责任主体发生变更的，由所在地县级人民政府承担相关责任

B. 责任主体灭失的，由所在地县级人民政府依法承担相关责任

C. 土地使用权终止的，由所在地县级人民政府依法承担相关责任

D. 土地使用权依法转让的，由所在地县级人民政府依法承担相关责任

4. 根据《污染地块土壤环境管理办法（试行）》，土地使用权人应当按照风险管控方案要求，采取主要措施说法错误的是（　　）。（2023 年考题）

A. 及时移除或者清理污染源

B. 采取污染隔离、阻断等措施，防止污染扩散

C. 开展土壤、地表水、地下水、空气环境监测

D. 发现污染扩散时，加强空气监测

二、不定项选择题

1. 根据《污染地块土壤环境管理办法（试行）》，对于污染地块，土地使用权

人应当按照风险管控方案要求，采取的主要措施有（　　）。（2019 年考题）

A．及时移除或者清理污染源

B．采取污染隔离、阻断等措施，防止污染扩散

C．开展土壤、地表水、地下水、空气环境监测

D．发现污染扩散的，及时采取有效补救措施

2．根据《污染地块土壤环境管理办法（试行）》，按照“谁污染，谁治理”原则，造成土壤污染的单位或者个人应当承担治理与修复的主体责任。下列关于污染地块土壤治理和修复责任主体确定的说法，正确的是（　　）。（2019 年考题）

A．责任主体发生变更的，由变更后继承其债权、债务的单位或者个人承担相关责任

B．责任主体灭失或者责任主体不明确的，由所在地县级人民政府依法承担相关责任

C．土地使用权依法转让的，由土地使用权受让人或者双方约定的责任人承担相关责任

D．土地使用权终止的，由原土地使用权人对其使用该地块期间所造成的土壤污染承担相关责任

3．根据《污染地块土壤环境管理办法（试行）》，对于污染地块，土地使用权人应当按照风险管控方案要求，采取的主要措施有（　　）。（2021 年考题）

A．污染隔离　　B．污染阻断

C．及时清理污染源　　D．开展空气环境监测

参考答案

一、单项选择题

1．A 【解析】第十条：“责任主体灭失或者责任主体不明确的，由所在地县级人民政府依法承担相关责任。”

2．C 【解析】第十条：“按照‘谁污染，谁治理’原则，造成土壤污染的单位或者个人应当承担治理与修复的主体责任。”

3．B 【解析】根据《污染地块土壤环境管理办法（试行）》，“责任主体发生变更的，由变更后继承其债权、债务的单位或者个人承担相关责任；责任主体灭失或者责任主体不明确的，由所在地县级人民政府依法承担相关责任；土地使用权依法转让的，由土地使用权受让人或者双方约定的责任人承担相关责任；土地使用权终止的，由原土地使用权人对其使用该地块期间所造成的土壤污染承担相关责任”。

4. D 【解析】第二十条："土地使用权人应当按照风险管控方案要求，采取以下主要措施：（一）及时移除或者清理污染源；（二）采取污染隔离、阻断等措施，防止污染扩散；（三）开展土壤、地表水、地下水、空气环境监测；（四）发现污染扩散的，及时采取有效补救措施。"

二、不定项选择题

1. ABCD 【解析】第二十条："土地使用权人应当按照风险管控方案要求，采取以下主要措施：（一）及时移除或者清理污染源；（二）采取污染隔离、阻断等措施，防止污染扩散；（三）开展土壤、地表水、地下水、空气环境监测；（四）发现污染扩散的，及时采取有效补救措施。"

2. ABCD 【解析】第十条："按照'谁污染，谁治理'原则，造成土壤污染的单位或者个人应当承担治理与修复的主体责任。责任主体发生变更的，由变更后继承其债权、债务的单位或者个人承担相关责任。责任主体灭失或者责任主体不明确的，由所在地县级人民政府依法承担相关责任。土地使用权依法转让的，由土地使用权受让人或者双方约定的责任人承担相关责任。土地使用权终止的，由原土地使用权人对其使用该地块期间所造成的土壤污染承担相关责任。土壤污染治理与修复实行终身责任制。"

3. ABCD 【解析】第二十条："土地使用权人应当按照风险管控方案要求，采取以下主要措施：（一）及时移除或者清理污染源；（二）采取污染隔离、阻断等措施，防止污染扩散；（三）开展土壤、地表水、地下水、空气环境监测；（四）发现污染扩散的，及时采取有效补救措施。"

（六）《关于深入打好污染防治攻坚战的意见》

一、单项选择题

1. 根据《深入打好污染防治攻坚战的意见》，着力打好重污染天气消除攻坚战的任务不包括（ ）。（2022 年考题）

A. 构建省市县三级重污染天气应急预案体系

B. 大力推进挥发性有机物和氮氧化物协同减排

C. 东北地区加强秸秆焚烧管控和采暖燃煤污染治理

D. 京津冀持续开展秋冬季大气污染综合治理专项行动

2. 根据《深入打好污染防治攻坚战的意见》，深入打好净土保卫战的任务不包括（ ）。（2022 年考题）

A. 深入推进农用地土壤污染防治和安全利用

B. 强化地下水污染协同防治

C. 强化黑土地质量保护与监督

D. 稳步推进“无废城市”建设

3. 根据《深入打好污染防治攻坚战的意见》，不属于加快推动绿色低碳发展的有关内容的是（ ）。（2023 年考题）

A. 加强生态环境分区管控

B. 加快形成绿色低碳生活方式

C. 推进清洁生产和能源资源节约高效利用

D. 推进煤炭消费替代和转型升级

二、不定项选择题

1. 根据《深入打好污染防治攻坚战的意见》，加快推动绿色低碳发展的要求不包括（ ）。（2022 年考题）

A. 深入推进碳达峰行动

B. 推动能源清洁低碳转型

C. 有序推进高耗能高排放项目健康发展

D. 聚焦国家重大战略打造绿色发展高地

2. 根据《深入打好污染防治攻坚战的意见》，属于深入打好碧水保卫战的有关内容的是（ ）。（2023 年考题）

A．持续打好城市黑臭水体治理攻坚战

B．巩固提升饮用水安全保障水平

C．着力打好重点海域综合治理攻坚战

D．强化陆域海域污染协同治理

参考答案

一、单项选择题

1．B 【解析】根据《深入打好污染防治攻坚战的意见》，京津冀及周边地区、汾渭平原持续开展秋冬季大气污染综合治理专项行动，东北地区加强秸秆焚烧管控和采暖燃煤污染治理，科学调整大气污染防治重点区域范围，构建省市县三级重污染天气应急预案体系。选项 B 是着力打好臭氧污染防治攻坚战的内容。

2．C 【解析】根据《深入打好污染防治攻坚战的意见》，持续打好农业农村污染防治攻坚战、深入推进农用地土壤污染防治和安全利用、有效管控建设用地土壤污染风险、稳步推进“无废城市”建设、加强新污染物治理、强化地下水污染协同防治。

3．D 【解析】根据《深入打好污染防治攻坚战的意见》，深入推进碳达峰行动、聚焦国家重大战略打造绿色发展高地、推动清洁能源低碳转型、坚决遏制高耗能高排放项目盲目发展、推进清洁生产和能源资源节约高效利用、加强生态环境分区管控、加快形成绿色低碳生活方式。

二、不定项选择题

1．C 【解析】根据《深入打好污染防治攻坚战的意见》，深入推进碳达峰行动、聚焦国家重大战略打造绿色发展高地、推动清洁能源低碳转型、坚决遏制高耗能高排放项目盲目发展、推进清洁生产和能源资源节约高效利用、加强生态环境分区管控、加快形成绿色低碳生活方式。选项 C 的正确说法是坚决遏制高耗能高排放项目盲目发展。

2．ABCD 【解析】《深入打好污染防治攻坚战的意见》提出：“持续打好城市黑臭水体治理攻坚战、持续打好长江保护修复攻坚战、着力打好黄河生态保护治理攻坚战、巩固提升饮用水安全保障水平、着力打好重点海域综合治理攻坚战、强化陆路海域污染协同治理。”

（七）碳达峰碳中和相关文件

一、单项选择题

1．根据《2030 年前碳达峰行动方案》，碳达峰行动方案主要目标项不包括（　　）。（2022 年考题）

A．化石能源消费总量

B．非化石能源消耗比重

C．单位国内生产总值能源消耗下降比例

D．单位国内生产总值二氧化碳排放下降比例

2．根据《关于完整准确全面贯彻新发展理念做好碳达峰碳中和工作的意见》，未纳入国家有关领域产业规划的，一律不得新建改扩建（　　）。（2023 年考题）

A．乙烯

B．炼油

C．对二甲苯

D．煤质烯烃项目

二、不定项选择题

1．根据《2030 年前碳达峰行动方案》，工业领域碳达峰行动方案包括（　　）。（2022 年考题）

A．推动钢铁行业碳达峰

B．推动建材行业碳达峰

C．城乡建设绿色低碳转型

D．推动工业领域绿色低碳发展

2．根据《2030 年前碳达峰行动方案》，下列关于主要目标的说法，正确的是（　　）。（2023 年考题）

A．到 2025 年，非化石能源消费比重达到 20%左右

B．到 2025 年，单位国内生产总值能源消耗比 2020 年下降 13.5%

C．到 2030 年，非化石能源消费比重达到 25%左右

D．到 2030 年，单位国内生产总值能源消耗比 2020 年下降 65%以上

参考答案

一、单项选择题

1. A 【解析】根据《2030年前碳达峰行动方案》，到2025年非化石能源消费比重达到20%左右，单位国内生产总值能源消耗比2020年下降13.5%，单位国内生产总值二氧化碳排放比2020年下降18%，为实现碳达峰奠定坚实基础。

2. B 【解析】《关于完整准确全面贯彻新发展理念做好碳达峰碳中和工作的意见》提出：未纳入国家有关领域产业规划的，一律不得新建改扩建炼油和新建乙烯、对二甲苯、煤制烯烃项目。

二、不定项选择题

1. ABD 【解析】根据《2030年前碳达峰行动方案》，工业领域碳达峰行动方案：（1）推动工业领域绿色低碳发展；（2）推动钢铁行业碳达峰；（3）推动有色金属行业碳达峰；（4）推动建材行业碳达峰；（5）推动石化化工行业碳达峰；（6）坚决遏制“两高”项目盲目发展。C属于城乡建设碳达峰行动内容。

2. ABC 【解析】根据《2030年前碳达峰行动方案》，到2025年非化石能源消费比重达到20%左右，单位国内生产总值能源消耗比2020年下降13.5%，单位国内生产总值二氧化碳排放比2020年下降18%，为实现碳达峰奠定坚实基础。到2030年，非石化能源消费比重达到25%左右，单位国内生产总值二氧化碳排放比2005年下降65%以上，顺利实现2030年前碳达峰要求。

（八）《“十四五”节能减排综合工作方案》

一、单项选择题

1．根据《“十四五”节能减排综合工作方案》，重点行业绿色升级工程方案不包括（　　）。（2022年考题）

A．推进燃煤锅炉超低排放改造

B．推进新型基础设施能效提升

C．推进节能改造和污染物深度治理

D．推进园区企业机构能效提升工程

2．根据《“十四五”节能减排综合工作方案》，煤炭清洁高效利用工程方案不包括（　　）。（2022年考题）

A．推进存量煤电机组节煤降耗改造

B．持续推动煤电机组超低排放改造

C．加强大气污染物监测监管网络能力建设

D．推动淘汰供热管网覆盖范围内的燃煤锅炉

3．根据《“十四五”节能减排综合工作方案》，推进超低排放改造的行业不包括（　　）。（2023年考题）

A．钢铁　　B．锅炉

C．焦化　　D．水泥

二、不定项选择题

1．根据《“十四五”节能减排综合工作方案》，十四五期间考核的大气污染物主要目标包括（　　）。（2022年考题）

A．颗粒物排放总量

B．二氧化硫排放总量

C．氮氧化物排放总量

D．挥发性有机物排放总量

2．根据《“十四五”节能减排综合工作方案》主要目标，下列说法中正确的是（　　）。（2023年考题）

A．化学需氧量排放总量比2020年下降8%以上

B．氨氮排放总量比2020年下降8%以上

C. 二氧化硫排放总量比 2020 年下降 10%以上

D. 氮氧化物排放总量比 2020 年下降 12%以上

参考答案

一、单项选择题

1. D 【解析】根据《“十四五”节能减排综合工作方案》，重点行业绿色升级工程方案是：推进节能改造和污染物深度治理；推进钢铁、水泥、焦化行业及燃煤锅炉超低排放改造；推进新型基础设施能效提升，加快绿色数据中心建设。

2. C 【解析】根据《“十四五”节能减排综合工作方案》，煤炭清洁高效利用工程包括：推进存量煤电机组节煤降耗改造、供热改造、灵活性改造“三改联动”，持续推动煤电机组超低排放改造。推广大型燃煤电厂热电联产改造，充分挖掘供热潜力，推动淘汰供热管网覆盖范围内的燃煤锅炉和散煤。

3. B 【解析】根据《“十四五”节能减排综合工作方案》，推进钢铁、水泥、焦化行业及燃煤锅炉超低排放改造。

二、不定项选择题

1. CD 【解析】根据《“十四五”节能减排综合工作方案》，到 2025 年，全国单位国内生产总值能源消耗比 2020 年下降 13.5%，能源消费总量得到合理控制，化学需氧量、氨氮、氮氧化物、挥发性有机物排放总量比 2020 年分别下降 8%、8%、10%以上、10%以上。

2. AB 【解析】根据《“十四五”节能减排综合工作方案》，到 2025 年，全国单位国内生产总值能源消耗比 2020 年下降 13.5%，能源消费总量得到合理控制，化学需氧量、氨氮、氮氧化物、挥发性有机物排放总量比 2020 年分别下降 8%、8%、10%以上、10%以上。

（九）《关于进一步加强生物多样性保护的意见》

一、单项选择题

1. 根据《关于进一步加强生物多样性保护的意见》，持续优化生物多样性保护空间格局不包括（　　）。（2022 年考题）

A. 落实生物多样性就地保护体系

B. 推进重要生态系统保护和修复

C. 持续推进生物多样性调查监测

D. 完善生物多样性迁地保护体系

2. 根据《关于进一步加强生物多样性保护的意见》，下列说法中，不属于持续优化生物多样性保护空间格局的有关内容是（　　）。（2023 年考题）

A. 落实就地保护体系

B. 推进重要生态系统保护和修复

C. 完善生物多样性迁地保护体系

D. 持续推进生物多样性调查监测

参考答案

一、单项选择题

1. C　【解析】《关于进一步加强生物多样性保护的意见》提出：落实就地保护体系；推进重要生态系统保护和修复；完善生物多样性迁地保护体系。

2. D　【解析】根据《关于进一步加强生物多样性保护的意见》，D 属于构建完备的生物多样性保护监测体系的内容。